선의 禪 지혜
Zen Wisdom

불교에 관한 문답

옮긴이 **대성(大晟)**

『라마나 마하르쉬와의 대담』 등 라마나 마하르쉬 관련 시리즈와 『아이 앰 댓』 등 니사르가닷따 마하라지 관련 서적들을 다수 번역했고, 허운 화상의 『참선요지』와 『방편개시』, 감산 대사의 『감산자전』을 우리말로 옮겼다. 최근에는 『마음의 노래』, 『대의단의 타파, 무방법의 방법』 등 성엄 선사의 '성엄선서' 시리즈를 번역하고 있다.

성엄선서 5

선禪의 지혜

초판 발행 2011년 3월 15일

지은이 | 성엄선사(聖嚴禪師)
옮긴이 | 대성(大晟)
펴낸이 | 이효정
펴낸곳 | 도서출판 탐구사

등록 | 2007년 5월 25일 제208-90-12722호
주소 | 121-854 서울 마포구 신수동 93-114(4층)
전화 | 02-702-3557 FAX | 02-702-3558
e-mail : tamgusa@korea.com

값 15,000원
※ 잘못된 책은 바꾸어 드립니다.

ISBN 978-89-89942-26-9 04220
       978-89-89942-13-9(세트)

선의 禪 지혜

Zen Wisdom

성엄선서 5

불교에 관한 문답

성엄선사(聖嚴禪師) 말씀 | 대성(大晟) 옮김

탐구사

Zen Wisdom : Conversations on Buddhism
By Chan Master Sheng Yen

Published by Dharma Drum Publications,
90-56 Corona Avenue, Elmhurst, New York 11373, USA

Copyright ⓒ 2001 Dharma Drum Publications
Korean translation rights ⓒ 2011 Tamgusa Publishing

Printed in Seoul, Korea
This Korean edition is published under agreement
with Dharma Drum Publications, New York.

이 책의 한국어판 저작권은 Dharma Drum Publications와의 계약에 의해
도서출판 탐구사에 있습니다. 저작권법에 의해 보호되는 저작물이므로,
책 내용의 전부나 일부를 무단 전재하거나 복사하는 것은 허용되지 않습니다.

차 례

머리말 • 7

1부 » 불법(佛法)

1. 불교도가 된다는 것은 어떤 의미인가? ·· 15
2. 유정중생有情衆生 ··· 22
3. 자아 ··· 35
4. 인因과 연緣 ·· 40
5. 오온五蘊과 식識 ··· 49
6. 업業 ··· 59
7. 오계五戒 ··· 65
8. 계율과 업業 ·· 73
9. 선禪은 종교인가? ·· 80
10. 불교 신행과 다른 종교들 ·· 86
11. 불상佛像 ·· 93
12. 불교에서의 공덕 ··· 99
13. 보살과 아라한 ·· 108
14. 불교와 죽음 ·· 113
15. 말법시대末法時代 ·· 124

2부 » 수행과 일상생활

16. 스승의 중요성 ·· 131
17. 단독수행, 대중수행, 스승과 함께 하는 수행 ································ 147
18. 매일 좌선하는 법 ··· 155

19. 일상생활 속의 수행 ·· 167
20. 수행에 대한 견해가 수행보다 중요한가? ··················· 179
21. 지성은 수행에 장애인가? ··· 188
22. 중국선과 일본선 ··· 194
23. 선과 부조리 ·· 205
24. 선병禪病 ··· 211
25. 선과 심리치료 ·· 218
26. 왜 경經을 읽는가? ··· 227
27. 선과 민족문화 ·· 233
28. 오락과 함께 살아가기 ·· 239
29. 시詩와 왕유王維 ··· 247
30. 책임과 수행 간의 균형 잡기 ····································· 254
31. 비불교적 사회에서 불자 자녀 키우기 ······················· 262
32. 선 수행과 노인들 ··· 269
33. 불교와 물질적 성공 ··· 275
34. 깨달음은 지속되는가? ··· 279

부록

1. 절하기 • 289
2. 꿈 • 297
3. 불교와 낙태 • 304
4. 안락사와 자살 • 307

옮긴이의 말 • 315

머리말

내가 대만에서 미국으로 건너와 서양인들에게 선 수행을 지도하기 시작한 지 얼마 되지 않아서, 내 제자들이 불교적 관념을 다루는 계간지인 「선禪잡지(Chan magazine)」를 출간하기로 결정했다. 나중에 이 잡지에 '법견法見(Dharma View)'이라는 고정란이 생겼다. 이것은 선 센터의 제자들이 제기하는 불교 관련 질문들에 대한 나의 즉석 답변들로 이루어진 것이었다. 첫 번째 질문은 "자아에 대한 불교적 관념은 어떤 것입니까?"였다. 거기에 한 문장으로 답변할 수도 있었고 만일 그랬다면 '법견' 난은 바로 끝나 버렸겠지만, 나는 자세히 답변하기로 했다. 그 이후 여러 주제에 관하여 많은 질문이 나왔다. 우리는 이 '법견' 난에 실린 글들을 모아서 『선의 지혜』를 편집했는데, 그 목적은 비슷한 질문을 가진 다른 사람들이 어떤 해답을 얻고 지도를 받을 수 있게 하기 위해서였다.

『선의 지혜』에 나오는 관념들은 불교의 전통에 부합한다. 왜냐하면 불법佛法(Dharma)의 많은 부분은 2천 년에 걸쳐 스승과 제자들 간의 대화를 통해 설명되어 왔기 때문이다. 불경에서 부처님은 제자와 보살들이 중생들을 위하여 여쭈는 질문들에 대답하고 있다. 선사들은 수행과 깨달음에 관한 제자들의 깊이 있는 질문들에 대해 늘 열려 있었다. 호기심과 회의적인 태도는 현시대에만 국한되지 않는다. 부처님 당시만 해도 많은 사람들은 부처님의 모든 가르침을 즉시 아무 의심 없이 받아들이지는 못했다. 사람들이 회의를 품는 것은 일반적 현상이다. 더욱이 어떤 문제는 직접적인 체험이 없으면 이해하기 어렵고, 심지어는 이해할 수도 없다.

내 제자들 중에서 어떤 사람들은 나에게 불법을 더 자세히 설명해 달라고 했다. 그것은 좋은 일이었다. 왜냐하면 내가 말하는 모든 것을 무조건 믿고 다 받아들이는 것은 문제일 수 있기 때문이다. 사람들이 같은 언어를 쓰고, 같은 훈련을 받고, 같은 문화를 가지고 있을 때에도 의사소통의 오류가 발생할 수 있다. 대만에서 온 중국 승려가 대개 영어를 쓰는 재가자들이 참석한 가운데 수업을 할 때 얼마나 많은 오류가 생겨날 수 있겠는지 생각해 보라! 따라서 만일 제자들이 나에게 질문을 하지 않으면 그들이 잘못된 정보를 얻고 말 수도 있었다. 다행히 제자들은 나에게 질문을 해 주었다. 내 대답이 분명하게 이해되지 않을 때는 더 분명하게 설명하고 예를 들어 달라고 했으며, 문제가 너무 신비하거나 추상적으로 보이지 않게 해 달라고 했다. 이 점에 대해 나는 그들에게 감사한다. 왜냐하면 그들이 나에게 분명한 설명을 요청하면 할수록 모든 사람에게 더 유익하기 때문이다.

통상 그 질문과 이어진 논의들은 자발적이었다. 수업은 좌선으로 시작했다. 좌선이 끝나면 '법견'의 편집자가 특정한 주제에 관해 한 가지 질문을 던져 대화를 시작하곤 했다. 어떤 때는 즉석에서 질문을 던지기도 했고, 어떤 때는 주제가 무엇인지 나에게 미리 알려주기도 했다.

『선잡지』에 몇 년에 걸쳐 연재된 이 글들을 한데 모아 '불법佛法'과 '수행과 일상생활'이라는 두 부분으로 나누었다. 불법에 관한 부분은 불교적 개념과 가르침에 대한 질문들을 다루고 있는 반면, 수행에 관한 부분은 그 가르침을 수행과 일상생활에 적용하는 문제에 관해 더 많이 다루고 있다. 이것은 서로 배제하는 구분이 아니고 겹치는 부분이 많다. 각

편의 글은 그 자체로 하나의 독립된 글이지만 일부 편들은 서로 관련된다. 이 글들은 연재된 순서대로가 아니라 편집상의 고려에 따라 배열되었다. 따라서 반드시 처음부터 내리 혹은 순서대로 이 책을 읽을 필요는 없다.

우리는 불교와 밀접히 관련되는 모든 주제를 다루려고 하지는 않았지만, 이 대담이 독자들의 일부 의문들에 대한 답변이 되기를 바란다. 독자들은 분명히 더 많은 질문을 던질 것이고, 어떤 분들은 내 답변에 동의하지 않으리라고 나는 확신한다. 그것도 다 좋은 일이다. 불교가 활력을 유지하려면 면밀한 점검을 받을 필요가 있다. 나의 관념들은 금과옥조가 아니다. 나는 일개 불교 승려로서, 의문을 가진 사람들에게 나 자신의 견해 중 일부를 겸허히 제공할 뿐이다. 만일 이 책이 여러분의 의문 중 어떤 것에 대한 해답이 되거나 어떤 오해를 불식해 준다면, 혹은 여러분이 선禪을 닦도록 고무해 준다면, 내 바람은 이루어지는 것이다.

나는 모든 것을 다 아는 사람도 아니고, 서양문화에 대한 전문가도 아니다. 나는 불교 승려로서 선종의 양대 종파인 조동종과 임제종의 법을 이었다. '법을 이었다'는 것은 내 스승들이 나의 수행 체험을 인가했다는 의미이다. 나는 불교의 문학박사 학위를 가지고 있고, 불교와 관련하여 중국어와 영어로 된 책들을 출간했다. 나는 내 답변들이 궁극적 진리라고 주장하지 않는다. 그러나 선禪의 원리들은 시공을 초월한다. 그래서 이러한 문제들의 답변은 서양에도 이미 존재하고 있다. 내 답변들은 평생의 연구와 훈련에서 나온 것이기는 하나, 나는 그것이 불법에 반하지 않는다고 확신한다.

불법의 원리들은 보편적이지만, 세계 각지로 전파되는 과정에서 불교의 여러 외적인 측면들은 변화를 겪었다. 불법은 인간과 역사와 함께 발전해 왔고, 이것은 타당하고 자연스러운 일이다. 불법 그 자체가 '깨달은 상태'는 아니다. 불교의 보편적 진리들은 전수해 주거나 지적으로 배울 수가 없다. 불법의 목적은 더 나은 삶의 방식, 깨달음 그리고 해탈의 길을 가리켜 보이는 것이다. 그러나 사람들은 흔히 불법을 표현하는 말과 방식에 집착한다. 그것은 달을 가리키는 손가락을 달로 여기는 것과 같다!

어떤 사람들은 선禪이 불교와 다소 별개라고 믿는다. 그러나 선이 곧 불교이다. 선은 불법을 수행하는 많은 접근법 중 하나이다. 때로는 내가 이야기하는 방식으로 미루어 선과 불교가 서로 다른 것처럼 보일지도 모르지만, 만일 그것이 혼란을 초래한다면 여기서 사과드린다. 불교에는 많은 길과 많은 수준이 있다. 그러나 선의 길은 준엄하고 직접적인 접근법으로 유명하다. 어쩌면 선은 일체 장식이 없기 때문에 불교와 다른 것으로 보일지도 모르지만, 실은 그렇지 않다. 만약 오해가 있었다면, 이로써 그 오해가 해소되기를 희망한다.

만일 내 답변과 견해로써 누군가를 오도하거나 마음 상하게 하는 일이 있다면 사과드리지만, 그 답변 자체에 대해 사과하는 것은 아니다. 나는 내가 참되다고 믿는 것을 이야기했다. 또한 (여성을 차별하는 듯한 표현이 있다면) 남성과 여성 둘 다를 적절히 대표하는 중성 대명사가 없는 영어 그 자체의 한계도 있다. 편집자들은 성별을 너무 구분하는 번역들을 없애려고 애썼지만, 그러한 조작이 때로는 어색하거나 거추장스러울 수도 있을 것이다. 성별을 구분하는 대명사들이 나올 때, 우리의 진정한 의도는 양성을 다 포함시키는 것이었다.

불교도 성차별을 한다는 비난을 받아 왔다. 나는 불교 스승들의 오랜 계보 중에서 모든 분들을 대변하여 말할 수는 없다. 그러나 문화와 시대는 부단히 변하고 있다. 미국의 불교는 미국적 가치들 중의 어떤 것들에 의해 채색되고 영향을 받을 것이다. 나는 성평등을 지향하는 이러한 운동이 이미 오래 전에 이루어졌어야 할 긍정적 조치라고 보며, 그것은 불교에도 하나의 발전이 될 것이다.

　마지막으로, 이 대담에서 나의 답변들은 '사부師父(Shifu)'이라는 단어로 표기되었다.* 이것은 중국어로 단순히 '선생님'에 대한 경칭이다.

　이 『선의 지혜』 제2판은 제1판과 다른 점이 있다. 우선 장들의 순서가 다르고, 지면상의 제약에 맞추기 위해 일부 장을 삭제했다.

감사의 말

　이 책이 세상에 나오기까지 많은 분들의 도움이 있었다. 어떤 사람들은 자신의 이름이 드러나는 것을 원치 않으므로 나는 그들의 뜻을 존중하겠다. 먼저 대화가 진행되는 동안 아주 능숙하게 통역을 해 준 왕밍이王明怡와 궈구果谷 스님에게 감사한다. 그 다음은 녹음테이프에 담긴 많은 대담을 디지털 방식 원고로 부지런히 옮겨준 분들이 있는데, 1차적으로 도로시 와이너와 에코 보너이다. 어니스트 호와 크리스 머라노는 먼저 「선잡지」를 위해, 그 다음은 『선의 지혜』를 위해 원고를 편집해 주었다. 그들은 앨런 루빈슈타인, 해리 밀러 그리고 린다 피어에게서 편집상 도움을 얻었다. 트리쉬 잉은 글꼴, 본문 편집 및 디자인을 했다. 표지는 츠칭리가 디자인했다. 이 책의 출판될 수 있도록 힘써 준 아이리스 왕王翠嬿에게도 많은 고마움을 표한다. 만일 본의 아니게 빠트린 분들이 있다면 사과드린다. 그리고 본서의 질문들을 해 준 제자들, 특히 내 답변에 만족하지 못한 사람들에게 감사한다.

2001년 뉴욕에서
성엄(聖嚴)

---

* (역주) 이 한국어판에서는 '스님'으로 표기했다. Shifu라는 호칭은 '스승님'이라는 의미이다.

불법(佛法) 1부

1. 불교도가 된다는 것은 어떤 의미인가?

질문 사람들이 "불교도가 된다는 것은 어떤 의미입니까?" 하고 물어오면 저는 보통 어떻게 대답해야 할지 모릅니다. 만일 제가 불교도라고 한다거나 불교를 믿는다고 말한다면, 그것은 어떤 의미입니까?

스님 간단한 대답은, 불교는 석가모니 부처님이 제자들에게 가르친 것이라고 하는 것입니다. 여기에는 철학적 관념은 물론 수행방법도 포함됩니다. 따라서 불교도는 부처님의 가르침에 따라 수행하는 사람이고, 그 가르침의 핵심은 사성제四聖諦와 팔정도八正道입니다. 이 원리들을 진지하게 따르는 사람들과 그 길을 완수하는 데 성공하는 사람들은 자신의 인격을 완성하고 해탈을 얻게 됩니다. 일반적으로, 수행에는 계율 지키기持戒, 선정 닦기修定, 지혜 얻기得慧—이 세 가지 방면의 노력이 포함됩니다. 불교도는 이 세 방면에 통달하도록 노력해야 합니다.

불교의 외부적 형식에는 불佛 · 법法 · 승僧의 세 가지 요소가 있습니다. 불佛은 석가모니불, 즉 역사상의 부처님입니다. 법法은 부처님의 교법, 즉 그분의 가르침과 방법입니다. 승僧은 승가, 즉 불교 공동체입니다. 여기에는 출가 승단을 구성하는 비구 · 비구니들뿐만 아니라 재가 수행자들도 포함됩니다. 불교는 출가한 비구와 비구니를 승가의 핵심으로 하고 재가 수행자들을 외곽으로 삼고 있기는 하나, 출가 공동체는 재가 공동체 없이 존재할 수 없고 그 기능을 발휘할 수도 없습니다. 이러한 요소들이 이루어내는 구조 없이는 불교가 존재할 수 없었을 것입니다. 그래서 불·법·승을 삼보三寶(Three Jewels)라고 하는 것입니다.

따라서 재가 불자들도 승가의 일원입니다. 재가인이 계율·선정·지혜를 닦는 것은 법의 일부이고, 팔정도에 포함됩니다. 팔정도는 출가자든 재가자든 모든 불교도가 따라야 하는 원칙들을 포함하고 있는데, 그것은 바로 정견正見, 정사유正思惟, 정어正語, 정업正業, 정명正命, 정정진正精進, 정념正念, 정정正定입니다.

만일 계율을 지키고 선정을 닦고 지혜를 얻으며, 생활 속에서 부처님의 가르침과 관념에 따라서 산다면 스스로 불교도라고 칭할 수 있습니다. 설사 불교에 완전히 투신하지 못하고 있다 하더라도 불법을 따르려는 마음을 가지고 있다면 자신을 불교도로 간주할 수 있겠지요. 사실 불교의 모든 측면을 즉시 완전히, 열심히 받아들이기는 어렵습니다. 그것은 점진적인 과정입니다. 그러나 불도佛道를 걷겠다는 뜻이 있고, 여러분의 의도와 바람이 순수하다면 자신을 불교도로 칭할 수 있습니다. 반면에 석가모니 부처님의 기본적인 가르침도 이해하지 못하고, 그 방법을 닦지 않고 계율을 지키지도 않는다면 자신을 불교도로 여겨서는 안 됩니다.

계율·선정·지혜에 대해서 더 자세히 이야기해 봅시다. 계율은 보통의 도덕적 원칙들입니다. 불교에는 많은 계율이 있지만 승가의 모든 구성원들이 함께 하는 것은 다섯 가지입니다. 즉, 불살생不殺生, 불투도不偷盜, 불사음不邪淫, 불망어不妄語, 불음주不飲酒 내지 마약 불복용입니다. 지금 그것을 설명하고 싶지는 않군요(제7장 참조). 불교도는 오계五戒, 특히 첫 번째인 불살생계를 지키려고 노력해야 한다는 것만 말씀드리겠습니다.

선정은 가장 일반적인 의미에서는 정신적 규율을 의미합니다. 선정에는 많은 수준이 있고, 선정에 들기 위해 우리가 사용할 수 있는 방법들은 더 많습니다. 진정한 불교도는 이 방법들 중 최소한 한 가지는 수행해야 합니다.

지혜에도 선정과 마찬가지로 많은 수준이 있습니다. 우리는 (스님, 스승, 혹은 재가 수행자로부터) 불법을 듣거나, 경론들을 읽거나, 선정을 닦거나, 혹은 그저 계율을 지키는 것으로써 지혜를 얻을 수 있습니다. 지혜를 얻는 가장 간단한 방법은 불법을 듣는 것입니다. 부처님의 개념과 원리들을 지적으로 이해하는 것이 중요합니다. 불교도는 최소한 이 수준의 훈련에서 시작해야 합니다.

불교도가 되기는 어렵지 않습니다. 제가 방금 묘사한 것의 전부는 물론이고 일부만 실천해도 불교도입니다. 불법에 대한 기본적인 이해를 가지고 있고 수행할 마음이 있다면 그것으로 족합니다. 완벽할 필요는 없습니다. 완벽하다면 부처가 되겠지요. 예를 들어 여기 계신 모든 분은 불교도이겠지요. 그렇지 않다면 왜 여러분이 굳이 일상의 스케줄을 중단하고 이 선 센터까지 와서 제 이야기를 듣겠습니까?

제가 다른 것을 하나만 더 보탠다면, 우리는 자격 있는 스승에게 귀의함으로써 불도를 따르겠다는 명시적 약속을 할 수 있다는 것입니다. 귀의는 짧고 간단한 의식儀式으로써 하는데, 이때 우리는 다음과 같은 구절을 따라 욉니다.

부처님께 귀의합니다.	歸依佛
불법에 귀의합니다.	歸依法
승가에 귀의합니다.	歸依僧

이 구절들은 단순히 불법에 관한 부처님의 가르침을 따르겠다는 의도와, 그 가르침에서 승가를 여러분의 귀의처로 인정한다는 것을 선언하는 것입니다.

질문 저는 재가 수행자로서 참된 불교도라는 느낌이 들지 않습니다. 비구와 비구니 스님들만이 참으로 불교도라고 느껴집니다.

스님 그렇게 느낄 필요는 없습니다. 출가 수행자들이 참된 불교도이고 그대는 사이비 불교도라고 생각하면 안 됩니다. 여러분 모두가 참된 불교도입니다. 석가모니 부처님 시대에는 많은 출가 제자들이 있었지만, 재가 수행자들은 더 많았습니다. 오늘날도 마찬가지입니다.

소승도小乘道에서는 아라한阿羅漢을 성취하는 네 가지 수준이 있는데, 입류入流, 일래一來, 불환不還, 아라한이 그것입니다. 지금은 제가 그것을 논의하지 않겠고(108쪽 이하 참조), 보통의 수행자들은 처음 세 가지 수준을 성취할 수 있다는 것만 이야기하겠습니다. 그런 다음 자연스럽게 세간적 욕망을 놓아 버리고 비구·비구니가 되거나 아니면 전업적인 재가 수행자가 되어, 아라한과를 얻기 위해 노력하면 궁극적으로 열반을 실현하게 될 것입니다. 대승도大乘道에서는 보살들이 이 네 가지 유형 중 어느 하나로 출현할 수 있습니다. 대승의 전통에서는 유명한 재가 불자들이 많이 있습니다.

여러분이 왜 미심쩍어하는지 알 것 같군요. 만일 출가 수행자와 재가 수행자 모두가 참된 불교도라면, 비구와 비구니들이 왜 필요합니까? 그것은 투신投身(commitment)의 문제입니다. 재가 수행자들은 가정생활이라는 가외의 책임이 있습니다. 그래서 가정과 사회가 만들어내는 온갖 일과 문제들에 주의가 분산되기 마련입니다. 모든 에너지와 힘을 수행에 쏟을 수가 없습니다. 반면에 비구나 비구니는 수행은 물론 불법의 전파에도 전적으로 집중할 수 있습니다.

질문 이따금 스님께서는 불교의 관점과 선의 관점에 아무 차이가 없다고 말씀하셨습니다. 또 어떤 때는 전통적 불교와 선불교를 구분하십니다. 불교에는 종파가 많습니다. 종파들 간에 현격한 차이점이 있습니까, 아니면 근본적으로는 동일합니까?

스님 사실 과거에는 오늘날보다 더 많은 불교 종파가 존재했습니다. 그 많은 종파들의 씨앗은 석가모니 부처님 시대에 뿌려졌습니다. 그 씨앗들은 실은 석가모니 부처님의 가장 가까운 제자들이었고, 그들이 부처님의 가르침을 전파했습니다. 각 제자는 자신의 성격과 재능에 따라 자기 나름의 특별한 방식으로 수행에 접근했습니다. 아난다는 부처님의 가르침을 듣는 데 관심이 있었습니다. 마하가섭은 고행적 수행에 관심이 있었습니다. 우팔리의 특기는 계율을 지키는 것이었습니다. 다른 사람들은 논변에, 혹은 신통력을 계발하는 것이 전문이었습니다. 처음부터 다양성이 존재했습니다.

다양한 법스승法師들이 중국에 불교를 도입하면서 일정한 경론經論을 사용했고, 그 결과 여러 종파가 발전했습니다. 여러 가지 수행 형태가 있어 각기 특정한 관심에 호소했습니다. 당나라(618~907) 이전 중국에는 많은 불교 종파가 있었습니다. 그러나 당말唐末에 이르러 수행법은 주로 선종禪宗과 정토종淨土宗이 가르치는 방법으로 압축되었습니다.

선종과 정토종 사이에 큰 차이가 있습니까? 일본에서는 그렇습니다. 불교가 인도에서 중국으로 전해졌듯이, 선종과 정토종은 중국에서 일본으로 전해졌습니다. 그 과정에서 변화가 일어났고, 일본에서 등장한 종파들은 그 창시자인 특정 법스승의 독특한 개성을 반영했습니다. 그래서 일본에서는 선종과 정토종이 뚜렷이 다른 종파입니다.

한국에는 정토종이 존재하지도 않습니다. 화엄종·천태종 같은 소수의 철학적 종파들은 있지만 한국의 유일한 수행방법은 선禪(Son)입니다.

일본과 한국의 불교도들이 중국을 보면, 선종과 정토종이 어떻게 그렇게 조화롭게 공존할 수 있을까 하고 의아해합니다. 사실 선종과 정토종은 중국에서 함께 발전했습니다. 당나라 때는 별개의 종파였지만 송나라 말기가 되자 선종과 정토종이 한데 섞였습니다. 오늘날 정토종 불교도들은 선법禪法도 사용합니다. 마찬가지로, 선사들도 정토종의 방법에 반대하지 않습니다.

사실 '정토(Pure Land)'라는 용어는 최근까지 중국 선종사에서 존재하지 않았습니다. 아이러니컬하게도 그것은 일본에서 차용한 말입니다. 그 전까지는 정토의 방법들을 사용하는 사람들이 자신들을 연종蓮宗(Lotus School)이라고 불렀습니다. 이 종파는 각 부처님이 하나의 연꽃 위에 앉아 있다고 보기 때문에, 어떤 부처님의 성호聖號를 수행에 사용해도 무방합니다. 오늘날은 그들이 수행할 때 아미타불만 염하기 때문에 그 방법을 '아미타 염불'이라고 합니다. 그러나 과거의 중국인들은 그것을 '염불법문念佛法門'이라고 했습니다. 왜냐하면 염불 대상이 아미타불에 국한되지 않았기 때문입니다.

어떤 사람들은 오늘날 중국에서 선이 사라졌다고 말합니다. 저는 동의하지 않습니다. 중국에는 불교가 여전히 존재합니다. 불교 수행을 선과 분리할 수 없습니다. 만일 정토 수행에서 망념이 전혀 없는 일념의 수준에 도달하면, 그것은 선에서 집중심을 성취한 것과 같습니다.

선에는 돈법頓法과 점법漸法이 있습니다. 통상 아미타불의 성호를 염하는 것과 같은 점법에 의해 일념에 도달하면, 스승이 그 사람에게 화두를 주어서 의정을 일으키게 합니다. 이 시점에서 점법은 돈법으로 바뀝니다.

선에는 이런 말이 있습니다. "큰 의심이 있으면 큰 깨달음을, 작은 의심이 있으면 작은 깨달음을 얻고, 의심이 없으면 아예 깨닫지 못한다大

疑大悟 小疑小悟 不疑不悟." 설사 여러분이 오랫동안 부지런히 수행한다 해도 깨닫는다는 보장은 없습니다. 그 노력은 결코 시간 낭비가 아니지만, 많은 사람들은 돈법을 추구하기에는 믿음과 결의가 약합니다. 이런 분들에게는 정토불교가 아주 좋습니다. 최소한 여러분은 정토에 날 기회를 얻습니다. 그래서 정토는 선에서 요구하는 그런 힘으로 수행을 할 수 없는 사람들에게는 좋은 방편법문입니다.

이것은 정토 수행자들이 깊은 수준에 도달할 수 없다는 말은 아닙니다. 가장 깊은 수준은 처처處處가 정토임을 체험하는 것인데, 이것을 마음의 정토라고 합니다. 이 수준의 수행자들은 자신의 성품이 곧 아미타불의 성품이라는 것을 깨닫습니다. 이것은 선의 깨달음과 다르지 않습니다.

중생들의 관점에서 보면 선의 종파들 간에도 차이가 있고, 마찬가지로 선과 정토 간에도 차이가 있습니다. 그러나 부처님의 관점에서는 모든 불교적 방법이 동일합니다. 모든 길이 같은 목표로 이끌어줍니다. 그래서 모든 방법이 불교의 수행법이고, 불법에 부합하는 모든 가르침이 불교의 가르침입니다.

2. 유정중생 有情衆生

질문 어떤 것이 유정중생(sentient being)입니까?

스님 유정중생이라는 중국 용어는 모든 생명 형태를 포함하지만, 불교에서는 중생을 지각력을 가진 有情 생명 형태들로 규정합니다. 생명 형태에는 인간이나 동물과 같이 유정 有情인 것과, 풀이나 나무와 같이 무정 無情인 것이 있습니다. 그러나 생명 형태에 유정도 있고 무정도 있어 사람들이 헷갈립니다. 그래서 인간이 식물로 환생할 수 있다거나, 불살생계 戒가 동물은 물론 식물에게도 적용된다고 믿을 수도 있습니다.

환생을 믿는 어떤 전통들은 인간의 환생에 지각력이 없는 존재들도 포함될 수 있다고 말합니다. 예컨대 인간이 나무로도 환생할 수 있다는 것입니다. 그러나 불교철학에 따르면 환생 혹은 윤회에 무정중생은 포함되지 않습니다. 다시 말해서, 유정중생은 무정중생으로 환생하지 않고, 무정중생은 유정으로 되지 않습니다. 환생은 인간계, 동물계 그리고 영계 靈界에서만 일어납니다. 유정중생들이 생사윤회를 계속하는 것은 자아에 대한 집착 때문입니다.

'유정중생'을 신체적 형상과 지각력의 존재라는 관점에서 설명해 보겠습니다. 생물들은 네 가지 신체적 형상의 기준에 따라 분류할 수 있습니다. 첫째, 단일한 세포 구조를 가진 존재들이 있습니다. 둘째, 살아 있는 세포들로 이루어진 신경 계통을 가진 존재들이 있습니다. 셋째, 기억을 가진 존재들이 있습니다. 넷째, 사고와 추리를 할 수 있는 존재들이 있습니다. 인간을 포함하여 동물들 중 가장 높은 수준은 이 네 가지 특징을 모두 가지고 있습니다.

우리가 서로 다른 기준을 사용하여 현상들을 설명하고 범주화할 수 있다는 것을 말해두는 것이 중요합니다. 예를 들어 현대의 생물학은 1차적으로 물질성(해부학과 생리학)에 기초한 기준을 사용하여 인간을 동물계의 한 구성원으로 분류합니다. 불교는 이것을 논박하지 않지만, 불교철학에서는 업(karma)과 같은 영적인 원리도 포함하는 기준을 사용합니다. 이 모델에서는 인간과 동물이 별개의 영역에 속합니다.

그 다음 수준의 동물들은 네 가지 특징 중 세 가지만 가지고 있습니다. 그래서 생각하고 추리하는 능력이 없습니다. 사고를 하려면 상징을 가지고 있어야 합니다. 즉, 생각을 할 언어가 필요합니다. 사고는 또한 추상적 추리, 미래의 결과에 대한 예측, 문제 해결 등을 포함합니다. 현재 이 지구상에서는 인간들만이 이러한 능력을 다량으로 가지고 있는 것으로 보입니다.

일부 동물 종들은 거친 상징체계(언어)를 발전시켰을 수도 있습니다. 고등 영장류, 돌고래, 개와 같은 동물들은 인간의 언어를 어느 정도까지는 이해할 수 있는 것으로 보입니다. 이런 동물들은 사고 능력을 발전시켰지만, 인간이 할 수 있는 정도에는 훨씬 못 미칩니다.

기억을 가지고 있다는 것은 어떤 유기체가 훗날을 위해 경험을 저장할 수 있을 뿐 아니라, 언어의 필수조건인 상징을 보유하고 사용할 수 있는 잠재력을 가지고 있다는 것을 의미합니다. 그러나 기억은 추리와 언어의 유일한 요건은 아닙니다. 경험을 회상하고 그것을 엮어서 예컨대 선악의 분별과 같은 새로운 추상적 사고를 형성할 수 있는 능력도 가지고 있어야 합니다. 추리가 없이는 예견, 혹은 경험을 사용하여 미래에 유용할 어떤 것을 창조할 능력이 없습니다. 그것이 가능하려면 기억과 추리가 함께 필요합니다.

동물뿐만 아니라 영계의 유정중생도 있습니다. 여기에는 인계人界와 천계天界의 귀신들, 인계와 천계의 신들, 그리고 정토종의 성인, 제불보살諸佛菩薩이 포함됩니다.

질문 동물들에 대한 기준은 상당히 주관적이지 않습니까? 다른 동물들이 얼마나 지성적인지 우리가 실제로 어떻게 알 수 있습니까? 그들의 언어가 단순한지 복잡한지 우리가 어떻게 압니까?

스님 그것은 그대가 지성적이라는 말을 어떤 의미로 쓰느냐에 달렸습니다. 동물들이 사고 능력에서 인간들과 나란한 위치에 서려면 도덕적 판단을 할 수 있어야 합니다. 많은 동물들이 기억 능력에서 큰 차이를 보이지만, 다른 어떤 동물도 인간이 구사하는 정도까지 복잡한 수준으로 언어를 사용하지는 않습니다. 어떤 동물들은 초보적인 수준에서 생각을 합니다. 예를 들어 침팬지들은 원시적인 수준에서 계획을 할 수 있고, 다른 복잡한 행동도 보여줍니다. 그러나 역시 그들의 행동은 인간만큼 복잡한 수준에는 훨씬 미치지 못합니다.

더욱이 한 종을 다른 종과 구분하는 뚜렷한 경계선이 없습니다. 네 가지 기준에 따라 유정중생들을 구분하는 경계선은 애매모호합니다. 그렇기는 하나 모든 동물 중에서도 인간은 기억과 추리 영역에서 가장 진화되어 있습니다.

저는 대만에서 흥미로운 기사 하나를 읽었습니다. 한 노부인이 개를 몇 마리 소유하고 있었습니다. 그녀의 집에 불이 나 그녀가 죽었습니다. 그 개들 중 한 마리는 불길을 피할 기회가 있었지만 주인 곁에 남아 있었고, 그래서 그 개도 죽었습니다. 다른 개들 중 한 마리는 그녀의 장례식에서 무덤 속으로 계속 뛰어들려고 했습니다. 사람들이 그 개를 제지해야 했습니다. 나중에 그 개는 아무것도 먹지 않았고 역시 죽었습니다. 노부인에게는 자식들도 있었습니다. 그녀가 죽은 직후에 그들은 그녀가 남긴 재산을 놓고 다투기 시작했습니다. 신문들은 그 개들이 사람보다 더 고상하고 더 후회할 줄 안다고 평했습니다. 인간의 관점에서 볼 때 그 개들이 사람들보다 더 자비롭고, 그들의 행동이 도덕적으로 더 우월한 것처럼 보였습니다.

그러나 그것은 그렇지 않습니다. 개들은 사람들만큼 복잡하게 생각하고 행동하지 않습니다. 이 개들은 그 노부인이 자기들에게 잘해준 것을 기억했고, 그녀가 죽자 슬픔을 느꼈습니다. 그 여사의 자식들이 고상하게 행동하지 않았기 때문에 개들이 더 나았다고 생각할 수도 있겠지만, 그것은 도덕성과 정의감에 기초한 판단입니다. 그 개들이 도덕적 판단을 하고 논리적으로 사고했겠습니까? 개들은 무엇을 해야 하고 무엇을 하지 말아야 하는지를 숙고하지 않습니다. 그들은 그냥 행동합니다. 만일 개가 사고를 한다면 그것은 본능과 습관에 지배되는 사고입니다. 반면에 인간은 도덕적 판단을 합니다. 인간들이 부도덕한 행동을 보이면 우리는 그것을 나쁘다고 말합니다. 인간들이 추리를 하고 그러한 판단을 할 수 있다는 사실은 그들의 심적인 기능이 다른 동물들보다 더 고등한 수준이라는 것을 잘 말해줍니다.

지금까지 우리는 최소한 기억력을 가지고 있는 고등한 생명 형태들과, 사고할 능력이 있는 다른 생명 형태들에 대해 이야기했습니다. 사고와 기억의 능력이 없는 더 많은 동물과 생명 형태들이 있습니다. 일부 유정중생들은 원시적인 신경 계통과 살아 있는 세포들밖에 가지고 있지 않습니다. 마지막으로, 세포들만 가진 생명 형태들이 있습니다. 그런 유기체들은 지각력이 없습니다. 그것은 식물, 곰팡이, 단세포 유기체들입니다.

어떤 사람들은 우리가 늘 살해를 하고 있다고 말합니다. 먹기 위해 식물들을 죽이고, 눈에 보이지도 않는 무수한 미생물들을 죽이고 있다는 것입니다. 식물과 박테리아는 생명 형태이지만 신경 계통이나 고통을 느끼는 능력이 없고, 지각력이 없습니다.* 불교적 기준으로는 식물을 유정중생에 비교할 수 없습니다.

신경 계통을 가진 유정중생은 고통과 쾌락을 느끼는데, 그것은 이전의 행위들에 대한 과보입니다. 기억을 가진 유정중생은 회상하고, 기대하고, 고통과 쾌락의 경험들을 향상시킬 수 있습니다. 이것은 고통과 쾌락의 그 경험들이 그 순간의 신체적 반응에 국한되지 않는다는 것을 뜻합니다. 기억이 있으면 유기체들은 더 정교하고 복잡하게 환경에 반응할 수 있습니다. 마지막으로, 만일 유정중생들이 추상적인 추리를 하고, 미래에 대해 추측하고, 기억을 재정리하여 새로운 사고를 형성할 수 있다면, 바람직한 것과 바람직하지 않은 것, 유익한 것과 해로운 것, 그리고 도덕적인 것과 비도덕적인 것을 구분할 수도 있습니다. 이런 식으로 차별화할 수 있는 능력이 모든 번뇌의 토대입니다.

번뇌를 경험한다는 것은 더 나아가 선업과 악업을 짓는다는 것을 뜻합니다. 업을 짓는 이러한 행위들은 다시 결과, 즉 과보를 초래합니다. 네 가지 특징을 가진 유정중생들만이 추리하고, 숙고하고, 성찰하는 능력, 즉 자신들이 업을 짓는다는 것을 이해할 능력을 가지고 있습니다.

도덕적인 것과 비도덕적인 것을 추리하고 분별할 수 없는 유정중생들은 그들이 이전에 지은 업의 과보를 받을 뿐입니다. 현재의 생명 형태로는 그들이 새로운 업을 지을 수 없습니다. 그들의 행위는 일어나는 모든

---

* (역주) '지각력이 없다'는 것은 생각(추리, 상상, 기억)이나 감정이 없다는 뜻이다. 식물의 경우 사람의 감정에 반응하는 등 지각력이 있는 것처럼 보일 때도 있으나, 그것은 특정한 파장의 에너지라는 자극에 대한 본능적 반응으로 볼 수 있다.

상황에 대한 자연적이고 즉각적인 반응입니다. 먹잇감을 죽이는 사자는 그 행위로써 어떤 업도 짓지 않습니다. 인간들만이 업을 지을 수 있습니다. 왜냐하면 인간은 추리하고 판단을 내릴 수 있기 때문입니다. 그렇다면 추리가 모든 번뇌의 기초이고, 이러한 번뇌들이 인간들로 하여금 새로운 업을 짓도록 이끌며, 그것이 다시 새로운 과보를 만들어 냅니다.

반면에, 모든 유정중생들 중에서 인간만이 불법을 닦을 수 있습니다. 불경에서는 수행을 할 수 있는 다른 동물들을 이야기하지만, 그 경전들은 이러한 동물들이 불보살들의 화현이지 단순히 평범한 동물은 아니라고 설명합니다.

한번은 저의 한 제자가 모기가 자기 손목에서 피를 빠는 것을 지켜보는 것을 제가 본 적이 있습니다. 그는 모기가 피를 다 빨아 배가 불룩해질 때까지 인내심 있게 지켜보았습니다. 그런 다음 손가락으로 모기를 눌러서 죽였습니다. 제가 왜 그렇게 했느냐고 물으니 그가 말했습니다. "그것은 그 모기의 과보입니다. 제 피를 빨았고, 그에 대한 대가로 목숨을 잃은 것입니다."

제가 말했습니다. "그것은 공평한 과보가 아니군. 모기는 자네에게서 피를 조금 빨았을 뿐인데 자네는 모기의 목숨을 빼앗았어. 더욱이 그 모기는 자신이 무슨 짓을 하는지 몰랐거든. 자네에게 불편함을 야기한다는 생각이 없었어." 여러분에게 통증을 야기하는 모기는 잘못하는 것이 없습니다. 모기는 추리하거나 판단할 수 없습니다. 반면에 여러분은 그럴 수 있습니다. 보통의 반응은 모기를 철썩 때려잡는 것이겠지요. 그것은 여러분의 선택이고, 특히 질병에 감염될까 걱정될 때는 그렇습니다. 그러나 그렇게 하면 여러분이 업을 지었다는 것을 아십시오.

질문 불교에서는 육도六道(여섯 가지 존재 영역)를 이야기합니다. 인간 아닌 다른 존재들도 유정중생입니까?

스님 그대가 이야기하는 것은 유정중생들이 자신이 지은 업에 따라 육도 중생의 몸을 받을 수 있다는 것이지요. 축생, 아귀, 지옥 중생, 인간, 천인이 그것입니다. 어떤 사람들은 자신이 관찰할 수 있는 것만 인식하고 믿습니다. 그러나 불교에서는 다른 존재 영역들을 이야기합니다. 물론 이런 다른 영역들의 존재를 믿어야만 유정과 무정에 대한 불교적 기준을 받아들이게 되는 것은 아닙니다. 신과 귀신들도 유정중생이지만 그들은 미세한 몸을 가지고 있습니다. 그들은 신경 계통 자체는 없으나, 그래도 이전의 행위에 대한 과보는 받습니다. 그들은 마음으로 그 과보를 느끼며, 몸으로 받지는 않습니다. 그들 대다수는 수행을 하지 못하지만 공덕은 간접적으로 받습니다. 왜냐하면 그들 중 일부는 불법을 보호하고, 일부는 다른 중생들을 돕기 때문입니다.

질문 영적인 존재들도 물질적인 몸을 가지고 있습니까?

스님 유정중생은 통상 욕계欲界, 색계色界, 무색계無色界의 삼계三界 중 어느 하나에 거주한다고 이야기됩니다. 이 세계들 전체가 윤회계입니다. 색계와 무색계의 유정중생들은 여러 가지 선정禪定의 수준에 거주하는 영적 존재들입니다. 이런 존재들은 그들의 삼매력이 약해질 때까지 그 세계에 머무를 것이고, 그러고 나서 더 낮은 세계로 들어갈 것입니다.

욕계의 존재들은 물질적인 몸을 가지고 있고, 동물, 인간 혹은 천인으로서 존재할 수 있습니다. 그 구분은 그들의 몸이 갖는 신체적 성질에 따라 이루어집니다. 인간과 동물들은 고형적인 몸을 가지고 있습니다. 인계人界의 영체靈體들은 미세한 몸을 가지고 있습니다. 천계天界의 영체들 몸은 성질상 한층 더 미세합니다.

영체들의 몸은 물질적이지만 인간의 몸에 비하면 미세하고, 정해진 형상이 없습니다. 그들이 자신의 에너지를 표출하고 싶을 때는 보통 주변의 어떤 물질도 이용할 수 있습니다. 그들은 이와 같이 여러 가지 형상을 취해 바람, 물, 무생물, 심지어는 생물을 통해서도 작용할 수 있습니다.

　인간계人道와 천상계天道에 거주하는 영체들의 신체적 성질의 차이는 미세함의 차이입니다. 인간계의 영체들은 고체 형상이나 기체 상태로 나타날 공산이 크겠지요. 천상계의 영체들은 빛이나 에너지로 나타날 것입니다. 빛과 에너지를 물질로 간주하느냐 않느냐는 이 논의에서 중요하지 않습니다. 신, 귀신, 보살은 두 가지 중 한 가지 방식으로 인간계에 나타날 수 있습니다. 즉, 태胎에 들어 인간으로 태어날 수도 있고, 자신의 영적인 힘을 이용하여 한동안 인간 형상으로 나타날 수도 있습니다.

　불교의 성자인 아라한들은 욕계·색계·무색계의 삼계를 초월했고, 그래서 윤회에서 해탈해 있습니다. 이것은 이런 존재들이 말 그대로, 그리고 신체적으로 삼계三界의 바깥에 있다는 의미는 아닙니다. 그들은 이 삼계에 의해 제약 받거나 구속되지 않는다는 뜻입니다. 만일 이 성자들이 색계에 머무른다면, 그들은 색계의 다른 중생들과 같은 모습일 것입니다. 그들이 인간계에 머무르면 인간처럼 인간의 몸을 갖겠지요. 차이가 있다면 그들은 자아에 대한 집착을 놓아 버렸고, 따라서 삼계의 번뇌를 경험하지 않는다는 것입니다. 우리가 알아야 할 것은, 우리 주위에는 우리가 인식할 수 있는 것보다 훨씬 많은 존재들이 있고, 우리 주위의 많은 유정중생들을 우리는 보지 못한다는 것입니다.

　질문 욕계·색계·무색계의 중생들이 나란히 함께 살아갈 수 있습니까?

　스님 예. 예를 들어 어떤 사람이 깊은 수준의 삼매에 들면, 그의 심적인 몸은 색계나 무색계에 거주합니다. 그러나 육신은 여전히 욕계에 있습니다. 삼매의 힘이 다하면 그 심적인 몸은 욕계로 돌아올 것입니다. 색계와 무색계는 반드시 어떤 장소는 아닙니다. 그것은 마음의 상태입니다. 색계와 무색계는 삼매의 여러 수준에 상응합니다.

질문 어떤 수준의 살해에서 인간은 업을 짓기 시작합니까?

스님 살해의 업은 여러분이 두 번째 수준의 유기체, 즉 살아 있는 세포와 신경 계통을 가진 유기체를 죽일 때 시작됩니다. 바꾸어 말해서, 고통을 느낄 수 있는 유기체를 죽일 때입니다.

질문 우리가 더 복잡한 동물을 죽이면 악업이 증가합니까?

스님 그렇지요. 더 복잡한 중생을 죽이면 여러분의 업이 악화됩니다. 기억을 가진 유정중생을 죽이면 신경 계통만 가진 유정중생을 죽이는 것보다 더 나쁜 업을 짓게 됩니다. 추리를 할 수 있는 유정중생을 죽이면 그럴 수 없는 유정중생을 죽이는 것보다 더 나쁜 업을 짓게 됩니다. 다른 사람을 죽이는 것은 최악의 업을 짓는 것입니다.

질문 동물들은 업을 지을 수 없고 이전의 업에 대한 과보만 받을 수 있다면, 그들은 전생에 인간 아니었습니까? 업을 지을 수 있는 유일한 중생이 인간이니 말입니다.

스님 이것은 흔히 나오는 질문입니다. 사람들은 늘 어떤 시작을 찾으려고 합니다. 그것이 다 어디서 시작합니까? 그렇게 단순하지가 않습니다. 첫째, 다른 세계의 존재들이 있습니다. 둘째, 인간계人道 외에도 다른 세계들이 있습니다. 유정중생들의 모든 세계와 모든 영역에서, 업은 시작도 없고 끝도 없습니다.

만일 어떤 시작이 있다면 이 질문에 우리가 대답해야 합니다. 즉, "이 유정중생들은 어디서 왔으며, 왜 그런 형상으로 왔는가?" 하는 것입니다. 항상 무수한 유정중생들이 존재했고, 항상 무수한 유정중생들이 존재할 것입니다. 동물들은 이전의 업에 대한 과보를 받는 유정중생들이고, 따라서 그들은 언젠가 업을 지을 수 있는 유정중생이었을 것이 분명합니다. 그러나 반드시 그들이 지구상에 살던 인간이었어야 한다는 의미는 아닙니다. 업을 지을 수 있는 다른 유정중생들도 있고, 다른 세계들도 있습니다. 또한 이 동물들이 다른 생에는 인간이 될 수도 있습니다. 그들은 같은 동물이 될 수도 있고, 다른 동물이 될 수도 있으며, 다른 세계의 존재가 될 수도 있습니다. 누가 정확히 말할 수 있겠습니까?

불법에는 고정불변의 법칙이 그리 많지 않습니다. 불교에서는 인간들만이 수행할 수 있다고 말하지만, 어떤 개별적인 동물, 천신, 귀신들도 수행할 수 있습니다. 그들도 뭔가를 알기 때문에 수행할 수 있습니다. 또한 중생들이 수행을 할 수 있는 천상계들도 있습니다. 그러나 대부분의 경우, 불법을 수행할 수 있는 것은 인간들입니다.

질문 이 모든 것은 진화와 어떻게 관계됩니까?

스님 불경에 따르면 이 지구상의 조건이 적합해지자 유정중생들이 나타났습니다. 그들은 어디서 왔습니까? 어디에서도 다 올 수 있습니다. 지구는 생명이 존재하는 유일한 곳은 아닙니다. 우주는 광대합니다. 유정중생들이 이곳에 있는 것은 그들의 업이 그들을 이곳으로 이끌었기 때문입니다. 따라서 우리는 지구상의 모든 유정중생과 일정한 공업共業을 공유하고 있습니다. 유정중생들이 어디서 왔는지는 중요하지 않습니다. 우리가 이곳에 있습니다. 우리는 어느 영역, 어느 세계에서도 왔을 수 있습니다.

유정중생들이 업을 지으면서 세계는 변화합니다. 우리는 이것을 직접 목도할 수 있습니다. 더 많은 업이 만들어지면서 세계는 변화할 것이고, 그 업은 지구상에 있는 존재들에 국한되지 않습니다. 지구는 진공 속에 떠 있지 않습니다. 모든 유정중생들의 모든 업은 지구의 상태에 영향을 줍니다. 마찬가지로, 지구상에서 우리가 하는 행위는 도처의 모든 영역과 모든 세계에 영향을 줍니다.

사람들은 묻습니다. "만일 인간들이 세계를 파괴하거나 세계가 종말에 이르면 유정중생들은 어떻게 됩니까?" 그렇게 되면 유정중생들은 다른 어디론가 가겠지요. 어디로 가느냐는 여러분의 개인적인 업과 여러분이 무수한 다른 유정중생들과 함께 하는 공업에 달렸습니다.

질문 과학자들은 불교에서 묘사하는 여러 가지 현상들을 설명하지 못합니다. 이 점에 대해 더 자세히 설명해 주실 수 있습니까?

스님 제가 말했듯이, 불법을 배우고 닦기 위해 온갖 다양한 존재들과 상태들의 존재를 믿을 필요는 없습니다. 우리가 받아들이는 불교에는 어떤 기본적인 진리들이 있는데, 이런 진리들을 가지고 우리가 자세한 설명을 하거나 추측을 할 수도 있습니다. 불교에서 십이연기十二緣起·오온五蘊·십팔계十八界는 우리가 해부하거나 논박할 수 없는 기본적 진리입니다. 우리는 이런 개념들을 가지고 자세한 설명을 할 수 있을 뿐입니다.

과학자들이 모든 현상을 설명하지는 못합니다. 그들은 측정하거나 예측할 수 있는 한도에서만 설명할 수 있습니다. 과학자들은 그들이 경험적으로 관찰할 수 있는 현상들만 연구합니다. 이것이 하나의 한계입니다. 불교는 과학이 발견해 낸 것들을 논박하지 않습니다. 그것이 입증된 사실이든, 잘 확립된 이론이든 간에 말입니다. 과학자들이 알려진 사실을 가지고 추측을 하거나 자세한 설명을 할 때, 그들의 그런 관념들은 논쟁을 야기할 수 있습니다.

더욱이 불교는 우리가 어디서 왔고, 우리가 왜 여기 있는지와 같은 물음들을 강조하지 않습니다. 불교는 유정중생, 특히 인간들이 자신의 괴로움과 번뇌에 대해 무엇을 할 수 있는지에 관심이 있습니다. 불교는 사람들에게 번뇌를 인식하고, 그것에 대처하고, 결국에는 그것을 종식하여 자신을 괴로움에서 해방시키도록 가르칩니다. 이러한 관심을 넘어서 불교가 무엇에 대한 자세한 설명을 할 필요는 없습니다. 불교는 대체로 실용적입니다.

우리는 감정의 관점에서도 지각력을 논의할 수 있습니다. 지각력은 어떤 존재가 정서를 가지고 있다는 것을 의미합니다. 만일 어떤 유정중생이 자아중심적인 정서와, 관념에 대한 집착을 가지고 있지 않다면 그 중생은 윤회에서 벗어나겠지요. 모든 번뇌와 인과법칙에서 해방될 것입니다. 그러나 어떤 중생이 여전히 관념에 대한 집착과 정서를 가지고 있다면, 그 중생은 여전히 윤회계 안에 있습니다. 그것은 여전히 하나의 평범한 유정중생입니다.

불교는 감정들의 다양한 수준을 구분합니다. 가장 기초적인 감정의 수준에는 순간순간 오고가는 임의의 기분과 정서가 포함됩니다. 자유롭게 움직이는 이러한 정서와 임의의 기분들은 깊이 뿌리박힌 번뇌에서 나옵니다. 이 수준에는 탐貪·진嗔·치癡의 감정들도 존재합니다.

더 높은 수준에는 자신의 가족, 배우자, 친구 그리고 승가僧伽에 대한 사랑과 같이 안정에 기여하는 감정들이 포함됩니다. 만일 사람들이 두 번째 수준에 있으면서 분노나 증오를 느끼면 첫 번째 수준으로 도로 떨어집니다.

세 번째의 더 높은 수준에는 신적인 사랑과 같이 고상하다고 하는 감정들이 포함됩니다. 이런 감정들은 일종의 사심 없는 사랑, 혹은 고상한 대의大義에의 사심 없는 참여입니다. 고상한 감정에는 예술에 대한 타고난 감식안도 포함됩니다. 이것은 애정과 두 번째 수준의 감정보다 약간 높을 뿐이라고 볼 수 있습니다. 이보다 더 높은 것은 철학적 열망, 곧 추상적인 것, 관념, 개념들에 관여하는 감정입니다. 그보다도 더 높은 것은 종교적 열망, 곧 종교, 신 혹은 영성에 대한 '무아적' 헌신입니다.

그러나 이 모든 감정은 번뇌입니다. 모든 경우에, 집착과 자아가 여전히 존재합니다. 소위 무아적 사랑과 고상한 열망이라고 하는 가장 높은 수준조차도 어떤 자아나 집착과 관련됩니다. 유정중생이 유정인 것은 그들에게 감정이 있기 때문입니다. 윤회하는 삼계 내의 모든 존재가 유정중생으로 불립니다. 여러분이 윤회계를 초월한다면, 그것은 여러분이 무정으로 된다는 의미가 아닙니다. 그것은 여러분이 집착과 생사를 초월했다는 것을 의미합니다. 윤회에서 벗어난 것입니다. 그것이 깨달은 유정중생의 상태입니다. 여러분은 유정중생의 모든 기능을 가지고 있는 한 명의 유정중생입니다. 부처들 또한 유정중생이라는 것을 기억하십시오.

3. 자아

질문 불교에서는 사람들이 자아에 대한 집착 때문에 고통을 겪는다고 가르치지만, 서양에서는 우리의 '정체성', 곧 자아를 발견하고 강화하는 것이 성공과 행복에 이르는 길로 간주됩니다. 이런 견해들을 어떻게 조화시켜야 합니까? 자아에 대한 불교적 관념은 어떤 것입니까?

스님 불교에서는 우리가 자아를 세 가지 방식으로 생각할 수 있습니다. 소아小我, 보편아普遍我 그리고 무아無我입니다. 대다수 사람들은 자신들의 일상적 자아가 참된 자아라고 보지만, 만일 참으로 그렇다면 수행을 할 이유가 없겠지요. 우리가 보통 우리의 자아라고 생각하는 것을 불교에서는 소아(small self)라고 부릅니다. 즉, 우리가 외부 환경에 반응하여 만들어내는 하나의 이름이자 관념입니다. 소아는 우리의 지각을 평가하고 판단을 내리는 부단한 과정에서 나타납니다. '이것은 내가 사는 도시고, 내 친구들이고, 내 배우자이고, 내 상황이고, 내 견해고, 내 감정이다.' 존재에 대한 우리의 관념은 외부 환경인 주위의 사람과 사물들은 물론, 내부 환경인 우리의 몸, 감정, 사고와의 상호작용에서 일어납니다. 순간순간 우리는 우리 자신에 대한 평가들을 엮어냅니다. '오늘 아침 나는 새로워진 느낌으로 출근했다. 오늘 오후에는 지쳐서 집에 왔지만, 집안 잡무를 했다. 오늘 저녁에는 친구들과 어울리고 싶어서 파티

에 갔고, 잠자리에 들기 전에는 내일 할 일들에 대해 생각해 봐야겠다.'
이와 같은 부단한 평가에서부터 우리는 하나의 환상적인 소아를 창조합니다.

　성공하고 성취한 개인들은 강한 존재감과 권력 의식을 가지고 있고, 그들의 성공이 지속되면 자기 자신의 존재에 대해 계속 강한 신념을 지니게 될 것입니다. 그러나 그들의 자아감이 아무리 강하다 해도 그것은 소아小我에 불과합니다. 강한 자아감을 갖는 것조차도 이례적인 일입니다. 대부분의 사람들은 자신이 확고하고 집중된 존재와 인격을 가지고 있다고 늘 느끼지는 않습니다. 자아에 대한 그들의 인식은 강하거나 응집력이 있지는 않습니다. 좌선을 하면 사람들이 차분함, 명료함 그리고 내적인 결의를 기르게 되어, 더 강한 소아감을 계발하는 데 도움이 될 수 있습니다.

　'자아 발견'이라는 것은 보통 강한 소아감을 기르는 것을 의미합니다. 유독 서구적인 사고방식만 그런 것은 아닙니다. 그것은 모든 인류에 공통됩니다. 강한 소아감에서 나오는 의지력이 없이는 우리가 성취하는 것이 별로 없을 것입니다. 선 수행은 강한 소아감을 확립하는 방법으로 시작합니다. 그것이 소아인 까닭은 거기서 우리가 진정한 혹은 지속적인 그 어떤 것도 발견할 수 없기 때문입니다. 소아는 우리의 순간순간의 판단에서 나오지만 우리가 늘 자신의 평가를 인식하지는 않고, 따라서 우리의 자아 관념은 순간순간 변합니다.

　대아大我 혹은 보편아의 관념은 어떤 영원불변의 본질을 가정합니다. 중국철학에서는 그것을 '이理'라고 합니다. 대아(large self)에 대한 또 하나의 관념은 영적인 체험에서 옵니다. 선정은 물론 다른 영적인 수행에서는 우리가 어떤 절대적이고 불변인 영적인 자아를 체험하는 느낌을 가질 수 있습니다. 그럴 때는 흡사 모든 존재들이 움직이지만 우리의 참된 성품은 고요히 머물러 있는 듯이 보입니다. 마치 우리 자신의 본질이 다른 모든 것의 토대이거나, 혹은 실로 다른 모든 것인 양 말입니다.

무아(no-self)의 개념은 파악하기가 더 어렵습니다. 불교에서는 소아와 대아가 나쁜 것이라거나 무가치한 것이라고 말하지 않습니다. 그러나 어느 경우나 집착이 있고, 집착이 있는 한 우리가 참으로 해탈하지는 못합니다. 무아에서는 아무 집착이 없습니다. 그것은 여러분이 해탈을 성취하면 일체가 소멸한다는 의미는 아닙니다. 해탈한 뒤에도 지혜와 공덕은 계속 존재합니다. 마찬가지로, 무아의 체험 이후에도 삶은 계속되고, 여전히 해야 할 일들이 있습니다. 그러나 무아에 이르기 위해서는 처음부터 시작해야 하는데, 그것은 강한 소아감을 계발하는 것을 의미합니다.

질문 자기평가는 해탈 이후에도 계속됩니까?

스님 그것은 통상적 의미에서의 평가는 아닙니다. 그것은 우리가 하나의 자연스러운 반응이라고 이야기할 그런 것에 가깝습니다. 깨달은 존재는 판단함이 없이 자연발생적으로 세계에 반응합니다.

질문 스님께서는 좌선이 우리의 소아감을 강화하는 데 도움이 될 수 있다고 말씀하셨습니다. 그렇게 되면 나중에 수행 과정에서 그것을 놓아 버리기가 더 어렵지 않겠습니까?

스님 수행을 하기 전에는 여러분이 산란심을 가지고 있고, 그래서 자아가 뭔지도 모릅니다. 좌선을 하면 마음이 집중되므로, 집중되고 강한 자아감을 수립하는 데 도움이 됩니다. 소아가 집중되었을 때에만 우리가 그것을 넘어설 수 있습니다. 공안公案 수행에서는 우리의 자아가 집중되어야만 공안을 타파할 수 있습니다.

처음에 저는 사람들에게, (마음을) 집중하여 소아를 강화하는 법을 가르칩니다. 그들이 깨달음을 체험하지는 못한다 하더라도, 최소한 자아

존중감과 자신감을 향상시키게 될 것입니다. 그리고 이전만큼 마음이 산란하지 않을 것입니다. 수행 과정에서 우리가 체험하는 자아의 수준들은 다음과 같습니다. 즉, 처음에는 산란한 소아, 그 다음에는 집중된 소아, 그 다음에는 대아(보편아), 마지막으로 무아입니다.

질문 대아의 수준에 도달한 사람은 무엇을 생각하고 느끼게 됩니까?

스님 대아는 어떤 영적인 계시와 같이, 오고 가는 하나의 체험입니다. 그럴 때 여러분은 우주와 하나임을 느낍니다. 마치 여러분 자신이 우주처럼 느껴지는 것입니다. 그 체험이 떠나고 나면 다시 정상으로 돌아오겠지만 그 느낌은 지속될 것이고, 자신이 더 확장되고 더 안정되며 더 자비롭고 더 확신에 차 있다고 느낄 것입니다.

질문 그런 체험이 장시간 지속될 수도 있습니까?

스님 그 느낌은 지속될 수 있지만 그 체험은 그렇지 않겠지요.

질문 해탈한 뒤에도 지혜와 공덕은 계속 존재할 것이고, 그것은 무아라고 말씀하셨습니다. 그것을 좀 더 부연 설명해 주실 수 있습니까?

스님 완전히 깨달은 사람은 지혜와 공덕을 가지고 있겠지만, 그것을 지혜와 공덕으로 지각하지는 않겠지요. 만일 그들이 '나는 지혜와 공덕을 가지고 있다'고 생각한다면 그것은 어떤 자아의 관념에 집착하는 것이고, 그들은 참으로 해탈한 것이 아닙니다. 다른 사람들이 그들의 지혜와 공덕을 지각하고, 그들의 지도를 받고자 찾아오는 것입니다.

질문 왜 어떤 사람은 보편아를 넘어서 무아에 이르고 싶어합니까?

스님 이런 용어들은 우리가 수행자들의 그런 체험에 대해 이야기할 수 있도록 하기 위해서 만들어진다는 것을 기억하십시오. 만일 성취해야 할 '무아'가 실제로 있다면 그것은 또 하나의 자아에 지나지 않을 것입니다. 대아도 마찬가지입니다. 수행자들은 매력적인 거짓 자아들을 추구하느라 시간을 온통 허비하게 되겠지요.

누가 보편아를 넘어서고 싶어할까요? 불교적 깨달음을 체험하고 싶어하는 사람들입니다. 그러나 그들이 그 단계에 도달하게 되면 자신이 깨달았다거나 해탈했다고 느끼지 않을 것입니다. 사실 그들은 자신의 일상세계로 돌아올 것이고, 그들의 삶은 계속됩니다. 다만 큰 차이가 있다면, 그들에게 더 이상 집착이 없을 거라는 것입니다.

4. 인因과 연緣

질문 인因과 연緣이라는 불교적 개념과 그것이 연기緣起, 자아, 환幻, 그리고 인과因果와 갖는 관계를 부디 설명해 주십시오.

스님 인(causes)과 연(conditions)의 원리, 그리고 거기서 따라나오는 인과는 불교에 근본적인 것이고, 불교를 다른 철학이나 영적인 체계들과 구별 지워 주는 것입니다. 이 원리들은 서로 다른 시간에 서로 다른 장소에서 일어나는 사건들 간의 관계를 설명해 줍니다.

더 나가기 전에 법(dharma)이라는 용어를 도입해야겠습니다. 이것은 어떤 사건, 현상 혹은 의식의 대상을 지칭할 수 있습니다. 모든 법은 세간적인 것이든 출세간적인 것이든, 인과 연의 일부이고 그것들에 의해 영향을 받습니다. 또한 저는 법(Dharma)과 법을 구분하겠습니다. 대문자로 시작하는 '법'은 불법을 가리킵니다. 즉, 부처님의 가르침, 수행방법 그리고 수행의 저변을 이루는 원리들입니다. 소문자로 시작하는 '법'은 어떤 현상을 가리킵니다. 물론 산스크리트에서는 대문자, 소문자의 구분이 없습니다. 이것은 우리가 문맥에 따라 영어로 표기하는 하나의 관행입니다. 부처님의 가르침과 수행방법들조차도 그 자체는 현상, 즉 법(dharmas)입니다.

간단히 말해서 인과 연은 어느 순간에 어떤 일이 일어나고, 나중에 만일 앞서의 사건이 일어나지 않았다면 일어나지 않았을 다른 어떤 일이 일어날 때 작용합니다. 이 두 사건의 관계와 상호작용을 우리는 연緣이라고 부릅니다.

인연을 인과와 혼동하기 쉬울지 모릅니다. 사실 이 두 가지 원리는 밀접히 연관되며, 하나를 이야기하면서 다른 하나를 언급하지 않기가 어렵습니다. 인연의 견지에서 우리는 한 사건이 지금 일어나고 그와 관계되는 다른 사건이 나중에 일어난다고 말했습니다. 인과의 견지에서는 앞서의 사건은 원인이고 나중 사건은 결과라고 말할 수 있습니다.

역으로, 아무 사건도 일어나지 않으면 이어지는 사건도 일어나지 않겠지요. 예를 들어 부모가 있으면 자식이 생깁니다. 부모는 원인이고 자식은 결과입니다. 자식이 있다면 부모가 있을 수밖에 없지만, 부모가 없으면 자식이 있을 수 없습니다. 바꾸어 말해서, 부모가 있다는 것은 자식이 태어나기 위한 필요조건입니다. 적어도 관습적으로는 말입니다.

그러나 한 원인이 그 스스로 어떤 결과로 되거나 결과를 가져올 수는 없습니다. 다른 어떤 일이 일어나서 그 원인과 결합해야 그것이 어떤 결과를 가져올 수 있습니다. 사건과 요인들의 이러한 결합을 인연이라고 합니다. 한 남녀가 같이 있다고 해서 자동적으로 자식이 생기지는 않습니다. 다른 요인들이 결합되어야 그 원인(부모)이 결과(자식)를 가져옵니다. 부모, 자식, 기타 관계되는 요인들 모두가 인연으로 간주됩니다.

가정하여 만일 어떤 인因이 홀로 있고 다른 어떤 연緣도 그것과 상호작용 하지 않는다면, 어떤 결과도 없을 것입니다. 만일 인이 정지해 있어서 어떤 결과를 가져오지 않는다면 그것은 인이라고 할 수도 없습니다. 왜냐하면 '인因'이라는 말은 다른 어떤 것을 향한 움직임이라는 의미를 내포하기 때문입니다. 인이 정지해 있을 경우에는 인과 연 사이에 아무 관계가 없습니다. 따라서 우리는, 인과는 인연의 결합에 의존한다고 말할 수 있습니다.

더욱이 어떤 인(하나의 법)과 상호작용 하는 연(다른 하나의 법)은 그 자체가 다른 어떤 것에 의해 야기되었음이 분명하고, 그런 식으로 계속 소급하면 시공간 속의 모든 방향으로 무한히 확장됩니다. 모든 현상은 인연 때문에 일어납니다. 일어나는 어떤 현상도 그 자체는 이전의 어떤 원인의 결과이고, 인과 연의 결합 때문에 일어났습니다. 여기서 연기緣起(conditioned arising)의 개념이 나옵니다. 이것은 모든 현상, 곧 법들은 인연에서 일어난다는 것을 의미합니다. 법들은 무無에서 일어나지 않으며, 인연에 의존하고 있습니다. 궁극적으로 모든 법은 그것이 언제 어디서 일어나든 서로 연결되어 있습니다.

모든 법은 인연의 결과이므로 그것들의 일어남은 조건적입니다. 이것은 일어남과 나타남뿐만 아니라 소멸과 사라짐도 포함합니다. 한 사람이 태어나는 것은 하나의 현상이고, 한 사람이 죽는 것도 하나의 현상입니다. 한 거품이 생기는 것은 하나의 현상이고, 한 거품이 꺼지는 것도 하나의 현상입니다. 한 생각이 나타나는 것도 하나의 현상이고, 한 생각이 사라지는 것도 하나의 현상입니다. 모든 법은 인연 때문에 생멸합니다.

법은 모든 현상을 포함합니다. 그것이 생리적이든, 심리적이든, 사회적이든, 내적이든, 외적이든 관계없이 말입니다. 어떤 사람들은 법이 물리적인(외적인) 것과 생리적인 현상들만 포함한다고 생각합니다. 그들은 생각과 같은 심리적 현상들은 법으로 간주하지 않으려고 합니다. 불교는 물리적인 것이든 정신적인 것이든 모든 현상을 법으로 간주합니다. 여섯 감각 기관은 여섯 가지 감각 대상과 상호작용 합니다. 눈은 형상을 보고 귀는 소리를 듣는 식으로 말입니다. 이것들이 모두 법입니다. 여섯 번째 감각 기관인 의식은 생각을 대상으로 삼습니다. 의식의 대상에는 사람들이 사고·추리·기억·의사소통에서 사용하는 상징·말·언어도 포함됩니다. 이 상징과 생각들은 불법의 견지에서 모두 법입니다.

유식학파唯識學派(유가행파瑜伽行派)는 법을 세 가지 유형으로 분류합니다. 첫 번째 유형에는 모든 물리적 대상이 포함되며, 이것을 색법色法이라고 부르기도 합니다. 두 번째 유형에는 심법心法, 예를 들면 생각, 기분, 감정이 포함됩니다. 색법도 아니고 심법도 아닌 법들도 있습니다. 그것은 우리가 개념적 사고를 할 때 사용하는 상징들인데, 여기에는 이름, 숫자, 그리고 공간·시간과 같은 추상적 관념들이 포함됩니다. 이러한 상징들은 우리가 생각하고 기억할 때 절대적으로 필요하기는 하지만 그 자체는 생각이 아닙니다. 따라서 그것들은 심법으로 간주되지 않습니다.

이상의 세 가지 법을 유루법有漏法(samskrita)이라고 합니다. 즉, 집착에서 일어나는 법입니다. 범부 중생들의 세계를 이루는 모든 현상은 유루법으로 간주됩니다. 반면에 깨달은 존재들과 관련되어 일어나는 모든 현상은 무루법無漏法(asamskrita)이라고 합니다. 여기에는 열반, 진여眞如, 공空이 포함됩니다.

인연과 연기의 원리들이 유루법에 해당되는 것은 당연하지만, 무루법에 대해서는 어떻습니까? 여기서는 미세한 구분을 해야 합니다. 열반을 예로 들어 봅시다. 범부 중생의 관점에서 보자면, 열반은 인연에서 일어나지 않습니다. 어떤 사람이 도를 닦습니다. 만일 인연이 맞으면 수행의 한 결과는 궁극적 열반일 것입니다. 그러나 이미 해탈을 성취한 사람은 열반과 윤회를 구분하지 않습니다. 깨달은 사람은 설사 그가 여전히 세간에서 활동할 수 있다 해도, 세계와 현상들은 참된 존재성이 없다는 것을 인식합니다. 이러한 의미에서 무루법은 인연에서 일어나는 법이 아니며, (깨달은 자의 관점에서는) 인연이나 인과 같은 것도 없습니다.

제가 방금 말한 것은 불교의 무상 개념에 반하는 것처럼 보일지도 모릅니다. 무상이란, 변치 않고 남아 있는 것은 아무것도 없다고 하는 개념이기 때문입니다. 그러나 이 개념은 범부 중생의 관점에서 나온 것이고, 해탈한 존재들은 세계, 중생 혹은 생멸하는 법을 인식하지 않습니다. 해탈한 존재들에게는 이야기할 만한 어떤 변화도 없습니다.

범부 중생들은 깨닫지 못했습니다. 그들은 자신이 하나의 자아를 가지고 있다고 인식하며, 물리적·심적 현상들과 상호작용 하고 그런 현상들을 일으킵니다. 이 자아가 무엇입니까? 앞에서 우리는 생리적·심리적 현상들이 인연 때문에 일어난다고 말했습니다. 중생들에게는 이러한 현상들의 집합체가 '자아'로 인식됩니다. 우리는 자아가 환幻이라는 것을 지적으로는 받아들일지 모르지만, 여전히 우리의 환상에 집착하면서 자아가 실재한다고 인식합니다. 그러나 자아가 하나의 환幻이라는 전제를 받아들이고 우리에게 많은 집착이 있다는 것을 인정하면, 수행을 통해 공을 체험할 수 있는 확고한 도대를 갖게 됩니다.

자아는 인연의 한 결과로서 존재하는데, 여기에는 시간적 의미(과거, 현재, 미래의 연속체)와 공간적 의미가 있습니다. 인因은 연緣들과 상호작용 하지 않는 한 과果가 되지 못합니다. 이러한 인과 연들은 공간적 의미에서 상호작용 합니다. 따라서 우리는 자아가 인연의 결과라는 것을 지적으로 이해해야 하고, 수행을 하여 그것이 공간적 의미에서는 물론 시간적 의미에서도 인연에서 일어난다는 것을 체험해야 합니다.

자아가 환幻이라고 말하는 것은 자아가 하나의 환각이라는 것은 아닙니다. 자아는 신기루가 아닙니다. 자아가 환이라고 말하는 이유는, 그것이 인연과 인과로 인해 늘 변하기 때문입니다. 그것은 결코 동일한 것으로 머물러 있지 않습니다. 그래서 우리가 자아를 하나의 환幻이라고 말하는 것입니다. 같은 이유로, 모든 현상은 환으로 간주됩니다. 만물은 순간순간 변하고, 진화하고, 다른 어떤 것으로 변형됩니다. 따라서 자아는 허망한 환경 속에서 끊임없이 상호작용 하고 변화하는 하나의 허망한 존재입니다.

　이것을 지적으로 이해하는 것으로는 충분치 않습니다. 그것을 직접 체험해야 합니다. 하지만 그것은 쉽지 않습니다. 왜냐하면 우리는 자아에 대한 우리의 인식에 정서적으로 집착하기 때문입니다. 이것이 번뇌이고, 집착과 번뇌의 속박을 완화하는 유일한 방법은 수행하는 것입니다. 수행을 통해 우리는—정도의 차이는 있겠지만—시간과 공간이 아무 존재성이 없으며, 자아가 하나의 환이라는 것을 체험할 수 있습니다. 우리는 시간이 아주 빨리 지나가는 체험을 할 수도 있고, 몸의 경계가 우주와 합쳐지는 체험을 할 수도 있습니다. 옛날의 선사인 부대사傅大士가 이런 시를 지었습니다.

빈손이지만 호미를 쥐었고	空手把鋤頭
걸어가지만 물소를 탔네.	步行騎水牛
사람이 다리 위에 서 있으니	人站橋頭上
다리가 흐르고 물은 흐르지 않네.	橋流水不流

　이 선사는 범부 중생의 개념을 이용하여 자신의 인식을 묘사합니다. 그에게는 호미를 쥔 것과 빈손이 동일하고, 걸어가는 것과 물소를 타고 가는 것이 동일하며, 다리와 물이 동일합니다. 그가 사용하는 이런 묘사는 보통 사람들의 활동이고 현상입니다. 즉, 움직이고 있는 것들입니다. 하지만 이 선사는 현상들의 움직임을 이용하여 부동不動의 체험을 묘사합니다. 그 부동의 체험은 인연에서 벗어나 있습니다. 이 선사는 환이 아니라 실재를 지각합니다. 환을 지각하는 것은 우리입니다.

　질문 인과는 업과 비슷합니까?
　스님 업은 힘 또는 행위를 의미합니다. 업은 분명히 인과와 관련됩니다. 왜냐하면 행위는 결과를 가져오는 어떤 힘을 가지고 있기 때문입니다. 사실 십이연기十二緣起를 때로는 업력의 십이연기라고도 합니다.

질문 물리적 현상들은 어떻습니까? 순수하게 물리적인 현상, 예컨대 하늘을 가로지르는 구름은 인연과 인과의 산물이지만, 구름은 업과 아무 관계도 없는 듯합니다. 업은 중생들과 관련되는 행위만을 가리키는 것 같습니다.

스님 이 세계가 존재한다는 사실, 혹은 이 세계가 존재한다고 우리가 생각한다는 사실은 중생들의 업력 때문입니다. 모든 일은 중생들의 업력 때문에 일어납니다. 순수하게 물리적인 현상은 없습니다.

질문 그 말씀을 들으니 상대성이 생각납니다. 아인슈타인의 의미에서도 그렇고, 일반적인 의미에서도 그렇습니다. 바꾸어 말해서, 이것이 이것인 것은 저것이 저것이기 때문입니다. 그 어떤 것도 홀로 존재하거나 생겨날 수 없습니다. 모든 현상은 인연, 인과 그리고 중생들의 업력에 의존하고 있습니다. 맞습니까?

스님 맞습니다. 인연은 시간적·공간적 면에서 다 작용합니다. 아인슈타인의 상대성 이론에서는 사물들이 다른 사물들과의 관계 속에서만 움직인다고 말합니다. 불교는 이런 주장을 문제 삼지 않습니다. 만일 어떤 것이 움직이고 있다면, 그것은 시간적·공간적 면에서 다른 현상들의 영향을 받고 있기 때문입니다. 그것은 다시 시간적·공간적 면에서 다른 것들에 영향을 줍니다.

질문 언젠가 스님께서 인연은 공하지만, 인과는 공하지 않다고 말씀하셨다고 기억합니다. 그것은 어떤 의미입니까?

스님 모든 인연이 일어나는 것은 다른 인연들 때문입니다. 그것들은 무상하며 늘 변하고 있습니다. 그래서 우리는 그것들이 공하다고 말합니다. 인과로 말하면, 그것은 모두 전후의 관계 문제입니다. 중생들에게는 인과가 있습니다. 부처들에게는 없습니다. 부처들에게 더 이상 인과가 없는 까닭은, 그들에게 자아중심이 없기 때문입니다. 부처들은 무엇을 에고의 관점에서 보지 않습니다. 부처들에게도 일들이 일어나지만, 그들은 자신에게 일들이 일어난다고 인식하지 않고 그것들이 모두 공하다고 봅니다. 반면에 중생들은 세계를 그렇게 보지 못하고, 그래서 여전히 이전의 업이 자신들에게 영향을 미친다고 인식합니다.

석가모니 부처님은 세상 속에 살면서 사람들 그리고 환경과 상호작용했습니다. 중생들은 그것을 자기 방식대로 보면서, 부처님이 좋은 일을 하고, 불법을 가르쳐 중생들을 제도했다고 말했습니다. 그러나 부처님은 그렇게 보지 않았습니다. 그분은 그냥 자연발생적으로 행동했습니다. 그분이 한 행동의 원천은 자아중심이 아니라 지혜였습니다.

부처님은 깨닫고 난 뒤에도 여전히 신체적 고통을 경험했습니다. 중생들은 부처님이 인연과 이전 업으로 인해 고통 받고 있다고 말하곤 했지만, 부처님은 더 이상 자아를 인식하지 않았기 때문에 내면적으로는 고통 받지 않았습니다. 그분의 육신만 고통을 경험했습니다.

질문 인연은 통제 가능합니까? 제가 그것들을 조작하여 제 삶을 통제할 수 있습니까?

스님 『화엄경』에서 말하기를, "만법은 마음이 만들어내는 것萬法唯心造"이라고 했습니다. 우리의 마음이 변하면 인연도 변합니다. 우리의 마음이 어느 방향으로 움직이든, 인연도 따라서 움직입니다. 우리의 태도가 변하면 우리가 인식하는 것도 변합니다. 우리가 자신의 삶과 마음을 변화시키려고 노력하지 않으면, 우리가 이미 작동시키기 시작한 사건들의 흐름에 의해 영향을 받게 될 것입니다. 만일 우리가 불법을 우리의 세계관 속에 받아들이면 인연이 방향을 바꿀 것이고, 우리 삶의 사건들도 변할 것입니다.

질문 하지만 우리의 삶 속에서는 우리의 업이 워낙 좋지 않아서 삶 속의 괴로움을 경감할 수 없는 때도 있는 것 같습니다. 악업을 경감하여 우리의 삶에 영향을 주는 인연을 바꿀 수 있는 방법은 없습니까?

스님 여러분의 업이 워낙 강력하여 여러분 자신을 통제하거나 여러분이 빠져 있는 번뇌에서 벗어날 수 없는 때가 있다는 것은 사실입니다. 그것은 이전에 축적된 많은 업의 결과일 수 있습니다. 즉, 이제 인연이 성숙하여 그 누적된 업력이 한꺼번에 나타나는 것입니다. 그것은 또한 여러분이 어느 순간 깊고 무겁고 나쁜 업을 지었는데, 이제 그 인연이 성숙하여 그 악업의 결과가 나타나는 것을 의미할 수도 있습니다. 그런 일이 일어나면 마치 큰 홍수가 여러분을 집어삼키는 것과 같습니다. 그것을 견뎌내는 것 말고는 별 도리가 없습니다.

이러한 악업을 피하거나 경감할 수 있는 유일한 방법은 그 결과가 나타나기 전에, 즉 인연이 충분히 성숙하기 전에 어떻게든 알아차리는 것입니다. 같은 비유를 사용하자면, 그 홍수가 닥쳐오는 것이 보이면 더 높은 지대로 옮겨가면 됩니다. 그러면 그것이 여러분에게 큰 영향을 주지 못할 것입니다. 그렇게 하려면 부지런히 수행하고, 과거의 업을 참회하고, 공양을 올리거나 보시를 하고, 남을 돕는 등의 덕행을 하면 됩니다. 이러한 덕행의 누적된 공덕과 여러분의 수행력이 악업을 경감하거나 상쇄하는 데 도움이 될 수 있습니다.

물론 여러분이 진정한 선 수행자라면, 좋은 것이든 나쁜 것이든 번뇌는 번뇌라는 것을 압니다. 진정한 수행자는 모든 상황에서 평정심을 유지하려고 노력할 것입니다. 좋은 상황이든 나쁜 상황이든, 좋지도 나쁘지도 않은 상황이든 관계없이 말입니다. 그러나 그런 홍수를 겪어본 분이라면 여기 계신 누구나 알겠지만, 그럴 때 자신의 수행과 평정심을 유지한다는 것은 무척 힘든 일일 수 있습니다.

5. 오온五蘊과 식識

질문 불교 철학에서 말하는 '식識'이라는 단어의 쓰임새가 다양해서 혼란스럽습니다. 불교에서는 식이 오온 중의 하나라고 이야기하는데, 제6식 · 제7식 · 제8식도 있습니다. 오온은 불교의 근본 가르침이지만, 저는 아직도 수受 · 상想 · 행行 · 식識을 잘 구분하지 못하겠습니다.

스님 오온과 식의 수준들에 대한 그 질문에 한꺼번에 답하겠습니다. 왜냐하면 그것들은 서로 관련되기 때문입니다. 오온—색色 · 수受 · 상想 · 행行 · 식識—의 가르침은 부처님의 가르침 중에서도 가장 근본적인 것입니다. 본질적으로 우리는 오온이 중생을 구성한다고 말할 수 있습니다. 오온이 없다면 환경을 지각하고 환경과 상호작용 할 길이 없을 것입니다. 사실 오온 없이는 존재도 없고 환경도 없겠지요.

제1온은 색色(form)인데, 그것은 물질계인 우리의 몸과 환경을 가리킵니다. 그래서 그것은 생리적 측면과 물리적 측면을 포괄합니다. 다섯 감각 기관(눈, 귀, 코, 혀, 감촉)과 신경 계통(뇌, 척수, 신경)은 색의 생리적 측면을 구성합니다. 환경 속의 일체의 것과 우리가 환경을 이해하기 위해 사용하는 상징들은 색의 물리적 측면을 구성합니다.

이제 제5온, 즉 식識(consciousness)으로 건너뛰고 싶습니다. 제5온으로 묘사되는 식을 유식학파(유가행파)의 제8식과 혼동하지 않는 것이 중요합니다. 이 학파는 부처님이 불법을 설하신 뒤 오래 지나서 발전했고, 오온의 저변을 이루는 관념들을 확장합니다.

유식학파의 처음 다섯 가지 식識은 다섯 감각 기관, 곧 색色·성聲·향香·미味·촉觸에서 일어납니다. 제6식은 분별심을 가리킵니다. 이 여섯 가지 식은 중간의 세 온蘊, 곧 수受·상想·행行에 대략 상응합니다. 색이 물질 영역에 속하는 반면 수·상·행은 심적인 영역에 속합니다. 그와 마찬가지로, 유식학파의 처음 여섯 가지 식은 심적인 영역에 속합니다.

제2온부터 제4온까지—수·상·행—는 심적인 활동입니다. 이것들을 유식학파의 틀에 집어넣으면, 이것은 다섯 감각 기관이 환경과 접촉하는 결과라고 말할 수 있습니다.

제5온인 식識온 분별심만 가리키는 것이 아닙니다. 이것은 다른 네 온을 포함하며, 이 네 온은 물질적 영역과 심적인 영역을 포괄합니다. 그래서 제5온은 물질적 측면과 심적인 측면을 다 포함합니다. 이렇게 본다면, 제5온은 동시에 인因이자 과果입니다. 제5온이 인因인 까닭은, 우리의 몸들을 포함한 물질계가 우리의 식識의 내용이 만들어낸 결과로서 존재하기 때문입니다. 제5온인 식은 분별심을 훨씬 넘어선다는 것을 기억하십시오. 그것은 그 안에 모든 과거 행위의 업 씨앗들을 내포하고 있습니다. 그것은 우리의 업의 저장소, 우리의 업력입니다. 우리의 육신과 환경은 우리의 업의 나툼입니다. 따라서 이런 관점에서 본다면, 색色은 식識의 한 결과입니다. 식은 또한 과果이기도 합니다. 왜냐하면 세 가지 심적인 온이 색色—환경—과 상호작용 할 때 새로운 업을 낳고, 그것은 다시 우리의 업의 저장소, 곧 제5온인 식識 안으로 들어가기 때문입니다.

질문 그러니까 스님께서는 물질계—육신과 환경—가 애초에 존재하는 것은 업 때문이고, 그래서 식識이 인因이라고 말씀하시는군요. 동시에 식은 과果인데, 그 이유는 우리의 육신들이 환경과 만나면 우리의 육식六識이 그 경험을 지각하면서 우리가 반응하고, 그렇게 하여 새로운 업을 짓기 때문입니다. 이 새로운 업은 사실 제5온인 식입니다.

스님께서 하시는 말씀은 실로 환경이—사실상 전 우주가—존재하는 것은 중생들이 존재하기 때문이라는 것입니다. 모든 중생들의 업이 우주를 창조합니까?

스님 그렇지요, 그렇게 말할 수 있습니다. 여러분의 육신은 보신報身(과보로서 받은 몸)이라고도 불립니다. 환경 또한 과보의 나툼입니다. 그것들이 존재하는 것은 중생들의 과거업이 낳은 결과 때문입니다. 불법의 한 원리인 연기緣起는 모든 현상이 서로 연관되어 있고, 업으로 인해 생멸한다고 보는 것입니다. 환경과 우리의 몸들은 별업別業(개인의 업)과 공업共業의 나툼입니다.

우리가 가지고 있고, 경험하고, 만나는 모든 것은 우리의 이전 행위의 결과입니다. 이전 행위들이 업력을 낳아, 우리의 식(제5온) 안에 저장됩니다. 결국 우리의 식 안에 있는 업의 씨앗들이 나타나면 우리가 만나고 경험하는 것들이 됩니다. 그리고 우리는 이전 업의 결과들을 경험하고 그에 기초해 행위하면서 더 많은 업을 짓고, 그것은 다시 이 식 속에 저장됩니다.

이제 다시 돌아가서 오온의 틀을 유식학파의 그것과 비교해 봅시다. 수受·상想·행行(제2, 3, 4온)은 유식학파의 전6식前六識(안식·이식·비식·설식·신식·의식)에 대략 상응합니다. 제5온인 식은 유식학파의 제7식과 제8식을 가리킵니다.

제5온을 업보식業報識이라고도 합니다. 부처님이 오온을 처음 가르쳤을 때는 제6식·제7식·제8식으로 세분하지 않았습니다. 나중에 유식학파가 오온을 확장하여 이 업보식의 기능들을 세분하여 제6식·제7식·

제8식을 이야기한 것입니다.

제가 앞에서도 말했지만 수·상·행은 심적인 영역에 속합니다. 기본적으로 어떤 심적인 기능에도 세 가지 단계가 있습니다. 첫째, 우리의 감각 기관이 환경과 접촉합니다. 이것이 수受(sensation)입니다. 둘째, 우리는 그 수가 즐거운지, 불쾌한지, 어느 쪽도 아닌지를 분간합니다. 이것이 상想(perception)입니다. 셋째, 우리는 그 경험에 반응하려고 의도합니다. 이것이 행行(volition)입니다. 예를 들어 제가 어떤 짜증 나는 큰 소음을 듣습니다. 수受(감각)는 제가 받는 모든 느낌인데, 이 경우에는 그 소리가 저의 귀에 남기는 인상입니다. 저의 상想(인식)은 이런 것이겠지요. '정말 거슬리는 소리군! 저 소리가 싫다!' 행行(의지)은 그 소리에 대해 어떻게 하기로 결정하는 것입니다. 그래서 얼굴을 찌푸리거나 귀를 손으로 막습니다. 어떤 사람이 수受로 인해 일어나는 상想에 따라 행동할 때마다 업을 짓고, 이것이 제5온, 곧 식識에 심어집니다. 이제 여러분은 오온의 식識과 유식학파의 여러 수준의 식識을 분명히 구분하기 바랍니다.

질문 무생물들은 의식이 없지만 그것들은 우리 마음의 반영입니다. 스님께서 말씀하시는 그 마이크는 우리의 별업과 공업 때문에 존재합니다. 불교도들이 의식 때 읊는 "사람이 삼세三世의 모든 부처님을 알려고 하면 응당 법계法界의 성품을 관해야 하니, 일체는 마음이 만든 것이다"*라는 게송도 그런 의미 아닙니까?

스님 그렇기도 하고 그렇지 않기도 합니다. 어떤 무생물이든 그것이 존재하는 것은 중생들의 과거 업력 때문입니다. 우리가 만나는 모든 것은 오관을 통해서 들어오고, 분별심에 의해서 지각됩니다. 분별심(유식학

---

* (역주) 若人欲了知, 三世一切佛, 應觀法界性, 一切唯心造.' 『화엄경』(60권본), '야마천궁보살설게품'에 나오는 게송이다.

파의 제6식)이 없이는 무엇을 지각할 수 없을 것입니다. 어떤 사람의 제6식이 작동하지 않으면 그 사람에게는 바깥 세계도 존재하지 않습니다. 다른 중생들에게는 여전히 세계가 존재하지만, 분별 의식이 없는 그 사람에게는 그렇지 않습니다.

그러나 제6식 하나가 세계를 창조하는 것은 아닙니다. 환경은 오온 모두의 상호작용에서 일어납니다. 우리는 감각 기관과 분별심을 가지고 세계를 경험합니다. 우리가 결정을 하고, 생각하고, 말하고, 무엇을 할 때마다 우리는 업을 짓고 있는데, 업은 다시 환경을 창조하고 구성하는 데 도움을 줍니다. 세계가 이런 모습인 것은 모두의 업 때문입니다. 여러분이 삶을 영위하고 새로운 업을 창조함에 따라 세계도 변합니다. 따라서 여러분의 행위와 말을 자각하는 것이 중요합니다. 여러분의 업은 여러분의 미래만 형성하는 것이 아니라 세계의 미래도 형성합니다.

반면에 깨달은 자만이 법계의 성품, 즉 공空의 성품을 볼 수 있습니다. 공은 일체의 법, 곧 현상들이 부단히 변하고 있어 그 어떤 것도 항상적이지 않다는 것을 뜻합니다. 더욱이 각 법은 다른 모든 법들과 서로 관련됩니다. 그 어떤 것도 다른 모든 것에서 고립하여 홀로 존재하지 않습니다. 만일 우리가 성불하면 이 공의 성품을 지각합니다. 깨달은 존재들은 청정심淸淨心으로 세계를 지각하며, 지혜를 통해서 세계를 상대합니다. 범부들은 번뇌심으로 세계를 지각하고, 분별심을 통해 세계를 상대합니다. 이것은 다시 환경을 창조합니다. 청정심이 지혜입니다. 그것이 법계의 성품을 창조하고, 법계의 성품은 청정심이 발현될 수 있게 합니다.

질문 불법에서는 18계十八界도 이야기하는데, 여기에는 6식도 포함됩니다. 중생이 환경과 접촉할 때는 세 가지 요소, 즉 감각 기관根, 감각 대상境, 감각 의식識이 결합되어야 합니다. 예를 들어 눈은 감각 기관이고, 형태와 색깔은 감각 대상이며, 보는 것은 감각 의식입니다. 소리, 냄새,

맛, 감촉도 마찬가지입니다. 이것은 분명합니다. 그러나 제6식의 세 가지 구성요소가 무엇인지를 잘 모르겠습니다.

스님 육근六根, 육경六境, 육식六識이 우리가 말하는 18계를 구성합니다. 육경을 육진六塵이라고도 합니다. 제6식의 대상은 우리가 생각하고, 추리하고, 기억할 때 사용하는 상징들입니다. 이러한 상징들이 제6식의 진塵(감각 대상)을 이룹니다. 사고, 추리, 기억이 제6식의 의식 요소를 이룹니다.

이 상징들은 다른 다섯 가지 진塵에서 나옵니다. 우리는 이미지와 언어로 개념을 구성합니다. 언어는 여러 가지 음성의 결합으로 이루어지는데, 그것들이 제6식에게 상징들로 나타납니다. 의식이 이러한 상징들을 사용하면 추리하고 기억하고 판단을 내릴 수 있습니다. 의식은 상징들 없이는 기능할 수 없습니다.

제6식의 감각 기관에는 심적인 구성요소와 물적인 구성요소가 포함됩니다. 심적인 구성요소는 과보果報의 식識입니다. 이것은 업의 씨앗들이 머물러 있는 제8식에서 일어납니다. 그러나 물적인 구성요소 없이는 업의 씨앗들이 나타날 수 없습니다. 물적인 구성요소는 대문과 같은 기능을 하여, 과보의 식(과거의 업)이 업의 저장소를 떠날 수 있게 하고, 새로 지은 업이 업의 저장소에 들어갈 수 있게 합니다. 물적인 구성요소는 곧 우리의 신경 계통입니다.

질문 그러면 제6식의 심적 기능은 다른 다섯 가지 감관을 포괄합니까? 두뇌와 신경 계통은 모든 정보를 감각하고, 지각하고, 처리하지 않습니까?

스님 그렇지요, 그러나 제가 제6식이라고 할 때 그것은 사고, 추리, 기억과 연관되는 두뇌 부위를 말하는 것입니다. 신경 계통은 다른 감관 의식들과 생명 기능들도 포함하지만, 그것들은 제6식의 감각 기관의 일부는 아닙니다. 두뇌와 신경 계통은 하나 이상이 기능을 가지고 있습니다.

중생이 추리하거나 기억하기 위해서는 상징들을 사용해야 합니다. 어떤 유기체가 신경 계통을 가지고 있는 한, 그것은 처음 네 가지 온蘊, 곧 색·수·상·행을 가지고 있습니다. 이 네 가지 온 없이는 중생이 기능할 수 없을 것입니다. 기억과 추리력을 가진 중생들만이 다섯 가지 온을 모두 가지고 있습니다.

질문 식물, 채소들은 어떻습니까? 그것들도 사물에 반응하는 것 같습니다. 그들은 빛을 향해 자랍니다.

스님 식물은 살아 있지만 신경 계통은 없습니다. 그것들은 일정한 방식으로 반응하고 원시적인 행동을 보여줄 수 있습니다. 왜냐하면 세포들을 가지고 있고, 그들의 몸 안에서 화학반응이 일어나기 때문입니다. 그러나 환경에 대한 그것들의 반응을 감각受이라고 부를 수는 없습니다. 왜냐하면 감각은 신경 계통에 수반되는 것이기 때문입니다. 광합성이나 성장과 같은 활동은 순수하게 화학적인 반응입니다.

질문 제6식은 실은 전前 5식의 일부 아닙니까? 제가 어떤 것을 볼 때 저는 제가 보는 것을 식별하기 위해 추리력을 사용하지 않습니까?

스님 제6식(분별심)은 전 5식, 곧 보고, 듣고, 냄새 맡고, 맛보고, 감촉하는 감각을 통합한다고 말할 수 있겠지요. 그러나 제6식은 특별히 추리와 기억의 기능을 가리킵니다. 감각을 하는 순간, 제6식은 그 시점에서 작용하는 감각 의식으로 간주됩니다. 그 순간에 이어서 즉시 우리는 기억하고, 추리하고, 판단하기 시작합니다. 이런 것이 제6식의 기능입니다.

질문 언어와 상징 이전에 순수한 인식이 존재할 수 있습니까? 우리가 제6식의 감각 대상이라고 부르는 것 이전에 말입니다.

스님 불가능합니다. 상징과 그 밖에 제6식의 대상들이 없으면 분별심이 기능할 수 없습니다. 그럴 때는 사람이 죽었거나 뇌사 상태이겠지요.

어떤 사람이 순수한 인식을 가지고 있을 때는 상징·기억·추리가 여전히 제6식 안에 있지만, 그는 그런 것들에 대한 집착이 없습니다. 그 사람은 평정平靜의 상태에 도달한 것입니다. 마음 속에서는 아무것도 움직이지 않으나, 마음의 기능들은 여전히 존재합니다.

깨달은 존재들과 부처들은 여전히 제6식을 가지고 있고 그것을 사용한다는 점에서 범부 중생들과 비슷합니다. 그들은 기억하고, 추리하고, 사고하고, 학습합니다. 차이가 있다면 완전히 깨달은 존재들은 자아에 집착하지 않는다는 것입니다. 그들은 탐욕貪·분노瞋·어리석음癡·오만慢·의심疑에서 벗어나 있습니다. 그들에게는 자아중심이 없습니다. 그들의 분별심은 번뇌에서 지혜로 변해 있습니다.

질문 그러니까 우리는 '나에게 제6식이 있는데, 나는 거기에 집착한다'고 말할 수 있군요. 저는 제6식이 현재의 저라고 믿습니다. 그러나 깨달은 존재는 제6식을 그냥 하나의 도구처럼 사용합니다.

스님 그렇지요. 부처는 여전히 제6식을 사용합니다. 부처는 여전히 "나와 너, 나와 그것"이라는 견지에서 이야기합니다. 부처는 여전히 주체와 대상을 구분할 수 있지만 그런 어떤 분별에도 집착하지 않습니다. 범부 중생은 "나는 나고 너는 너다"고 말하고, 그것이 진실이라고 믿습니다. 범부 중생은 자신의 생각과 몸을 자기와 동일시합니다. 부처들은 그들의 몸과 생각에 집착하지 않지만 그것들을 방편으로는 사용합니다. 만일 부처들이 그들의 몸과 마음을 사용하지 않으면 범부 중생들을 가르칠 수 없겠지요.

질문 그러면 무념의 수준에 도달하면 마음 속에 뭐가 있습니까?

스님 그대는 무념과 무심을 혼동하고 있는 것 같습니다. 좌선을 하다 보면 마음이 고요한 지점에 도달할 수 있습니다. 그 지점에서는 아무 생각이 없는 것처럼 보이지만 실은 한 생각이 있습니다. 그 사람은 한 생각을 꾸준히 지속합니다. 마음이 움직이지 않습니다. 어떤 사고도 진행되지 않습니다. 이것이 삼매입니다. 우리가 깨달아야만 이것을 체험하는 것은 아닙니다. 달리 표현하여, 삼매를 체험한다고 해서 자동적으로 깨달음은 아닙니다.

반면에 어떤 사람이 참된 깨달음을 체험하면 자아 관념이 사라집니다. 자아가 없습니다. 그러나 마치 범부의 마음속에서 그러하듯 생각들은 지속됩니다. 깨달은 사람은 마음을 움직이고, 추리하고, 판단할 수 있습니다. 차이가 있다면, 깨달은 사람은 그러한 마음 기능들을 하나의 자아에 귀속시키지 않는다는 것입니다.

질문 『심경心經』의 첫 구절은 "관자재보살이 깊은 반야바라밀다 속을 나아갈 때, 오온이 공함을 비추어 보고 모든 괴로움을 초월했다"로 되어 있습니다. 만일 관자재보살이 오온이 다 공함을 비추어 보았다면, 애당초 오온이 있다는 것은 어떻게 알았습니까?

스님 『심경』에서는 부처님이 우리에게 관자재보살이 한 일을 들려줍니다. 관자재보살이 그렇게 말하는 것이 아닙니다. 관자재보살이 오온을 가리키면서 "이것들은 공하다"고 말하지는 않습니다.

부처님이 『심경』을 말씀하신 것은 중생들을 위해서입니다. 깨달음을 체험해 보지 못한 사람들에게 사물을 이해시키려고 한 것입니다. 범부 중생들은 여전히 오온의 존재를 믿고 그것을 지각합니다. 부처님의 말씀은 "만일 관자재보살처럼 오온이 공함을 비추어 볼 수 있으면, 여러분도 모든 괴로움을 초월할 것이다"라는 것입니다. 제불보살은 오온이 존재하지 않는다는 것을 비추어 보았지만, 깨달은 존재들은 여전히 사물을 범부 중생의 관점에서도 볼 수 있습니다. 그들은 중생이 오온을 자신과 동일시한다는 것을 압니다.

『심경』에는 모순처럼 보이는 구절들이 있습니다. 뒤로 더 나가면 "지혜도 없고 얻음도 없다無智亦無得"고 하고, 그 바로 뒤에서는 삼세제불三世諸佛이 이 때문에 아누다라삼먁삼보리阿耨多羅三藐三菩提, 즉 '위없는 바른 깨달음'을 얻는다고 말합니다. 만일 '얻음이 없다'면 제불이 어떻게 지혜를 얻을 수 있습니까? 여기서 핵심은, 이 경이 중생들의 이익을 위해 설해지고 있다는 것입니다. 궁극적으로 지혜도 없고 얻음도 없지만, 중생들은 집착 때문에 그런 것을 성취의 대상으로 압니다. 그래서 부처님이 지혜와 성취를 이야기하는 것입니다. 사실 아누다라삼먁삼보리, 곧 위없는 완전한 지혜는 '지혜도 없고 얻음도 없음'입니다.

6. 업業

질문 업은 개인의 행위와 어떤 관계가 있습니까? 과거의 행위든 미래의 행위든 말입니다.

스님 업(karma)은 산스크리트로 '행위' 라는 뜻입니다. 우리가 어떤 행위를 수행했다면 그 행위는 끝났습니다. 그것은 과거지사이고, 남는 것은 업력이라고 할 수 있습니다. 이 업력이 현생이나 내생의 미래에 어떤 특정한 결과를 가져옵니다. 모든 경우에, 존재하는 것은 하나의 인과적 관계입니다. 따라서 사람들이 통상 업이라고 하는 것은 더 정확히 말해서 업력입니다.

많은 사람들은 '내가 지금 무엇을 하면 미래에 언젠가 그 행위의 후과後果(뒤에 닥치는 결과)를 겪거나 즐기게 될 것' 이라고 생각합니다. 이런 생각은 그다지 맞지 않습니다. 우리가 자기 행위의 후과를 나중에 경험하게 될 거라는 것은 맞습니다. 그러나 그 후과는 정해져 있지 않습니다. 업력과 우리의 관계는 그림자와 사람의 관계와 같습니다. 그림자는 늘 사람을 따르지만 빛과 자세에 따라서 형태와 밀도가 변합니다. 그와 마찬가지로, 업은 늘 그 사람을 따르지만 특정 행위에 따르는 업의 효과는 정해져 있지 않습니다.

왜 그렇습니까? 새로운 행위들을 계속 해 나감에 따라 업력도 수정됩니다. 그래서 만일 여러분이 선업을 지으면 이전의 선하지 못한 업의 힘도 줄어듭니다. 물론 그 반대도 마찬가지입니다. 나쁜 행위는 이미 존재하는 악업의 힘을 증대시킵니다. 특정한 행위들을 오랫동안 해 왔을 경우에는 그 별개의 모든 행위들의 업력이 합쳐져서 하나의 거대한 후과를 가져옵니다. 만일 그 업력의 대부분이 나쁜 것이라면 그 후과는 끔찍할 수도 있습니다.

질문 업력은 어떻게 환생을 지배합니까?

스님 선업을 지은 사람들에게 최선의 환생은 천상계에 나는 것입니다. 천상계에는 부모를 통해 태어나는 것이 아닙니다. 그보다는 자신의 자아의식을 통해서 가게 됩니다. 또한 천상계에서는 아무리 미세한 몸이라 해도 우리의 몸이 죽지 않습니다. 그 몸은 업의 결과가 소진될 때만 소실됩니다.

악업을 지은 사람들에게 최악의 환생은 무간지옥無間地獄에 나는 것이겠지요. 천상계에서와 마찬가지로 그 몸은 우리의 자아의식에서 나타납니다. 그러나 천상계에서는 그 중생이 자유롭고 즐거운 삶을 누리는 반면, 지옥에서는 그 존재가 속박되어 있고 큰 괴로움을 경험합니다.

질문 선업을 가진 사람에게 최선의 결과는 천상계에서 환생하는 거라고 말씀하셨지만, 수행자는 인간의 몸으로 다시 태어나 수행을 계속하는 것이 더 낫지 않습니까?

스님 수행의 업과 선행의 업에는 차이가 있습니다. 윤회에서 해탈하기를 열망하는 중생들은 수행의 업을 짓습니다. 그들은 계속해서 수행할 수 있는 세계에서 다시 태어날 것입니다. 선행이 반드시 수행의 업을 포함하지는 않습니다. 만일 어떤 사람이 마음속에 지혜와 공덕을 다 갖추고 수행하면, 수행이 가능한 천상계에 날 수도 있습니다.

질문 제가 어떤 과거 행위의 후과를 경험하면 그 업력은 사라집니까?

스님 업력은 그대가 욕계·색계·무색계의 삼계三界를 초월할 때까지 그대와 함께할 것입니다. 그대가 어떤 행위의 후과를 경험할 때, 업력은 사라지는 것이 아니라 변합니다. 업력은 산을 달려 내려가는 물과 같습니다. 물은 바위와 지형을 만나면 돌아가고, 바다에 도달할 때까지 계속 흐릅니다. 마찬가지로, 그대가 어떤 이전 행위의 후과를 경험할 때 그대의 업력은 방향을 바꾸게 됩니다.

질문 만약 그렇다면, 제가 삶 속에서 괴로움을 경험할 때마다 이전의 악업 중 일부를 소멸했다고 말하는 것은 잘못입니까?

스님 아니, 그렇게 말할 수도 있습니다. 괴로움을 겪고 나면 업력은 남아 있지만 형태가 변해 있습니다. 바꾸어 말해서, 그대의 업은 선행이나 악행이 따로따로 구분되어 발현되기를 기다리는 것처럼 존재하지는 않습니다. 그것은 모두 하나의 업력입니다. 따라서 만일 그대가 어떤 나쁜 일을 경험한다면 그것은 이전 행위들의 후과이며, 그대의 업은 그에 따라서 변합니다. 좋은 일을 경험할 경우에도 마찬가지입니다.

질문 업력은 어디에 존재합니까?

스님 유식학파의 가르침에서 제8식(아뢰야식)은 장식藏識이라고도 하는데, 이것이 우리가 한 행위들의 후과를 저장합니다. 업력은 거기에 존재합니다. 대승불교에서는 제8식이 우리의 모든 업의 씨앗들을 내포하고 있다고 하지만, 우리는 이 씨앗들을 업력을 지닌 별개의 단위들로 여기면 안 됩니다. 제8식을 컴퓨터의 메모리 디스크에 비교할 수는 없습니다. 메모리 디스크에서는 데이터가 늘어나거나 줄어듭니다. 제8식은 개인들이 업을 짓고 후과를 경험한다고 해서 더 커지거나 작아지지 않습니다. 제8식이 갖가지 많은 업의 씨앗들로 이루어지기는 하나, 그것은 늘 변함없는 단일한 업력입니다.

질문 업은 많은 정도로 말이나 행동 이면의 의도에 달려 있습니다. 깨달음을 얻지 않고서도, 우리의 의도와 의지를 제어하여 업을 짓지 않는 지점에 이를 수 있습니까?

스님 그것은 가능하지만 아주 어렵습니다. 그럴 경우 아마 그대는 다른 사람들과 전혀 상호작용 하지 못할 것입니다. 의지 없이 한 말과 행동은 업을 만들어내지 않습니다. 말하고 행동하는 것을 원치 않으면서 어떻게 말을 하고 행동할 수 있겠습니까?

질문 제가 저도 모르는 사이에 어떤 중생을 살해한다면 어떻습니까? 예컨대 밤에 어두운 길로 차를 운전해 가다가 고양이 한 마리가 차 밑으로 들어오는 것을 미처 피하지 못합니다. 그럴 때도 업을 짓습니까?

스님 첫째, 그대는 선택에 의해 그 차를 몰았습니다. 둘째, 그 상황은 인연으로 인해, 그리고 그대의 업과 그 고양이의 업에 의해 발생했습니다. 따라서 고양이를 친 것은 업을 지은 것입니다. 그러나 그 업은 고의로 고양이를 죽인 것보다는 가볍습니다.

질문 대중없이 일어나는 생각들도 업을 만듭니까?

스님 아닙니다. 저 스스로 오고 가는 생각들은 업을 만들지 않습니다. 의지와 함께 일어나는 생각들만 업을 만들어냅니다. 그러한 업도 말과 행동으로 지은 업보다는 가볍습니다.

질문 의도적으로 저의 수행방법에 대해 생각해 보거나, 중생들의 행복에 대해 생각해 보는 것은 어떻습니까? 그것도 업을 만듭니까?

스님 그렇습니다. 그것은 선업을 만듭니다.

질문 만일 이 도시에 폭탄이 떨어진다면 그것은 저의 개인적 과보일 리가 없습니다. 공업共業이 있는 것입니까?

스님 공업이 존재합니다. 만일 이 도시에 폭탄이 떨어져 우리 모두가 고통을 받는다면, 우리는 그것을 공업의 과보로 이해해야 합니다. 우리 모두는 서로 다른 때에 서로 다른 곳에서 비슷한 업을 지었고, 이 시점에서 우리 모두에 대한 업력이 동시에 성숙한 것입니다. 우리가 다른 사람들의 업을 공유하지는 않습니다. 각자가 자신의 행위에 대한 후과를 받습니다. 그러나 한 후과가 여러 사람의 업을 처리할 수도 있습니다.

질문 후과를 가져오는 것은 그 행위입니까, 행위 이면의 의도입니까, 아니면 의도와 행위의 결합입니까?

스님 만일 어떤 행위가 그것을 전혀 인식하지 못하는 가운데 이루어진다면, 그 행위에 대한 어떠한 업과業果도 없을 것입니다. 업력은 그 개인이 그 행위를 할 때 가지고 있는 인식에 상응합니다. 만약 제가 술에 취해 몽롱한 상태에서 사람을 죽이는데 그렇게 하는 것을 아예 인식하지 못한다면, 술에 취한 것에 대한 후과는 받겠지만 사람의 목숨을 빼앗은 것에 대한 후과는 받지 않을 것입니다. 그러나 그런 엄청난 일을 전혀 인식하지 못하면서 저지른다는 것은 극히 드문 일이겠지요. 그래서 대개는 어떤 업을 지을 가능성이 있습니다.

질문 어떤 사람이 법을 위반한다면 그 위반이 부정적인 업과를 초래합니까, 아니면 그 사람이 느끼는 죄의식이 그 업과를 초래합니까?

스님 업의 면에서는, 그대가 자기 행위에 대해 죄의식을 느끼든 않든 어떤 후과가 있겠지요. 만일 어떤 보살(대승 수행자)이 누군가를 죽이는 것이 필요하다고 느낀다면, 설사 그의 마음속에서는 그것이 그 상황에서 최선이었다 할지라도 그는 그 업과를 받아야 합니다.

질문 어떤 행위가 선업이나 악업을 창조한다고 정한 것은 누구입니까?

스님 불교의 원리들은 석가모니 부처님에게서 유래합니다. 그분의 원리들은 우리에게 무엇을 하라, 말라는 명령이 아닙니다. 그것은 도덕적 규범이 아닙니다. 오히려 그것은 관찰에 기초하고 있습니다. 석가모니 부처님은 당신의 지혜로써, 제자들에게 어떤 행위에는 어떠한 후과가 따른다고 말해줄 수 있었습니다. 그래서 그들에게 나쁜 후과를 초래하는 행위를 피하고 좋은 후과를 초래하는 행위를 하라고 조언한 것입니다.

사회에서는 질서유지와 안정을 위해 법률이 필요합니다. 그래서 법률들은 비교적 엄격합니다. 반면에 업은 유연합니다. 제가 어떤 나쁜 짓을 했는데 인과 연이 아직 성숙하지 않았다고 하면, 저는 그 행위에 대한 후과를 아직 받지 않습니다. 그런 다음 제가 어떤 좋은 일을 하면 그 업력이 변합니다. 그러나 그러지 않고 다른 나쁜 짓을 하면 그로 인해 그 후과가 더 빨리 올 수도 있습니다. 어떤 나쁜 짓을 한 데 대한 후과를 전혀 받지 않는 사람들도 있습니다. 그들은 부단히 선업을 쌓기 때문입니다. 이것을 염두에 둔다면, 우리는 더 부지런히 수행해야겠다는 마음이 날 수밖에 없겠지요.

7. 오계五戒

질문 매번 선칠禪七이 끝날 때마다 저희는 오계를 받습니다. 이 계율의 범위는 어디까지입니까? 수행자들은 어느 수준까지 계율을 받아야 합니까? 수행 과정 중에 우리가 받는 계율의 깊이가 달라집니까?

스님 오계는 불교의 기본적인 한 부분인데, 불살생不殺生, 불투도不偸盜, 불사음不邪淫, 불망어不妄語, 불음주不飮酒 혹은 마약痲藥 불사용입니다. 오계는 수행자들을 위한 하나의 보호 장치입니다. 오계는 그들의 삶과 마음의 순수성을 지켜주어 그들이 안전하게 그리고 안정되게 계속 수행할 수 있도록 해 줍니다. 그래서 진지한 수행자들에게는 계율이 필요합니다.

계율을 받아 지닐 때는 말과 행동 면에서 자신을 점검해 보십시오. 여러분의 신업身業과 구업口業이 비교적 깨끗하면 마음도 더 안정되고 순수할 것입니다. 마음이 안정되어 있으면 수행을 더 잘하게 되고, 그러면 정定(삼매)에 들 수도 있습니다. 그래서 정定의 성취는 계율의 수행에 의존합니다. 계율을 받는 것은 자발적이어야 합니다. 여러분의 말과 행동을 스스로 제어할 마음이 있어야 합니다. 억지로 계를 받는 것은 좌절감과 분노만 낳을 뿐입니다. 그것은 정定에 들거나 일상생활을 조화롭게 영위하는 데 도움이 되지 않을 것입니다.

여러분이 오계를 받는 것은 정에 들기 위한 것만이 아닙니다. 그것은 또한 여러분이 부처님의 가르침을 받아들인다는 것을 의미합니다. 삼귀의三歸依에 더하여 오계를 받는 것은 불교도가 되기 위한 기본적 요건입니다. 이 계율을 따를 때 여러분의 행동은 아마 일반인의 그것과 다를 것입니다. 사람들은 여러분이 불교도이기 때문에 여러분의 말과 행동이 다르다고 인정하거나, 아니면 거꾸로 여러분의 말과 행동을 보고 여러분이 불교도라고 추측할 것입니다. 이럴 때, 여러분이 수행하여 정에 드느냐 여부는 별개의 문제입니다. 따라서 설사 좌선은 하지 않고 불교를 신행하기를 원한다 해도, 오계는 받아야 합니다.

질문 오계에 대한 사람들의 태도와 관계는 그들이 수행에 더 깊이 들어가면 변하게 됩니까?

스님 에, 분명히 그렇지요. 우리는 계율을 세 가지 수준에서 볼 수 있습니다. 일반 수행자의 수준에서는 '별해탈계別解脫戒'가 있습니다. 여기서는 우리가 기간별로 계율을 하나하나 받아 지닙니다. 계율을 하나씩 받아서 따로따로 지키는 것입니다. 만일 특정한 계율을 열심히 지키면 그 계율의 이익을 얻게 됩니다. 그렇다고 해서 여러분이 오계를 동시에 다 받아서 지닐 수 없다는 뜻은 아닙니다.

두 번째 수준은 '정공계定共戒'입니다. 사람들이 점차 깊이 정에 들게 되면 더 이상 어떤 계율을 파할 마음이 없어지고, 자연히 계를 지키게 됩니다. 만일 사람들이 깊은 정定에 도달했다고 주장하면서도 계율을 파한다면, 그들이 말하는 정은 진짜가 아닙니다.

세 번째 수준은 '도공계道共戒'입니다. 사람들은 처음 견성見性을 한 뒤부터 성불에 이르기까지 지혜가 점차 깊어집니다. 그 사이에 그들은 자신이 계율을 지켜야 한다는 것을 상기할 필요가 없을 것입니다. 이 시점에서 계율은 수행의 자연스러운 일부입니다.

질문 두 번째와 세 번째 수준의 차이는 무엇입니까?

스님 두 번째, 곧 정定의 수준에서는 퇴보할 수도 있습니다. 정에 들어 있을 때는 계를 파할 수도 없고 파하지도 않겠지만, 선정 체험의 힘이 약해지면 계를 파할 가능성이 있습니다. 그러나 정력이 강해짐에 따라 통상 지혜도 깊어집니다. 그런 사람들이 계를 파할 수는 있겠지만, 그들의 파계는 중하지 않을 것입니다. 진정한 깊은 정을 체험한 사람들이 사음邪淫에 빠질 가능성은 거의 없습니다.

이제 각 계율 내에서의 서로 다른 수준들에 대해 이야기해 봅시다. 여러분이 한 계율을 지키는 정도는 여러분 자신과 여러분의 수행에 달려 있습니다. 첫 번째 계율을 파하는 최악의 경우는 다른 사람을 살해하는 것입니다. 만일 고의로 다른 사람을 죽이면 여러분은 금생에 이 계율을 영구히 파한 것입니다. 설사 여러분이 자신의 행위를 참회한다 해도 이 첫 번째 계율을 다시 받을 수 없습니다. 이 엄중한 파계를 논외로 하면, 첫 번째 계율은 개인에 따라서 다를 수 있습니다. 동물을 죽이는 것은 그것이 소든, 개든, 바퀴벌레든 첫 번째 계율을 위반하는 것입니다. 그러나 인간들은 뿌리 깊은 습관에서 나오는 분노와 욕망을 많이 가지고 있습니다. 윤회계 속에 있는 우리는 무수한 번뇌에 취약합니다. 성실한 불교도들도 개미와 모기들이 일상생활을 방해하면 그들을 죽일 것입니다. 여러분이 이 계율을 어떤 수준에서 지키면 바퀴벌레를 죽이지 않을 수 있지만, 다른 수준에서는 죽일 수도 있습니다. 그것은 여러분 자신과 여러분이 이 계율을 지키는 정도에 달렸습니다.

동물에 관해서는, 만일 여러분이 그들을 죽이면서 자신의 행위를 인식하고 나서 나중에 그 행위를 참회하면 첫 번째 계율은 파하지 않은 것이 됩니다. 만일 어떤 사람이 극단적 입장을 취하여 모든 살해 유형은 똑같은 것이고 참회해도 회복되지 않는다고 하면, 아무도 이 계율을 받으려 하지 않을 것이고 모두 불법에서 멀어질 것입니다. 계율은 상황에 따라 융통성이 있어야 합니다.

앞서 말했지만 여러분이 다른 사람을 죽여야만 첫 번째 계율을 파하는 것입니다. 그 밖의 경우는 계율을 저버릴 수는 있어도 파한 것은 아닙니다. 만일 전쟁 중일 때와 같이 여러분이 누군가를 죽일지 모른다는 것을 안다면, 공식적으로 계를 반납해야 합니다. 나중에 다시 계를 받으면 됩니다. 이것은 허용됩니다. 왜냐하면 여러분이 살인을 한 그 기간 동안은 불교도가 아니었기 때문입니다. 만일 이 계율을 더 낮은 정도에서 위반하면, 참회한 뒤 계속 그 계를 지닐 수 있습니다.

질문 잠깐만요. 우리가 누군가를 죽이려고 할 때 첫 번째 계율을 반납하는 것은 미리 계획한 살인입니다. 그것을 어떻게 설명하시겠습니까? 그리고 만일 우리가 그 계율을 받은 뒤 우발적으로 누군가를 죽인다면 어떻게 됩니까?

스님 제가 방금 말한 것을 분명히 하겠습니다. 만일 여러분이 누군가에게 화가 났을 때, 계를 반납하지 않고 그 사람을 죽인 다음 다시 계를 받게 된다면 그것은 말이 안 되겠지요. 이 계율의 핵심은 무엇을, 특히 인간을 해치거나 죽이지 않는 것입니다. 그러나 전쟁 중일 때와 같이 여러분이 누군가를 죽여야 하는 상황에 처할 것을 안다면, 공식적으로 그 계를 반납할 수 있다는 것입니다. 전쟁에서 돌아오면 그 계를 다시 받을 수 있습니다.

우발적으로 사람을 죽이는 것은 어떻습니까? 첫 번째 계율에 대해서는 몇 가지 기준이 있습니다. 그 계를 위반하기 위해서는 살인이 미리 계획된 것이어야 합니다. 누군가를 죽일 마음을 내야 하고, 그렇게 하는 데 성공해야 합니다. 그리고 그 사람을 죽이고 있을 때 그 행위를 인식하고 있어야 합니다. 이러한 요소들이 있어야 여러분이 그 계를 회복할 수 없이 파했다는 것이 분명해집니다. 그러나 계율에 관계없이, 우발적으로든 고의적으로든 살인을 하면 그것은 여러분의 업에 영향을 줍니다.

질문 마음속으로 누군가를 죽이는 것의 후과는 무엇입니까?

스님 그냥 누군가가 죽기를 바라는 것은 여러분 자신의 마음에 국한됩니다. 물리적으로 누군가를 죽이지 않았다면 그 계율을 파한 것이 아닙니다.

질문 살해와 관련하여, 모든 스님들이 채식가입니까? 일부 종파는 육식을 허용하지 않습니까?

스님 그렇지요, 선종을 제외한 일부 불교 종파에서는 승려들이 어떤 상황에서 고기 먹는 것을 허용합니다. 일부 스님들이 고기를 먹기는 하지만, 그들이 그 동물들을 손수 죽이지는 않습니다. 더욱이 그 동물들은 특별히 그들을 위해 도살된 것이 아니어야 합니다. 그들이 고기를 먹는 이유는 그들이 사는 환경 때문입니다. 아마 다른 식품이 귀하기 때문이겠지요.

질문 깨달은 사람들은 자연스럽게 계율을 지킬 것입니다. 그렇다고 하면, 만일 그들의 집에 바퀴벌레, 개미, 쥐가 들끓어도 그에 대해 아무 조치를 취하지 않을까요?

스님 깨달은 사람들은 그런 동물들을 죽이지 않을 것입니다. 더 자비로운 방식은 자신의 집에 그런 것들이 들끓기 어려운 조건을 만들어내는 것이겠지요. 그러나 만일 우리가 그것들을 없애기 위한 조치를 취한다면, 그것이 괴로움을 초래하고 업을 짓는 일임을 인식해야 합니다.

두 번째 계인 불투도不偸盜는 훔치지 않는 것입니다. 불투도 계는 고대 인도의 법률 제도에 근거하고 있습니다. 만일 그 죄가 사형에 처해질 죄라면 그 계율은 영구적으로 파해진 것입니다. 고대 인도에서는 훔친 물건이 많지 않아도 사형에 처했습니다. 미국의 법률 제도는 훔친 액수가 아무리 많아도 절도죄로 사형에 처하지는 않습니다. 어떤 사람들은 이것을 가까운 은행을 털러 가도 좋다는 신호로 받아들일지 모르지만, 훔친 금액이 아무리 적든 많든 훔치는 것은 나쁜 짓입니다. 그것은 두 번째 계율 위반이지만, 그 행위는 참회할 수 있습니다.

세 번째 계인 불사음不邪淫, 즉 삿된 음행을 하지 않는 것은 중요합니다. 이 계율을 지키지 않는 사람들은 가정과 사회에 많은 슬픔과 혼란을 초래할 수 있습니다. 저는 모든 재가 불교 수행자들에게 이 계율을 받을 것을 권장합니다. 고대 인도의 기준에 따르면, 미혼남녀 간의 성관계, 간통, 부자연스러운 성행위는 이 계를 엄중히 파한 것입니다. 습속에 따르면 성행위는 밤에 남이 안 보는 침실에서 해야 하며, 성기로 하는 것 이외의 것은 부자연스러운 것으로 간주됩니다.

다만 시대가 변했고, 서양의 도덕규범은 다릅니다. 많은 남녀들이 결혼하지 않은 채 동거합니다. 오늘날의 사회에서 이런 행위가 늘 사음邪淫으로 간주되지는 않습니다. 그렇기는 하나, 저는 이런 사람들도 결혼하기를 권장합니다. 만일 결혼하지 않고 자식을 낳으면, 그것은 그 자식들에게 문제를 야기할 수 있습니다. 또 설사 자식이 없다 하더라도 결혼을 하는 것이 낫습니다. 왜냐하면 그것은 여러분이 배우자와 부부임을 보여주기 때문입니다. 결혼은 책임과 성숙의 징표입니다.

만일 결혼을 하지 않고 누군가와 동거하지도 않는다면, 성욕을 절제하고 파트너를 계속 바꾸지 않도록 노력해야 합니다. 오늘날 이 시대에도 간통은 중대한 범계犯戒 행위입니다. 그러나 정념은 강합니다. 만일 여러분이 지금 이 시기에 자신의 성욕을 제어할 수 없다고 느끼면, 이 계를 반납하고 나서 자신의 욕망을 좀더 제어하게 되었다고 생각될 때 다시 받는 것이 최선일 것입니다. 그러나 이것은 최후의 수단일 뿐이고, 제가 그것을 권장하지는 않습니다.

네 번째 계는 불망어不妄語, 즉 거짓말을 하지 않는 것입니다. 이것을 범하는 가장 중한 행위는, 돈이나 존경 또는 사회적 권력을 얻기 위해 자신이 부처나 보살이라고 칭하거나 깨달음을 얻었다고 거짓말을 하는 것입니다. 이때는 자신이 거짓말하고 있다는 것을 인식하고 있음이 분명합니다. 이것은 이 계를 범하는 가장 중한 경우이고, 참회를 해도 소용이 없을 것입니다. 반면에 자신이 깨달았다고 참으로 믿는다면, 그것은 이 계를 범한 것이 아닙니다. 그것은 오만과 무지의 결과이지 거짓말이 아닙니다.

만일 어떤 사람이 돈을 얻기 위해 거짓말을 하면 그것은 거짓말인 동시에 훔치는 것입니다. 성행위를 하기 위해 거짓말을 하면 그것은 거짓말인 동시에 삿된 음행입니다. 만일 거짓말로 인해 다른 사람의 죽음을 직접 야기했다면, 그것은 거짓말인 동시에 살인입니다.

다섯 번째 계인 불음주와 마약 불사용은 그 자체로는 그리 엄중하지 않습니다. 만일 파계했다면 참회할 수 있습니다. 대다수 종교에는 계율이나 도덕적 계명이 있는데, 약간의 차이는 있지만 대부분의 계율은 비슷합니다. 어떤 종교도 살인, 절도, 거짓말, 삿된 음행이 허용된다고 말하지는 않겠지만, 일부 종교의 소수 종파와 불교는 술과 마약의 금지를 강조합니다. 다섯 번째 계의 목적은 앞의 네 가지 계를 보호하기 위한 것입니다. 술에 취하면 다른 계들을 파하기 쉽습니다. 더욱이 불교는 지혜와, 삶에 대한 이성적 태도를 강조합니다. 술과 마약은 판단력과 이성의 상실을 가져오기 때문에, 그것은 불교적 원리에 정면으로 반합니다.

많은 사람들은 계를 받기 어렵기 때문에, 저는 한 가지 방편법을 허용합니다. 수계식 중에 특정 계를 지키기 어려울 것이라고 느끼는 사람들은 그 계를 받지 않아도 됩니다. 계율은 불변의 철칙이 아니라 어디까지나 행동의 지침입니다.

저는 지난 여러 해 동안 오계를 여러 번 설명했습니다. 그것을 어떻게 설명하느냐는 당시의 청중과 상황에 달렸습니다. 청중이 강한 확신을 가질 수 없다고 생각되면, 극단적인 상황만 지적해 줍니다. 사람을 죽이지 말라, 은행을 털지 말라, 난잡한 성행위를 하지 말라, 사람들에게 자신이 부처나 보살이라고 말하지 말라고 말입니다. 만일 더 안정되어 있는 사람들이라면 제가 더 많은 것을 기대할 것이고, 계율도 더 깊이 설명하겠지요. 저는 계율의 의미를 임의로 바꾸지 않습니다.

8. 계율과 업業

질문 스님, 저는 언젠가 스님께서 말과 행동은 업을 창조하지만 생각 그 자체가 그러는 것은 아니고, 생각은 업을 짓는 말과 행위를 이끈다고 말씀하시는 것을 들은 것 같습니다. 예전에 저는 생각이 말이나 행동과 같은 법(dharmas)이라고 이해하고 있었습니다. 사실 생각들은 어떤 힘을 가지고 있고, 그래서 사물에 영향을 줄 수 있습니다. 스님께서는 또한 마음의 힘은 남을 도울 수도 있고, 해치거나 심지어 죽일 수도 있다고 말씀하셨습니다. 그것은 행동도 아니고 말도 아닙니다. 순수하게 심적인 것입니다. 예를 들어 선칠이 끝날 때 우리는 중생들을 돕기 위해 말없이 공덕을 회향합니다. 마지막으로, 대승의 전통에서는 생각만이 계를 파할 수 있다고 합니다. 이 혼동을 해소해 주실 수 있습니까?

스님 행동身 · 말口 · 생각意의 세 가지 활동 중에서 생각이 가장 중요합니다. 만일 외관상 의식이 있는 사람이 마음의 자각 없이 행동하거나 말을 한다면, 그 사람은 어떤 외부적 힘에 지배되거나 아니면 정신이 이상한 것입니다. 따라서 몸이 행동하거나 말을 할 때 마음이 개입되지 않는다면, 어떤 업도 만들어지지 않습니다.

마음이 활동하고 있지만 말이나 행동이 나타나지 않는다면 어떻습니까? 이 경우에는 우리가 계율과 업을 구분해야 합니다. 소승의 전통에서는 행동과 말이 개입할 때만 계율이 파해진다고 말합니다. 소승은 범부 중생의 관점을 취하는 것입니다. 말하거나 행동할 때 우리는 다른 사람들에게 영향을 주는데, 아마도 드러나게 영향을 줄 것입니다. 반면에 마음만 움직인다면 그 영향은 훨씬 가볍고 훨씬 덜 드러납니다. 훔칠 생각을 하는 것은 범죄가 아닙니다. 행동으로 옮겨야만 법을 위반합니다. 그래서 소승 전통에서는 나쁜 생각이 계율을 파하지는 않는다고 보는 것입니다.

대승에서는 마음을 가장 중요한 요소로 인식하고, 그래서 마음만이 계율을 파할 수 있다고 봅니다. 다시 말해서 의도가 가장 중요합니다. 더 나아가 말하면, 나쁜 생각이 악업을 지을 수는 있으나 그렇게 짓는 업은 말이나 행동에 의해 짓는 업보다 훨씬 가볍습니다.*

또한 여러분은 부단히 생각을 하고 있다는 것을 기억하십시오. 어떤 생각은 선하고 어떤 생각은 악하며, 어떤 생각은 선하지도 악하지도 않습니다. 이런 생각들은 모두 가벼운 업을 짓습니다. 만일 여러분이 나쁜 생각에만 집중하면서 그 때문에 자기 자신을 비난한다면, 여러분 자신에게 잘못하는 것입니다. 하루 종일 선한 생각만 하면 선업을 짓게 됩니다. 그러면 균형이 잡힙니다. 예를 들어 여러분은 여기서 불법을 배우고 있습니다. 이것은 좋은 일이고, 여러분은 선업을 짓고 있습니다. 바라건대, 우리가 삶을 살아가는 과정에서 나쁜 생각보다 좋은 생각을 더 많이 했으면 합니다.

설사 여러분이 나쁜 생각 자체가 계를 파하는 것은 아니라는 관점을

---

* (역주) 말이나 행동으로 짓는 업의 경우 거기에는 의도(마음)가 포함되어 있을 뿐 아니라, 그것을 실행하려는 강한 의지(또 다른 마음)가 덧붙여지고 구체적인 결과까지 발생하기 때문에 단순히 마음으로 짓는 업보다 훨씬 무겁다. 그러나 그 모든 결과는 처음의 마음(의도)에서 비롯되므로 대승에서는 마음을 중요시하는 것이다.

취한다 하더라도, 나쁜 생각들을 계속 이어서 하게 되면 결국 좋지 않은 말과 행동을 하기에 이를 수 있다는 점을 인식하십시오. 따라서 나쁜 생각은 처음부터 없애 버리고, 청정심을 유지하도록 노력하는 것이 좋습니다.

질문 업의 견지에서 보면 자유의지와 예정론의 문제는 어떻습니까? 부처님은 언젠가, 당신이 전생에 한 가벼운 소싯적 장난에 대해서 부처가 된 뒤에도 후과를 경험했다는 이야기를 들려주었습니다. 이것은 업보에 대한 어떤 응보적·숙명론적 해석을 전제하는데, 저는 그것을 받아들이기가 어렵습니다.

스님 그 이야기에 대한 그대의 이해에 약간 혼동이 있는 것 같습니다. 예, 부처님은 여러 생 전에 당신이 한 어떤 행위의 후과를 받았습니다. 그러나 부처님은 그것을 하나의 응보로서 받은 것이 아닙니다. 고통은 있었을지 모르나, 우리가 경험하는 그런 괴로움은 없었습니다. 깨달은 존재에게는 과보를 받는 것과 과보를 받지 않는 것이 동일합니다. 자아가 없다면 과보가 어떻게 있을 수 있습니까? 자아 관념을 가진 존재들만이 과보를 경험할 수 있습니다.

질문 만일 우리가 꿈속에서 계를 파한다면, 그것은 대승 계율을 파한 것이기도 합니까?

스님 만일 여러분이 보살계를 받았다면, 생시든 꿈속이든 나쁜 생각을 한 것은 계를 파한 것입니다. 그러나 꿈속에서 무엇을 훔치거나 누구를 죽인다 해도 정말 그렇게 한 것은 아닙니다. 따라서 거기에 상관하지 말아야 하고, 그것 때문에 자신을 벌하지도 말아야 합니다. 어떤 사람이 완전히 깨달았다면 그는 꿈속에서도 계를 파할 수 없습니다. 만일 여러분이 보살도를 걷고 있다면, 자신의 나쁜 행동·말·생각을 부단히 참회하면서 계율을 봉행할 수 있습니다. 계율은 행동 기준이지 계명誡命이 아닙니다.

보살계는 우리에게 무엇을 해야 하고 무엇을 하지 말아야 하는지를 일깨워줍니다. 우리는 계를 파하지 말아야 하지만, 만일 파한다면 이왕 일어난 일은 어쩔 수 없습니다. 그럴 때는 참회하고 우리의 수행을 계속해나가야 합니다. 그렇기는 하나, 그 업의 과보에 대해서는 여전히 책임이 있습니다.

불교의 계율을, 지키지 못하면 깨트리는 것이 되는 계명으로 생각하면 안 됩니다. 계율은 맑은 물과 같은 것으로 생각해야 합니다. 만일 하나의 계를 파하면 그 물을 오염시킵니다. 계율은 여전히 존재하지만 더 이상 순수하지 않습니다. 참회하고 더 열심히 노력하겠다고 서원하면, 그 계를 다시 한 번 순수하게 하는 데 도움이 됩니다.

질문 생각만으로 다른 사람들에게 해를 끼칠 수도 있습니까?

스님 만일 어떤 사람에 대해 줄곧, 날이면 날마다 나쁜 생각을 하게 되면 그런 생각들의 누적적인 효과가 아주 강해질 수 있습니다. 결국에는 그 사람을 해치는 어떤 말이나 행위를 하기에 이를지 모릅니다. 만일 어떤 사람에 대해 하루 동안 나쁜 생각을 한다면, 그 사람에게 당장 어떤 나쁜 일이 일어날 가능성은 없겠지요.

반면에, 생각으로 누군가를 직접 해치려고 마음의 힘을 키우는 사람들도 있습니다. 그것은 극히 드문 일이고 우리가 이야기하는 주제와는 무관합니다. 우리들 대부분은 생각이 마음의 영역 내에 머물러 있습니다. 어떤 일이 일어나게 하려면 말을 하거나 행동을 해야 합니다.

우리는 계율을 어떤 불가사의하고 신비한 것으로 여기면 안 됩니다. 오히려 계율을 상식적이고 인간적인 관점에서 이해하려고 노력해야 합니다. 그것을 합리적이고 정상적인 것으로 여기십시오. 만일 여러분이 그곳에 앉아서 누군가에게 선물을 줄 생각만 하고 전혀 실행을 하지 않는다면, 나중에 그 사람에게 "내가 너에게 좋은 일을 했다"고 말한들 효과가 있겠습니까?

질문 그러면 선칠이 끝날 때마다 공덕을 회향하는 것은 어떻습니까?

스님 선칠이 끝날 때 여러분은 개인적으로 공덕을 쌓은 상태입니다. 공덕을 회향할 때 여러분은 중생들을 돕기 위해 그것을 남들에게 주고 싶다고 말하게 됩니다. 이것이 보살도입니다. 그것은 마음으로써 합니다. 여러분에게 그런 공덕이 있을 때만 공덕을 회향할 수 있습니다. 그런 공덕이 없다면 여러분이 원하는 무엇을 생각하고 상상해도 공덕이 회향되지 않겠지요. 마찬가지로, 만일 여러분이 나쁜 짓을 했다면 다른 사람에게 그 나쁜 생각들을 넘겨주고 거기서 벗어날 수가 없습니다.

공덕을 회향할 때는 보시와 자비의 마음으로 그렇게 해야 합니다. 바꾸어 말해서, 여러분 자신의 이익은 염두에 두지 않고 다 주어 버려야 합니다. 만일 공덕을 회향하여 더 많은 공덕을 얻을 것이라고 생각한다면, 그것은 어떤 공덕도 회향한 것이 아닙니다.

질문 어떤 것이 공덕을 쌓게 합니까? 익사하려는 강아지를 구해주어도 공덕을 얻습니까, 아니면 불법을 깊이 닦을 때만 공덕이 옵니까?

스님 만일 여러분이 어떤 좋은 일을 하면 미래에 좋은 업보를 받겠지요. 좋은 말과 행동이 공덕을 쌓게 합니다. 어떤 말과 행동은 다른 것들보다 더 많은 공덕을 지어줍니다. 다만 마음속으로 그런 좋은 과보를 정말 바라는 것은 아니라고 말해야 합니다. 그것을 다른 사람에게 주어서 그들이 이익을 얻을 수 있기를 바라십시오. 이것이 공덕의 회향입니다. 그것은 누군가에게 돈을 주는 것과 같습니다. 만일 그들이 그 돈을 갖고 싶어하면, 그러지 말고 그것이 필요한 다른 사람에게 주라고 말하십시오.

사람들이 자기 이익을 생각하는 일이 적으면 적을수록, 그들의 수행에 더 이롭습니다. 공덕을 회향할 때 더 많은 공덕을 얻겠다는 생각을 해서는 안 됩니다. 보살도의 육바라밀六波羅蜜 중 하나는 보시입니다. 보살도를 닦는 사람들은 자신이 그 길을 닦기 때문에 보시합니다. 그 결과 자아중심이 줄어들지 모르지만, 그것은 목적이 아닙니다. 공덕의 회향은 이 바라밀을 닦는 또 하나의 방식일 뿐입니다.

질문 예전에 스님께서는 자기 업은 자기가 부담해야 한다고 말씀하셨습니다. 다른 사람의 업을 대신 받을 수 없고, 자기 업을 남에게 줄 수도 없습니다. 그러나 우리가 공덕을 회향할 때 자신의 선업을 남에게 줄 수 있다면, 그것이 바로 그렇게 하는 것 아닙니까? 그리고 만약 그것을 남에게 줄 수 있다면, 왜 자신의 악업은 없앨 수 없습니까? 저는 그것을 저기 있는 해리에게 주겠습니다.

스님 차이가 있다면, 선업은 자기가 번 돈과 같다는 것입니다. 여러분은 그것을 마음대로 쓸 권리가 있습니다. 그러나 악업은 빚을 지는 것과 같습니다. 남에게 돈을 꾸었을 때는 여러분에게 발언권이 없습니다.

질문 스님께서 이런 식으로 업에 대해서 말씀하실 때는 너무 깔끔하고 체계적인 것으로 들립니다. 마치 인위적으로 만들어낸 것처럼 말입니다. 업이 정말 금융 체계처럼 짜여질 수 있는 것입니까? 원금과 이자 같은 단어들이 생각나고, 너무 딱 들어맞는 것 같습니다. 또 우리가 저지르는 행위들의 엄중함에 대해 어떤 측정 기준이 있는 것처럼 보이기도 합니다. 그것이 저에게는 좀 조작적으로 들립니다.

스님 부처님은, 어떤 문제들은 설명할 수 없고 불가해하지만, 만일 사람들이 그 해답을 알고 싶어 그런 개념들을 궁리하면 미혹되거나 혼란에 빠질 수 있다고 가르쳤습니다. 그런 문제들 중 하나는, 부처님의 마음이 무엇을 할 수 있는지 알려고 하는 것입니다. 또 하나의 문제는 업의 작용을 이해하려고 하는 것입니다. 업은 어려운 문제이고, 사실 완전하고 분명하게 설명하기란 불가능합니다. 하지만 사람들은 그에 대해 더 많이 알아야겠다고 고집합니다. 아주 명료하고 구체적인 설명을 들어서 자신의 존재와 경험을 이해하는 데 도움을 받고 싶다는 것입니다.

여기서 핵심은, 업이 불가사의하기는 하지만 우리는 비유로써 그것이 가진 측면들은 설명해야 한다는 것입니다. 어떤 비유도 실제의 본질을 완전히 드러내지는 못합니다. 이번에는 제가 금융의 비유를 사용했습니다. 만일 그 비유가 여러분 마음에 들지 않으면 제가 다른 비유를 들어 볼 수도 있습니다. 그러나 다 비유일 뿐이고, 따라서 실제의 본질에는 미치지 못합니다. 불교도인 우리에게 중요한 것은, 우리의 생각·말·행동이 후과를 초래한다는 것과, 그것을 우리가 금생이나 내생에 받게 될 거라는 것을 이해하는 것입니다.

9. 선禪은 종교인가?

질문 선禪은 하나의 종교입니까?
스님 석가모니 부처님이 깨달음을 얻어 인도에서 불법을 가르칠 때, 그곳의 문화는 영적·종교적인 것을 중시했습니다. 부처님은 가르침을 펴기 시작하면서 예컨대 개인적 영혼의 존재와 같은 당시의 지배적인 종교 관념에 의문을 제기했지만, 다른 종교의 추종자들이 불법을 따르도록 하기 위해 다른 영적 전통들의 요소도 가르침에 포함시켰습니다. 또한 불법이 퍼져나가면서 다른 문화의 관념과 신앙도 일부 흡수되었습니다. 그 과정에서 불교는 하나의 종교가 되었습니다. 그러나 불교는 다른 모든 종교와 다르고, 그 근본 원리들도 반드시 종교적인 성질의 것은 아닙니다.

석가모니 부처님은 제자들에게, 어떤 신에게는 물론이고 부처님 자신에게도 도움이나 구원을 바라며 기도하라고 가르치지 않았습니다. 부처님은 중생들에게 자기 자신을 돕고 남들도 도와주라고 권했습니다. 중생들이 불법을 공부하고 수행하면 삶의 번뇌에서 벗어날 뿐 아니라 결국에는 생사윤회에서 벗어날 수 있다고 했습니다.

당연히 사람들은 이렇게 물었습니다. "우리는 어디서 왔습니까? 그리고 만일 우리가 깨달으면, 죽은 뒤에는 어떻게 되고 어디로 가게 됩니까?" 석가모니 부처님은 이런 질문들에 답하면서, 인도의 종교들에 이미 존재하던 환생의 가르침을 다소 수정하여 제시했습니다. 부처님은 중생들에게 전생과 내생이 있고, 그들이 끝이 없어 보이는 윤회 속에 갇혀 있으며, 불법을 닦지 않으면 그런 상태에 계속 머무르게 될 거라는 것을 알고 있었습니다. 만일 중생들이 수행을 하여 완전히 깨닫게 되면, 그들을 윤회 속에 가두는 번뇌에서—탐·진·치에서—벗어나게 되겠지만 말입니다.

그러면 사람들은 물었습니다. "만일 누구나 수행하여 성불할 수 있다면, 석가모니께서 유일한 부처님이십니까? 만일 그렇지 않다면, 성불했다는 다른 분들은 어디에 있습니까?" 석가모니 부처님은 범부 중생들의 인식과 능력의 범위는 한계가 있다고 말했습니다. 이 세계는 아주 작고 우주는 광대합니다. 구경究竟의 깨달음을 얻은 무수한 부처님들이 계시고, 인과 연이 성숙하면 범부 중생들도 성불할 것입니다. 다시금 부처님의 답변은 사람들의 수행을 고무했습니다.

그러나 사람들은 여전히 만족하지 못하고 계속 이렇게 물었습니다. "성불하기까지는 얼마나 오랜 시간이 걸립니까?" 석가모니 부처님은 수행의 길과 과정을 설명하면서, 완전한 깨달음에서 정점에 달하는 성취의 여러 수준들을 묘사했습니다. 그리고 성인의 지위에 도달한 수행의 전범典範인 보살들에 대해서 이야기했습니다. 하지만 석가모니 부처님은 사람들에게, 보살들에게 기도하라고 권한 것이 아니라 그들을 본받으라고 권했습니다.

석가모니 부처님은 보살들의 지혜와 자비, 그리고 중생이 해탈하도록 돕겠다는 그들의 영원한 서원을 이야기했습니다. 그리고 자비의 보살인 관세음보살, 지혜의 보살인 문수보살 등 많은 보살들에 대해 이야기했습니다. 처음에는 수행자들이 보살들을 본받아야 할 모범으로 삼았지만, 나중에는 많은 사람들이 결의와 믿음이 부족하여 수행을 중단하고 보살들에게 기도를 하기 시작했습니다. 그들은 자신들이 원하는 것을 이루기 위해, 그리고 고통을 경감하기 위해 기도했습니다. 그런 관행은 오늘날까지 이어지고 있습니다. 이러한 의미에서는, 그렇지요, 불교도 하나의 종교입니다.

불교가 이러한 종교적 측면을 발전시킨 것은 나쁘지 않습니다. 사람들이 신들, 보살들, 심지어 하느님에게도 기도를 하면 도움을 받거나 고통이 경감될 것입니다. 그러나 그 기도에 대한 응답은 그 신이나 보살 혹은 하느님에게서 오는 것이 아닙니다. 그것은 도움을 구하는 그 사람의 마음의 힘에서도 일부 오고, 특정한 신이나 보살에게서 도움을 구하는 모든 사람들의 집단적인 힘에서도 옵니다. 충분히 많은 수의 사람들이 어떤 보살이나 신에게서 진지하게 도움을 구하면, 그 보살이나 신이 존재하든 않든 어떤 힘이 나타날 것입니다. 그런 일은 일어납니다. 사람들이 도움을 구하면 그들의 기도는 응답이 있습니다. 그것은 모든 종교에서 흔히 볼 수 있습니다. 이런 점에서는 불교도 다른 종교들과 마찬가지입니다.

그러나 선불교는 다릅니다. 선불교는 불법의 본질을 곧바로 뚫고 들어가며, 수행자들에게는 자기 자신에게 의지하여 자신의 문제를 해결하라고 권합니다. 사실 선은 자기 마음의 밖에서 법을 구하는 사람들을 외도外道—불법 밖의 가르침을 따르는 사람들—로 간주합니다. 선은 자기 주도(self-initiative)를 중시하기 때문에, 다른 불교 종파들의 종교적·기복적 측면 없이도 해나갈 수 있습니다.

선 수행자들은 보살들의 존재를 부인하지 않습니다. 그들은 보살·부처·조사祖師들을 굳건히 믿지만, 사람들이 어떤 신에게 기도하듯이 그들에게 기도하지는 않습니다. 그들은 조사와 보살들이 수행의 수준이 다른 존재들이라는 것을 인정합니다. 그래서 보살들을 존경하고 그들을 본받으려고 노력하지만, 통상 그들의 도움을 구하지는 않습니다. 선 수행자들은 겸손하고 또렷한 방식으로 스스로 알아서 수행하거나, 아니면 어떤 스승의 지도 하에서 수행합니다.

만일 선 수행자들이 부처님이나 보살들에게서 구하는 것이 있다면, 그것은 법을 구하는 것입니다. 그들은 승가의 도움을 받아, 그리고 경론 經論에 대한 공부를 통해 법을 구합니다. 그들은 권력이나 영적인 체험 혹은 깨달음을 구하지 않습니다. 마찬가지로, 설사 그들이 불보살의 상 像 앞에서 향을 사르고 절을 한다 해도 그것은 숭배가 아닙니다. 오히려 그것은 감사의 표시입니다. 왜냐하면 불보살과 승가가 없었다면 세상에 불법이 없었을 것이기 때문입니다. 선 수행자들에게 불보살은 본받을 모범이지, 숭배해야 할 우상이나 그들의 삶을 지켜주는 수호천사가 아닙니다. 그들에게 보살들은 목발이 아닙니다.

저도 다른 선사들과 같이 사람들에게 아미타불의 성호聖號나 관세음보살의 성호를 염하라고 가르치지만, 그것은 종교적 목적을 위해서가 아닙니다. 어떤 불교도들은 정토에 태어나기 위해 아미타불의 성호를 염합니다. 또 소원을 이루기 위해 관세음보살의 성호를 염합니다. 그것은 종교적인 수행입니다. 제가 여러분에게 성호를 염하라고 하는 것은 오로지 수행의 한 방법으로서 하라는 것입니다. 성호를 염하면 마음이 집중됩니다. 불보살의 성호를 염하게 되면, 소리를 내어 하든 마음속으로 하든 여러분의 몸・말・마음이 어떤 위대한 깨달은 존재에게 집중됩니다. 그것은 마음을 훈련하고 정화하는 좋은 방법입니다. 이 방법을 통해 심지어는 삼매를 체험할 수도 있고, 지혜도 계발됩니다.

사람들은 가끔 저에게 그들을 위해 기도를 좀 해 달라고 합니다. 종교적 관점에서 보자면, 이런 사람들은 제가 무릎을 꿇고 어떤 신이나 보살에게 그들을 도와달라고 기도하는 것을 생각할지 모릅니다. 아마 그들은 제가 부처님과 어떤 핫라인을 가지고 있다고 생각하는 거겠지요. 저는 아무 특별한 연줄이 없고, 기도도 하지 않습니다. 그런데 왜 제가 그들을 위해 기도하는 데 동의합니까? 두 가지 이유가 있습니다. 첫째, 제가 그들을 위해 기도하겠다고 하면 그들은 한결 나아지는 느낌이 들 것입니다. 통상 사람들이 필요로 하는 것은 그게 전부입니다. 둘째, 저는 제 수행의 힘을 통해 이런 사람들에게 공덕을 회향할 수 있습니다. 수행하는 사람들은 공덕을 다른 사람들에게 회향할 수 있습니다. 사실 수행을 하지 않아도, 의도가 진지한 사람들은 다른 사람들에게 어떤 좋은 효과를 가져다줄 수 있습니다. 그 반대도 진실입니다. 만일 많은 사람들이 어떤 사람에게 해가 닥치기를 바라면, 그 사람은 고통을 받을 공산이 큽니다. 그것은 신기할 것도 없고, 단지 마음의 힘에 지나지 않습니다.

제가 관세음보살의 성호를 염할 때는 저의 공덕이 다른 사람들에게 회향될 것을 염두에 둡니다. 관세음보살이 과연 존재하는지 여부는 신경 쓰지 않습니다. 제가 왜 신경 씁니까? 첫째, 석가모니 부처님이 관세음보살과 그의 힘을 칭찬했고, 저는 부처님의 말씀을 신뢰합니다. 둘째, 많은 사람들이 관세음보살을 믿고 기도한다는 바로 그 사실 때문에, 그의 힘은 존재합니다. 그래서 저는 그의 성호를 염하고 그를 빌려 공덕을 회향합니다.

관세음보살은 수많은 사람들의 마음이 집중되는 거대한 반사경과 같습니다. 만일 이 사람들이 제각기 다른 대상에 마음을 쏟는다면 그것은 수많은 희미한 플래시가 빛나는 것과 같아서 그 힘이 그리 크지 않습니다. 그러나 만일 사람들이 그들의 생각을 단 하나의 대상에 집중하면, 그것은 모든 플래시의 빛이 하나의 거대한 거울을 비추는 것과 같아서 그 반사광을 엄청나게 증가시킵니다. 관세음보살이 그러한 거울입니다. 겉

보기에 이것은 다른 많은 종교들의 행법과 비슷하지만, 관점은 다릅니다. 다른 종교들은 그 힘이 우리가 기도하는 신에게서 온다고 말합니다. 불교에서는 그 힘이 그 사람이나 기도하는 사람들에게서 온다고 주장합니다.

수행을 잘 하지 못하거나 자기 자신과 자신의 방법에 대한 강한 믿음이 없는 일부 불교도들은 보살들의 도움을 구하거나 어떤 스승이 영적인 힘을 자신에게 전해주기를 청합니다. 선사나 진지한 수행자들은 불보살에게서 법 외에는 아무것도 구하지 않습니다. 그들은 기꺼이 남들을 돕고 남들에게 베풀려고 하지만, 신통력이나 영적인 이익을 구하지 않을 것입니다. 초심 수행자들이라면 외적인 도움을 구하는 것도 무방하지만, 결국에는 전혀 구함이 없어야 하고 자기 자신에게만 의지해야 한다는 것을 알아야 합니다. 외부에서 오는 도움은 일시적으로 여러분의 문제를 경감해 줄 수 있을 뿐입니다. 그것이 문제의 뿌리까지 뚫고 들어가 문제를 해결해 주지는 않을 것입니다. 기본적인 방식, 실은 효과가 있는 유일한 방식은, 수행을 통해 자신의 문제를 스스로 해결하는 것입니다.

10. 불교 신행과 다른 종교들

질문 불교를 신행하면서도 다른 종교에 대한 믿음을 유지하는 것이 가능합니까?

스님 불교는 다섯 가지 수준에서 신행할 수 있습니다. 첫 번째 수준은 인간계人道에, 두 번째 수준은 천상계天道에 상응합니다. 나머지 세 가지 수준은 불교에 독특한 것인데, 그것은 아라한·보살·부처의 수준입니다. 저는 처음 두 가지 수준에 국한해서 답변하겠습니다. 인간계와 천상계의 이 두 수준에서는 불법에 의거해 신행하는 적절한 방법들이 있습니다. 대다수 종교들은 인간계와 천상계 이상은 추구하지 않습니다. 아마 일부 종교는 천상계에는 관심도 없고 인간의 삶에만 관심이 있겠지요. 불경에서는 처음 두 가지 수준의 중생이나 인간계에 있으면서 천상계에 들기를 원하는 중생들에게 필요한 적절한 행위와 수행을, 불법에 부합되게 분명히 가르치고 있습니다. 이러한 의미에서 불교는 천상계에 태어나고자 하는 사람들에게 반대하지 않고, 따라서 그런 내용을 가르치는 다른 종교에 반대하지 않습니다.

불교는 모든 사람을 돕기를 원하며, 어떤 종교의 사람이 불교적 수행법을 사용하든 환영합니다. 타종교인으로서 불교를 처음 접한 사람들은 기존의 신앙을 포기할 필요가 없습니다. 원래의 신앙을 고수하기를 원해도 아무 문제될 것은 없습니다.

대부분의 사회에서 가족들은 보통 자신의 신앙을 대대로 물려줍니다. 만일 여러분이 불교를 신행하기 위해 원래의 신앙을 포기해야 한다면, 여러 가지 면에서 가족과 사회로부터 자신을 분리해야 하겠지요. 왜냐하면 종교의 많은 부분은 사회적·문화적 상호작용이기 때문입니다. 그 모든 것을 포기할 필요는 없습니다. 제가 미국에 처음 왔을 당시, 저는 불법을 받아들인 사람이라면 아주 유연해야 한다고 믿었습니다. 어떤 신앙을 가진 사람이든 모든 사람을 받아들일 수 있어야 한다고 말입니다.

불교는 서양의 종교들에 어떻게 반응합니까? 기독교, 유대교, 이슬람교는 역사상 많은 선행을 했고 많은 사람들을 도와주었습니다. 이런 종교들이 존재하지 않았다면 유럽의 일부 문명들은 도덕적·윤리적 가르침을 받지 못했을 것입니다. 그렇기는 하나, 기독교의 가르침을 받아들이는 것은 불교의 가르침을 받아들이는 것과는 다를 것입니다. 예수님의 가르침 중 어떤 측면들은 불법과 부합하지 않는 것이 사실이고, 그 반대도 마찬가지입니다. 불교도인 우리는 예수님의 가르침 중에서 불법의 가르침과 부합하는 측면들만 고려해야 하고, 또 우리는 기독교의 가르침을 인간계와 천상계의 수준에서만 고려할 수 있습니다.

저는 미래에 무수한 종교들이 하나로 융합되기는 어려울 거라고 봅니다. 세계는 그렇게 단순하지 않습니다. 주요 종교들은 그들의 신앙 가운데 동일한 부분들을 서로 인정하고 지지하는 한편, 서로 다른 부분들은 이해하고 존중하는 것이 중요합니다. 불교도들이 자기 길이 더 우월하다고 주장하면 불필요한 분쟁과 긴장을 야기하게 될 것입니다. 우리는 다른 사람들이 이해할 수 있도록 불교의 가르침을 설명할 수 있을 뿐입니다. 우리는 다른 종교가 좋은지 나쁜지, 올바른지 그른지를 판단할 권리가 없습니다.

질문 우리는 불교를, 특히 선종을 하나의 종교로 볼 수 있습니까?

스님 이것은 아주 중요한 문제입니다. 한편으로 불법, 특히 선종의 가르침은 수행방법입니다. 석가모니 부처님은 방법을 가르쳤습니다. 사람들에게 신심으로 무엇을 믿으라거나 무엇을 받아들이라고 말하지 않았습니다. 엄격한 수행의 관점에서는 종교적 의식이나 부처님들에게 예를 올리는 의식을 거행할 필요가 없는 것처럼 보입니다. 이러한 의미에서는 불교를 종교로 분류할 필요가 없습니다.

다른 한편, 만일 불법의 가르침이 우리에게 부처님과 조사들이 가르친 방법들을 따르도록 권하고 있다면, 우리는 불보살에 대해 최고의 믿음을 가져야만 수행에서 이익을 얻을 수 있습니다. 믿음이 없으면 오래오래 수행할 수 없습니다. 어설픈 믿음으로 얻는 수행의 이익은 피상적일 것입니다. 이런 의미에서 불보살에 대한 믿음은 필요합니다. 만일 우리가 종교를 믿음과 관련된 전통으로 이야기한다면, 불교도 하나의 종교로 분류될 수 있습니다. 반면에 종교를 의식에만 국한한다면, 불교를 종교로 볼 필요가 없습니다.

질문 어떤 종교도 자신이 순수하게 의식이라고 인정하지는 않을 것입니다. 모든 종교는 그 이상을 주장합니다.

스님 맞습니다. 그렇다면 불교는 분명히 하나의 종교입니다. 우리는 그런 의식들이 종교에 필요한지, 혹은 유용한지를 자문해 봐야 합니다. 불법이 동양에 전파될 때, 사람들은 그런 의식들을 준수하는 것부터 시작했습니다. 저는 미국에 처음 왔을 때 제 가르침에 최소한의 의식만 포함시켰습니다. 그러나 한동안 수행을 하고 난 이곳 사람들은 불보살과 조사들에 대해 큰 존경과 믿음, 감사의 마음이 자연히 우러났고, 그런 감정을 표현하는 정상적인 방식은 의식을 통해 표현하는 것입니다.

그러면 우리가 종교라고 할 때 그것은 어떤 의미입니까? 종교는 카리

스마적인 어떤 실체의 존재, 힘 혹은 권위에 대한 믿음입니다. 그러한 존재는 인간일 수도 있고 신적 존재일 수도 있는데, 여기에는 스승, 예언자, 신이 포함됩니다. 이러한 믿음의 대상은 흔히 부처, 예수, 아브라함, 모하메드와 같은 종교 창시자들입니다. 종교의 가르침이 가장 중요한 가르침입니다. 왜냐하면 우리가 그것을 힘써 닦고, 학습하고, 수행해야 하기 때문입니다.

질문 이 질문은 불교를 수행하는 다른 종교를 가진 사람들과 관련된 것입니다. 불법의 개념을 지적으로 이해하고 수행에서 이익을 얻으면서도 그 가르침을 자신의 종교적 신앙 체계에 포섭하지 않는 것이 가능합니까?

스님 그 가르침, 개념, 이론들을 무시하고 그냥 수행만 하는 것이 가능하겠습니까? 가능할 수도 있겠지만 초기 단계에서만 그럴 것입니다. 제가 초학자에게 좌선을 가르칠 때는 그런 가르침을 논외로 할 수도 있겠지만, 얼마 후에는 업, 환생, 인연과 같은 관념들을 도입하지 않을 수 없습니다.

그런 가르침을 이해하면서 그것을 받아들이지 않을 수 있습니까? 그럴 수도 있겠지만, 그것은 수행에서 적은 이익을 얻는 데 만족할 때만 그렇습니다. 만일 불법의 수행에 더 깊이 들어가고 싶다면 그 가르침을 받아들여야 합니다.

질문 그러면 아까 드린 질문이 다시 나옵니다. 우리는 자신의 원래 신앙을 버리지 않으면서도 좌선과 불교 원리에서 많은 이익을 얻을 수 있습니다. 그러나 만일 어떤 타종교인이 불교를 깊은 수준에게 닦기를 원한다면, 결국 그 사람은 원래 종교의 신앙 중 최소한 일부는 포기해야 합니까?

스님 맞습니다. 얕은 수준에서는 이전 종교의 교리를 견지할 수 있습니다. 그러나 불교를 진지하게 신행하기를 원한다면 어쩔 수 없이 다른 신앙을 버려야 합니다. 두 가지 가르침 체계에 대해 모두 절대적인 믿음을 갖기는 불가능할 것입니다. 우리가 원래의 종교를 포기할 필요가 없다고 말하는 것은, 그 종교의 사회적·문화적 측면을 가리킵니다. 그러나 설사 우리가 그 타종교 신앙을 포기한다 하더라도, 그것은 그 신앙에 반대한다는 의미는 아닙니다.

질문 거기서 한 걸음 더 나아가, 그것은 모두 마음속에 있다고 말할 수는 없을까요? 그것은 신념이고 개념일 뿐이며, 따라서 저는 제가 원하는 것이면 뭐든지 믿을 수 있는 것 아닙니까? 심지어 서로 모순되는 신념들을 동시에 제 마음속에 지닐 수도 있지 않겠습니까?

스님 서로 모순되는 신앙을 지니기는 어렵습니다. 자신의 종교 관념을 없애기는 쉽지 않습니다. 많은 타종교인들이 불법에서 이익을 얻고 싶어합니다. 그들은 그 철학에 흥미를 느끼지만, 그것을 자신들의 신앙의 견지에서 해석합니다. 그들은 자기네 종교의 더 높은 수준에 도달하고 자기네 하느님을 체험하기 위해 불교적 명상을 시도합니다. 그런 목적을 위해 불교의 방법들을 사용할 수는 있습니다. 또한 그들 종교의 더 높은 수준에 도달한 사람들은 깨달음의 체험을 얻었다고 말할 수도 있겠지만, 그것은 참된 불교적 깨달음의 체험은 아닙니다. 그들은 모든 관념을 뒤로하지 못했고, 자신의 신앙을 뒤로하지 못했습니다. 그들은 자아를 놓아 버리지 못했습니다. 이런 말을 들으면 어떤 사람들은, 마치 불교도들이 자기네 신앙이 다른 신앙보다 우월하고, 자기네 깨달음의 수준이 다른 모든 깨달음의 유형보다 위에 있다고 느끼는 것처럼 해석할지도 모릅니다. 그것도 맞지 않습니다. 다른 종교들은 그들 나름의 관점이 있습니다. 어느 쪽이 더 높다, 낮다 혹은 더 낫다, 못하다고 이야기하는 것은 실제와 무관하고, 비생산적이고, 심지어는 위험하기까지 합니다.

질문 아까 스님께서는 다른 종교의 인물들, 예컨대 예수 그리스도가 보살인지 아닌지에 대해 말씀하셨습니다. 더 자세히 말씀해 주시겠습니까?

스님 종교들은 일반적으로 세 가지 기본 요소를 가지고 있습니다. 그 종교를 개창한 사람, 그 종교의 가르침 그리고 의식입니다. 기독교의 경우 저는 그 교조敎祖인 예수님이 보살이었다고 말하고 싶지 않고, 그런 견해에 반대하고 싶지도 않습니다. 그분의 가르침만 가지고 여러분이나 제가 예수님이 보살이었는지 여부를 판정할 수는 없습니다. 보살들만이 예수님이 보살이었는지 여부를 말해 줄 수 있겠지요. 왜냐하면 그들은 그분의 법신法身을 볼 수 있을 테니 말입니다. 저는 그럴 수 없기 때문에 그 견해에 대해 분명한 찬반 입장을 취하고 싶지 않습니다. 중요한 것은 가르침과 그 교조의 삶이 보여주는 모범입니다. 사람들은 거기에 관심을 가져야 합니다.

질문 저희는 천주교 신자로 자랐습니다. 부모님은 저희의 자식이 태어나면 저희가 아이에게 세례를 받게 해줄 것을 기대하십니다. 그러나 저희들은 천주교를 따르지 않고, 그래서 그 의식을 거행하지 않았으면 합니다. 그렇게 하는 것은 위선이라고 느낍니다.

스님 만약 부모님이 그대들의 뜻에 강력히 반대하지 않는다면 그 의식을 거행할 필요는 없습니다. 만일 그것이 정말 그분들을 화나게 한다면, 부모님을 배려하는 차원에서 세례를 받게 하는 것도 무방합니다. 또 한 가지 고려할 점이 있습니다. 불교는 마음의 힘을 인정합니다. 만일 어떤 사람이 예컨대 세례를 통해 진정으로 축복을 해 주면, 그 축복을 받은 사람은 이익을 얻을 것입니다. 그 축복은 축복을 해주는 사람의 마음의 힘에서도 오고, 그 사람이 믿는 신의 힘에서도 옵니다. 불교는 신들의 존재를 부인하지 않습니다. 불교는 다른 종교의 신들이 존재하고, 그들이 일정한 힘을 가지고 있다는 것을 받아들입니다. 그대들의 자식의 경우, 만일 어떤 천주교 신부가 그 아이에게 세례를 해 준다면 그것은 그 아이에게 좋습니다. 저에게도 그 아이를 축복해 주기를 바란다면, 저는 즐거이 그렇게 하겠습니다. 그 아이는 두 배로 축복을 받겠지요.

11. 불상佛像

질문 불교도들은 왜 부처님의 이미지나 불상을 사용하고 거기에 존경을 표합니까?

스님 석가모니, 즉 역사상의 부처님이 살아 계실 때는 불상이니 부처님의 이미지니 하는 것이 없었습니다. 부처님이 열반에 드신 지 백 년가량이 지난 뒤부터 사람들이 부처님을 상징하는 것들을 사용하기 시작했습니다. 그런 상징들 중에는 부처님이 법의 가르침을 처음 펴기 시작한 것을 나타내는 법륜法輪, 부처님이 열반에 드셨던 곳을 나타내는 사라쌍수娑羅雙樹, 그리고 부처님이 그 밑에서 완전한 깨달음을 얻으셨던 보리수가 있습니다. 이 무렵 부처님의 유물에 대한 숭배도 시작되었습니다. 이런 상징과 유물들이 아마 불상과 같은 그 이후의 모든 불교적 이미지들의 기원일 것입니다.

석가모니 부처님이 세상을 떠나신 뒤 초기에 사람들은 여러 장소와 사물들을 이용하여 부처님을 기억하려고 했습니다. 결국 사람들은 탑을 지어 부처님의 유물들을 안치했습니다. 그러나 곧 탑의 수가 유물을 능가했고, 그래서 탑 안에다 불상을 안치했습니다. 이것이 불교에서 불상이 출현한 기원이자 일반적인 역사입니다.

질문 숭배라는 관념이 핵심적인 문제입니다. 어떤 사람들의 마음 속에서는 부처님의 이미지와 상들이 초자연적 힘을 가질 수 있습니다. 많은 사람들은 불상을 어떤 신의 연장延長으로 보는 것 같습니다.

스님 부처님의 가르침에 대해 깊은 이해가 없는 사람들 가운데 그런 신앙이 존재합니다. 그들은 불상을 어떤 신의 연장으로 보며, 부처님들로부터 어떤 감응과 이익을 얻기 위해 그런 불상들을 숭배합니다. 그런 의미에서 불상은 많은 사람들에게 신과 같은 역할을 합니다.

불교의 관점에서는, 사람들이 불상과 부처님들을 신처럼 숭배하는 것도 괜찮습니다. 왜냐하면 부처님들은 도처에 존재하고, 그들의 목적은 중생을 돕는 것이기 때문입니다. 그래서 중생들의 요청이 있으면 부처님들은 반응할 것입니다. 그러나 이것은 하나의 관점일 뿐입니다.

부처님들에게 감응을 구하는 중생들은 부처님으로부터 이익을 얻을 뿐 아니라, 그러한 요청을 하는 것 자체에서도 이익을 얻습니다. 사람들이 뭔가를 충족하거나 이루려는 욕망을 가지고 있을 때, 그것을 성취할 수 있는 것은 그들 자신의 욕망 때문입니다. 마치 자기 자신의 목소리처럼, 그것은 밖으로는 물론 안으로도 투사되어 자기 자신이 반응하게 할 수 있기 때문입니다. 그것은 자신의 노력의 산물입니다.

부처님의 가르침을 깊이 이해하는 진지한 수행자들에게는 불상이 수행의 한 도구일 따름입니다. 우리가 감사를 표하거나 집중을 닦고 싶을 때는 불상이 주의의 초점 역할을 합니다.

뿐만 아니라 그림과 조각으로 묘사된 부처님의 모습은 고요하고 장엄합니다. 수행자들이나 다른 사람들이 이것을 보면, 무한한 공덕과 지혜를 갖춘 부처님을 본받고 싶은 마음이 납니다. 이런 방식으로도 부처님의 이미지는 사람들에게 도움이 됩니다.

질문 석가모니 부처님은 청중들의 근기에 맞추어 설법의 내용을 바꾸기도 했다고 합니다. 스님께서 불상에 대해 말씀하시는 것은 부처님의 이러한 측면과 비슷합니다. 즉, 불교에는 여러 수준의 진입로가 있고, 사람에 따라 여러 가지 방식으로 부처님의 이미지를 사용할 수 있다는 것입니다.

스님 맞습니다. 예를 들어, 단하천연丹霞天然(739~824) 선사에 관한 오래된 일화가 있습니다. 이 선사는 어느 추운 겨울날 몸을 따뜻하게 하기 위해 나무로 만든 불상을 태웠습니다. 사람들이 놀라서 말했습니다. "불상을 태우시다니요! 스님은 선사이신데, 어찌 그러실 수가 있습니까?" 천연선사가 대답했습니다. "불에 타는 거라면 부처님일 리가 없소." 그에게 부처님은 도처에 존재하는 분이지 붙잡거나 도달할 수 있는 것이 아니었고, 불에 타는 것은 더더욱 아니었습니다.

중국에서 총림제도를 시작한 백장선사百丈禪師(720~814)는 불상과 불화를 갖춘 불당佛堂은 건립하지 않고, 사람들이 수행하고 법문을 듣는 법당法堂만 건립했습니다. 백장선사에 따르면 불법은 부처님을 대표하는 것입니다. 불법이 존재하는 한 불상은 필요 없는 것입니다.

당나라 이전에도 선종 사찰들은 불상을 받아들였습니다. 불상이 얼마나 중요한지는 운강석굴雲岡石窟과 용문석굴龍門石窟에서 볼 수 있습니다. 이들 유명한 불교 유적지에는 많은 불상이 벽에 새겨져 있습니다. 이 석굴들은 3~4세기에 건립되었습니다. 당나라 이후에도 불상은 일반 수행자들에게 중요했습니다.

질문 저는 천연선사가 목불을 태운 것은 제자들에게 어떤 가르침을 주기 위해서였다고 생각합니다. 반면에 제가 불교에 대한 저의 이해를 과시하기 위해 불상을 태운다면 그것과 큰 차이가 있습니까? 바꾸어 말해서, 올바른 이해가 없이 불상을 태운다면 불경不敬한 행동이 되겠느냐는 것입니다.

스님 천연선사의 고사는 하나의 공안이라는 것을 알아야 합니다. 각각의 공안이 묘사하는 사건은 단 한 번 일어날 뿐, 되풀이할 수 없습니다. 누군가가 나중에 어떤 공안을 되풀이하거나 모방한다면 그것은 가짜이고, 확실히 깨달음의 표지는 아닙니다. 누가 어떤 공안을 듣고 나서 그 장면을 재연하려 든다면, 그것은 악업을 짓는 행위가 될 것입니다.

질문 그러나 만일 어떤 사람이 불에 탈 수 있는 것은 부처님일 수 없다고 참으로 믿는다면 어떻게 됩니까? 자신이 그 목불을 태우는 것은 온기를 얻기 위해서라고 그가 참으로 믿는다면요? 그것은 불경스러운 것이 아닙니다. 왜 그것이 악업을 짓겠습니까?

스님 만일 그대가 살아남으려면 어떤 불상을 태워야 하는데, 참된 깨달음에서가 아니라 그것이 한 토막의 나무일 뿐이라는 지적인 이해를 가지고 그러는 것임을 알면서 태운다면, 그 행위가 정당화될 수 있겠습니까? 아니지요, 업을 짓지 않고서는 그렇게 할 수 없습니다. 천연선사가 그렇게 한 것은 제자들의 집착을 끊어주기 위해서였습니다. 남들을 위해서 그렇게 한 것이지, 자신이 얼어 죽을까봐 그런 것은 아닙니다. 만일 그의 선례를 따라 같은 장면을 재연한다면, 그것은 그대 자신을 위해서이지 남들을 위해서가 아닙니다. 바꾸어 말해, 그대의 행위는 자신을 위한 것이기 때문에 얼마간의 악업이 따를 것입니다.

깨달은 사람에게도 불상은 불상이고, 보통의 나무토막은 그냥 보통의 나무토막입니다. 그의 마음 속에서 그 둘은 다릅니다. 다른 사람은 그 두 가지가 같다고 생각할지 모르지만, 그 사람은 혼란에 빠져 있고 깨닫지 못했습니다. 공안을 재연하는 것은 현명하지 못합니다. 그것은 모방할 수 없습니다. 일부러 모방하면 문제가 생길 수 있습니다.

질문 아직은 이해가 안 됩니다. 만일 일체의 사물이 불성을 가지고 있다면, 왜 깨달은 사람은 불상과 보통의 나무토막을 다르게 봅니까?

스님 불성의 견지에서는 나무토막과 불상, 또는 다른 어떤 것과의 사이에도 아무 차이가 없습니다. 그러나 세간 현상의 견지에서는 차이가 있습니다. 현상의 견지에서는 일체가 서로 다르지만, 깨달은 사람의 마음 속에서는 분별이 없습니다. 만일 선사들이 보통의 현상들을 서로 다르게 보는 상식조차 없다면 정신 이상자로 간주되겠지요.

질문 앞서 스님께서 진지한 수행자는 불상을 하나의 도구로, 즉 은혜에 감사하는 하나의 초점으로 사용한다고 말씀하셨습니다. 불상 앞에서 절을 하여 은혜에 감사하는 것에 대해, 일부 서양인들은 그것을 우상숭배로 오해합니다.

스님 앞에서 말했듯이, 두 가지 유형의 숭배가 있습니다. 첫째, 보통 사람들은 부처님들로부터 어떤 감응이나 이익을 얻기 위해 불상에 예배합니다. 둘째, 진지한 수행자들은 불상을 하나의 도구로 사용합니다. 이것은 진지한 수행자들이 이익을 얻지 않는다는 의미는 아닙니다. 어떤 감응이 있지만, 그것은 그 사람의 행위에서 옵니다. 진지한 수행자들은 자기가 해야 할 일을 부처님들이 대신 해 주기를 바라는 생각이나 마음이 없어야 합니다.

설사 부처님들로부터 얻을 수 있는 어떤 이익이 있다 하더라도—부처님들을 공경해서든 아니면 불상을 도구로 사용해서든—그 이익은 부처님이 가르친 법(Dharma)에서 옵니다. 부처님을 공경하는 행위는 불법을 우리의 수행에 더 많이 수용하는 데 도움이 됩니다. 그래서 숭배로 보이는 것도 실은 일종의 수행이 됩니다. 부처님께 절을 하는 것은 하나의 좌선 연습이 됩니다. 그러나 이것은 선의 관점입니다. 불교의 다른 종파, 예컨대 밀교에서는 가르치는 내용이 다릅니다.

질문 선의 관점에서 보자면, 불상 앞에서 절하는 것이나 스승 앞에서 절하는 것이나 같게 보일 것입니다. 그것은 일시적으로 자아를 포기하는 행위입니다.

스님 그렇지요.

질문 부처님의 상이나 이미지와 부합하는 것이 '점안식' 때 나타나는 '점안開光'*이라는 개념입니다. 이 점에 대해 좀더 말씀해 주실 수 있습니까?

스님 그런 의식에서 사람들은 일반 신행자들의 이익을 위해 불상을 점안합니다. 그 절차는 곳에 따라 다를 수 있지만, 보통 점안하는 사람이 그 불상이 대표하는 부처나 보살의 성호나 진언을 염합니다. 그들은 자기 마음의 에너지를 이용하여 불보살의 에너지나 반응과 연결되는 통로를 만듭니다. 물론 점안되는 불상이 박물관에 안치되어 있으면 아무 반응도 나오지 않겠지요. 반면에 그 불상이 사람들이 이용하는 절에 있다면 반응이 나올 공산이 큽니다. '점안' 의식은 그 불상을 평범한 예술품에서 종교적 예술품으로 전환시킵니다. 그 의식을 거행하는 사람들에게, 그리고 일반 수행자들에게 그 의식을 거행한 것과 거행하지 않은 것은 차이가 있습니다. 또한 그 불상 자체도 의식 이전과 이후가 다를 것입니다.

그러나 선 수행자들은 굳이 점안 절차를 거친 불상을 사용할 필요가 없습니다. 그들은 어떤 불상도 이용할 수 있습니다. 왜냐하면 그들의 목적은 부처님에게서 어떤 반응을 얻어내는 것이 아니기 때문입니다.

---

* (역주) 중국불교에서는 새로 만든 불상의 눈에 눈동자를 찍는 '점안點眼'을 '개광開光'이라고 한다.

12. 불교에서의 공덕

질문 스님께서 자비와 공덕을 자주 말씀하시지만, 범부 중생들은 불교의 가르침에서 설하는 궁극적 의미의 자비에는 도달할 수 없습니다. 예를 들어, 양무제梁武帝가 보리달마에게 자신이 그 많은 사찰들을 건립한 공덕은 얼마나 많은지를 묻자 보리달마는 "없다"고 말했습니다. 왜냐하면 양무제는 집착을 가지고 그런 일들을 했기 때문입니다. 우리가 깨닫지 못하면, 집착 없이 행위하면서 자비로울 수 없습니다. 그것이 사람의 기를 꺾는 점이고, 또 보리달마가 한 말이 사실이라면 그것은 실제로 공덕 같은 것은 없다는 것을 의미합니다. 만약 그렇다면 공덕을 회향한다는 것은 무슨 의미가 있습니까?

스님 양무제와 보리달마의 이야기에서는 보리달마의 말 이면에 있는 의미를 이해하는 것이 중요한데, 그것은 양무제의 집착을 없애주기 위한 것입니다. 보리달마의 이야기는 말 그대로 양무제가 아무 공덕도 얻지 못했다는 뜻이 아닙니다. 그는 양무제에게 공덕의 관념에 대한 집착이 있음을 지적하려고 했습니다. 사람들이 공덕을 염두에 두고 어떤 행위를 하면 그들의 자아중심이 자라나서 점점 강해질 것입니다. 그래서 선사들은 종종 그런 식의 말을 합니다.

불법을 바라보는 두 가지 관점이 있습니다. 하나는 범부 중생들의 견해로, 현상들의 관점에서 앞을 내다보는 것입니다. 이것을 인지因地(수행단계)의 관점이라고도 합니다. 여러분은 무슨 말이나 행동을 할 때마다 업을 지으며, 물론 나중에는 그 업에서 나오는 어떤 효과가 있습니다. 따라서 여러분이 선행으로 공덕을 축적하면 나중에 좋은 효과가 있을 것입니다. 이것이 인과의 원리입니다. 범부 중생에게는 인과가 세간 혹은 현상계에서 작용합니다. 세간의 인과는 유루有漏입니다. 즉, 자아집착의 일부분이고 자아집착의 영향을 받습니다. 이러한 인과에는 선업, 악업, 공덕이 포함됩니다.

두 번째 관점은 깨달은 자들의 관점입니다. 세간 혹은 현상계를 초월하는 인과가 있습니다. 이러한 인과는 무루無漏이며, 또한 이러한 인과의 효과도 무루입니다. 그런 현상에는 보리菩提, 열반, 성불이 있습니다. 이 완전히 깨달은 존재들은 과지果地(깨달은 상태)에 있으면서 인因들을 돌아봅니다.

첫 번째 관점을 가진 사람들은 윤회계에 존재하는 중생들입니다. 만일 그들이 후과後果는 없을 거라고, 즉 악행에 대한 악업이나 선행에 대한 공덕이 없을 거라고 생각한다면 그것은 잘못된 견해입니다. 그런 사람들은 불법을 닦지 않겠지요. 불법에서 얻을 것이 없다고 생각할 테니 말입니다. 더 나쁜 것은, 만일 후과를 믿었다면 하지 않았을 말이나 행동을 그들은 할 수도 있다는 것입니다.

그러나 완전히 깨달은 존재들은 이야기할 만한 공덕이 실제로는 없다는 것을 이해합니다. 공덕은 자아가 존재한다는 관념과 관련해서만 존재합니다. 깨달은 존재들은 공성空性을 깨닫고 있습니다. 그들의 공덕은 지혜로 바뀌었습니다. 깨달은 존재들은 또한 지혜나 얻음 같은 것은 없다고 말할 것입니다. 우리는 지혜와 공덕을 통해서 깨달음을 얻는 것이 아닙니다. 왜냐하면 그런 것들은 자아에 상대적인 개념이기 때문입니다. 그래서 깨달은 입장에서 보면, 보리달마가 아무 공덕이 없다고 말한 것이 옳습니다.

우리는 깨달은 입장과 깨닫지 못한 입장을 혼동하면 안 됩니다. 만일 깨달은 존재들이 공덕이란 것이 있다고 주장한다면, 그들은 완전히 깨달은 것이 아닙니다. 만일 깨닫지 못한 사람들이 공덕 같은 것은 없다고 주장한다면, 그것은 무지에서 하는 말입니다. 그런 신념을 지닌 사람들은 수행을 하지 않을 것이고, 수행 없이는 결코 깨달음을 얻을 기회를 갖지 못할 것입니다. 인지因地의 입장과 과지果地의 입장의 차이를 이해하는 것이 중요합니다.

우리는 양무제와 보리달마의 이야기를 두 가지 입장에서 해석할 수 있습니다. 인지의 입장에서 보면 양무제는 사실 공덕을 쌓았습니다. 왜냐하면 선행을 했기 때문입니다. 그러나 보리달마는 과지의 입장에서 대답했습니다. 그럼으로써 양무제에게 충격을 주어 그가 집착에서 깨어나 현상들의 공성을 보게 하기 위해서였습니다. 그는 양무제가 어떤 상황에서도 행위, 행위자, 행위의 결과는 모두 공하다는 것을 깨닫게 하려고 애썼습니다. 불행히도 보리달마의 방법은 양무제에게 효과가 없었습니다.

양무제가 그런 관점을 가지고 있었다고 해서 그를 비방하면 안 됩니다. 그는 독실한 불교도였고 승가의 충실한 후원자였습니다. 그의 삶과 행동은 모범적이었고, 칭찬 받을 만했습니다. 그러나 그는 선종의 단도직입적인 방법을 받아들이지 못했습니다. 역사적으로 보리달마와 양무제 간의 이 대화는 실재하지 않았을 공산이 큽니다. 그럼에도 이 일화가 유명한 것은 그것이 부처님의 가르침과 관련되기 때문입니다.

이 일화는 여러 세기를 거치면서 많은 혼란을 낳았고, 그래서 사람들을 돕기 위해 문제를 해명하는 다른 이야기가 나왔습니다. 그 이야기는 보리달마보다 수백 년 뒤의 인물인 백장선사와 관련됩니다. 백장선사가 법문을 하고 나자 회중에 있던 한 노인이 뒤에 남았다가 말했습니다. "저는 실은 사람이 아니라 여우의 정령입니다. 예전에는 승려였습니다. 한 제자가 저에게 깨달은 사람도 인과를 받느냐고 물었습니다. 저는 그에게 깨달은 사람은 인과에 떨어지지 않는다不墮因果고 대답했습니다. 저는 그 한 마디를 잘못 말한 탓에 5백 생 동안 여우의 몸을 받았습니다. 이제 스님께 여쭈니 이 점에 관해 가르침을 주십시오."

백장선사가 말했습니다. "깨달은 사람은 인과에 무지하지 않지요不昧因果."

노인은 이 말에 깨쳤습니다. 그는 기뻐하며 백장선사에게 절을 하고 나서 말했습니다. "내일 부디 뒷산에 가셔서 죽은 여우를 발견하시면 승려에 합당한 장례를 치러 주십시오." 다음날 백장선사는 노인의 뜻에 따라 뒷산으로 올라가 한 동굴에서 여우 시체를 발견했고, 그것을 화장해 주었습니다.

이 이야기도 아마 전설적인 것이겠지만, 좋은 효과를 발휘합니다. 많은 사람들은 보리달마와 양무제의 이야기를 오해했고, 그 오해로 인해 괴로움을 겪기도 했고 괴로움을 야기하기도 했습니다. 그래서 백장선사와 여우의 이야기가 만들어진 것입니다.

선종에서는 과정이나 진도를 이야기하지 않습니다. 인지因地의 입장을 취하지 않습니다. 결과, 곧 과지果地의 입장에서만 이야기하고, 그래서 긍정적인 방식보다는 늘 부정적인 방식을 사용합니다. 즉, 어떤 집착도 모두 타파하는 것을 목표로 합니다. 선종은 사람이 어떤 것에도 의지하거나 그것을 끌어안지 못하게 합니다.

임제선사臨濟禪師(?~866/7)는 언젠가 삼세제불은 바보라고 말했고, 보살과 아라한들에 대해서도 비슷한 말을 했습니다. 그가 말하고자 한 것은 부처, 보살 혹은 아라한으로 불리는 존재들이 실제로는 존재하지 않는다는 뜻이었습니다. 그러나 이것은 깨달은 자의 관점입니다. 범부 중생들에게는 부처, 보살, 아라한들이 실제로 있습니다. 만일 사람들이 임제선사의 말을 액면 그대로 받아들이면, 부처님이 존재하지 않고 부처님의 가르침도 다 쓰레기이며, 수행하는 것도 아무 목적이 없다고 믿을지 모릅니다. 만일 여러분이 수행하려고 하지도 않고 중생으로 머물러 있어도 좋다고 생각한다면 질책을 들어도 마땅합니다. 반면에, 부처님의 가르침에 너무 압도되고 겁을 먹으면 그 역시 꾸지람을 들어 마땅합니다. 제가 말했듯이, 선에서는 구경究竟의 입장에서 이야기할 때가 많습니다. 이런 것은 완전히 깨달은 자들의 깨침이자 성취입니다. 그것은 우리가 우러르고 본받을 것이지 두려워할 것이 아닙니다.

    선의 접근법은 예리한 양날 검과 같습니다. 그것은 도움이 될 수도 있고 해로울 수도 있습니다. 선근善根을 가진 사람들은 선법禪法에서 도움을 받을 수 있고, 선법을 이용하여 깨달음을 얻을 수도 있습니다. 반면에 업장業障이 두터운 사람들은 그 가르침을 그릇되게 해석하고, 그 잘못된 이해 때문에 고통 받습니다. 그래서 좋은 스승 밑에서 불법을 배우고 수행할 필요가 있습니다. 그래야 잘못된 길로 빠지지 않습니다.

    많은 사람들이 선의 접근법을 오해합니다. 한번은 어떤 사람이 저에게 이렇게 말했습니다. "스님, 방금 공안을 두어 개 읽었는데, 도무지 무슨 말인지 모르겠습니다. 어떤 스님이 한 선사에게 자신이 염불을 해야 하는지 묻자 선사가 대답하기를, 자신은 염불을 한 번만 해도 사흘 동안 입을 씻겠다고 했습니다. 다른 공안에서는 어떤 스님이 한 선사에게 부처가 무엇이냐고 물었습니다. 선사는 그런 것은 들어본 적도 없다고 대답했습니다. 그래서 그 스님이 선사에게 석가모니 부처님에 대해 묻자 선사는 말하기를, 자신이 석가모니를 만났다면 때려죽여 개에게 먹이겠다고 했습니다. 이것은 마치 우리가 미친 사람들의 이야기를 듣는 것 같습니다!"

불교의 가르침에서는 부처님을 욕하는 것은 5대 악업 중의 하나라고 하는데, 이 선사들은 큰 업을 지은 셈입니다. 그러나 이런 이야기들은 보리달마와 양무제의 경우와 같은 취지입니다. 그것은 수행자들에게 충격을 주어 깨닫게 하기 위한 것이고, 보통은 깨달음에 아주 근접한 사람에게 하는 말입니다. 선에서는 이런 말들을 '전어轉語'라고도 합니다. 선사들은 그런 방법을 써서 사람들의 집착을 깨트립니다. 그런 경우 선사들이 오만한 것은 아닙니다. 그런 식으로 말하는 것은 수행자들을 돕기 위해서입니다. 그런 말을 한 선사들이 나중에는 불상 앞에서 절을 하는 모습을 볼 수도 있습니다. 선사들의 말을 듣고 나서 나중에 그들의 행위를 보는 사람들은 선사들이 표리부동하거나 정신이상이라고 생각할지 모릅니다. 실은 그것은 중생들이 나와 남, 열반과 윤회, 부처와 중생과 같은 분별을 뛰어넘도록 도와주는 그 선사들의 방식일 뿐입니다. 그들은 양극적·상대적 관념들에 대한 사람들의 의존을 타파하려고 하는 것입니다.

오래 전에 대만에서 선칠을 할 때, 한 사람이 저에게 수식법數息法 대신 염불을 해도 되느냐고 물었습니다. 제가 되물었습니다. "어느 부처님이지요?"

"아미타불입니다."

"여기는 아미타불이 없습니다. 그러니 염불을 하실 수 없습니다." 제가 대답했습니다.

그 사람은 자기 좌복으로 돌아가서 주위를 둘러보더니 아미타불의 불상을 하나 발견했습니다. 그가 다시 와서 말했습니다. "어떻게 그렇게 말씀하십니까? 바로 저기 불상이 있는데요."

"제가 저 불상을 저기 둔 것은 아닙니다. 저의 스승님이 두셨지요." 제가 말했습니다.

나중에 그는 제가 바로 그 불상 앞에서 절을 하는 것을 보고 나서 저에게 물었습니다. "어떻게 아미타불께 절을 하실 수 있습니까?"

제가 말했습니다. "제 스승님이 아미타불께 절을 하셨는데, 제가 어찌 감히 따르지 않겠습니까? 여하튼 당신은 아미타불 염불을 하실 수 없습니다."

그러나 그 사람은 자기 입장을 고수하며 말했습니다. "스님, 저는 정말 그 방법을 써 보고 싶습니다. 왜냐하면 수식數息에는 아무 공덕이 없다고 느끼니까요."

결국 저는 그가 하고 싶은 대로 하게 내버려두었습니다. 그 이후로 저는 선칠 중에 사람들이 염불법을 쓰는 것을 허용했습니다.

질문 인지의 관점에서 이야기하면—저희들은 모두 그 수준에 있습니다만—어떤 것이 자비로운 행동이고, 어떤 것이 자비롭지 않은 행동입니까? 어떤 사람은 자선이나 선행을 하지만 저의가 있고—남을 해치지는 않아도 이기적인 동기가 있고—어떤 사람은 이타심에서 그와 같은 행위를 한다면, 그 자비는 서로 다르고 공덕도 다릅니까? 그 행위의 수혜자의 관점에서 보면 동일하지만, 어떤 사람은 거액의 세금공제를 받고 언론에 이름이 나고, 어떤 사람은 드러나지 않게 그렇게 하고 자기 이름도 내지 않습니다. 어떤 차이가 있습니까?

스님 어떤 사람이 선행을 하면 공덕이 있고, 그 사람은 정도야 어떻든 자비로운 것입니다. 문제는 그 사람이 실제로 얼마나 자비로운가 하는 것입니다. 그것은 그 행위 이면의 동기나 의도에 달렸습니다. 어떤 사람이 이타적으로 행위한다면, 그것은 단순히 세금공제를 노리는 사람보다 더 자비로운 것입니다. 그러나 두 사람 다 공덕이 있습니다. 왜냐하면 선행을 했기 때문입니다. 일반 원칙은, 마음이 이기적일수록 자비심이 덜 하고 따라서 공덕도 적습니다.

질문 그러나 우리가 생각하고, 말하고, 행위하는 모든 것은 이기적인 마음에서 나옵니다. 범부가 무아적으로 일을 한다는 것은 불가능합니다. 저는 제가 행위의 결과를 생각함이 없이 자동적으로 어떤 선행을 할 수도 있으리라고 생각하지만, 나중에 그것을 돌아보며 스스로 대견해 할 수도 있습니다. 그것이 저의 행위의 공덕을 변화시킵니까?

스님 우리가 선행을 하면 뿌듯한 느낌이 드는 것은 인지상정입니다. 여러분이 자아에 집착하는 한, 자아중심적이지 않기는 불가능합니다. 만일 자아중심적이지 않으면서 어떤 일을 할 수 있다면 아무 공덕도 없을 것입니다. 그때는 여러분이 부처나 보살이겠지요. 자아가 있을 때만 공덕도 있습니다. 여러분이 선행을 하면 물론 선업을 짓는 것이고, 그 행위에 대해 공덕을 얻을 것입니다. 제가 앞에서 말했듯이, 그것은 여러분의 마음 상태에 달렸습니다. 그 행위는 욕심에 기초한 것일 수도 있고 사랑에 기초한 것일 수도 있습니다. 후자가 전자보다 더 공덕이 있지만, 어느 경우나 그 행위와 동기는 자아에서 비롯됩니다.

질문 사물에 덜 집착하는 것이 가능합니까, 아니면 그것은 전부 아니면 전무全無의 문제입니까?

스님 예, 집착에는 여러 수준과 정도의 차이가 있습니다. 어떤 사람들은 모든 것에 지나치게 집착하고, 어떤 사람들은 지나치게 욕심이 많습니다. 어떤 사람들은 어떤 것에는 매우 집착하지만 다른 것에는 전혀 집착하지 않고, 어떤 사람들은 전반적으로 욕망이 적습니다. 그것은 모두 그 사람, 그의 수행 수준, 그의 마음 상태 그리고 상황 여하에 달렸습니다. 만일 자신의 생각과 말과 행동 이면의 동기에 관심이 있다면, 수행을 하여 더 또렷한 자기자각(self-awareness)을 계발하는 것이 최선입니다.

질문 불교에서 자비와 지혜의 관계는 무엇입니까? 그 둘은 동전의 양면처럼 늘 함께 가는 것 같습니다. 그것들이 반드시 쌍을 이룹니까? 하나 없이 다른 하나를 지닐 수 있습니까? 둘이 똑같은 것입니까?

스님 지혜는 두 가지 방식으로 묘사할 수 있습니다. 하나는 여러분 자신의 자아와 관련됩니다.* 다른 하나는 여러분이 다른 중생들과 어떻게 관계하느냐와 관련됩니다. 여러분이 지혜를 사용하여 다른 사람들과 상호작용 할 때, 그것이 자비입니다. 자비는 다른 사람들과의 관계 속에서만 존재합니다. 진정한 자비는 지혜 없이 존재할 수 없고, 궁극적인 자비는 자아와 집착이 없을 때만 존재합니다.

---

* (역주) 진정한 지혜는 무아일 때, 즉 자아에 대한 집착이 없을 때 발현된다는 뜻이다.

13. 보살과 아라한

질문 아라한과 보살 간의 유사점과 차이점은 무엇입니까? 아라한을 증득證得하면 그 상태에 머무르는 것 외에 무엇을 해야 할 이유가 있습니까? 만일 보살에게 더 이상 욕망이 없다면, 무엇이 그들을 더 진보하게 만듭니까?

스님 아라한을 증득할 때 무엇을 얻고 무엇을 잃습니까? 아라한은 반드시 소승의 수행자입니까? 보살이 아라한일 수도 있습니까? 어떤 상황에서 아라한이 보살도로 전환할 수 있습니까? 그는 무한정 아라한으로 머물러 있겠습니까? 마지막으로, 만일 보살이 욕망을 소멸하면 무엇이 그로 하여금 더 수행하도록 만듭니까?

아라한이 되고 싶다고 해서 아라한이 되는 것은 아닙니다. 오랜 수행을 통해 번뇌가 소멸되거나 근절되었을 때 자연스럽게 아라한이 됩니다. 어떤 사람들은 부처님이 말씀하신 어떤 구절이나 경전을 들으면 일순간에 탐貪·진瞋·치癡를 포함한 모든 번뇌를 근절하고 아라한을 증득합니다. 이런 사람은 매우 드물지만, 우리는 경전에서 그런 이야기들을 읽습니다. 또 어떤 사람들은 점수漸修의 방식으로 모든 번뇌를 끊습니다.

아라한이 되는 데는 네 단계가 있습니다. 첫째 단계(수다원과)는 자아관념을 제거하고 의심을 근절하는 것입니다. 둘째 단계(사다함과)는 탐·진·치를 끊는 것입니다. 셋째 단계(아나함과)는 욕계의 탐과 진을 완전히 끊는 것입니다. 넷째 단계가 진정한 아라한과인데, 삼계三界의 탐·진·치가 근절되는 단계입니다. 이 단계에서 모든 번뇌가 끊어집니다. 점수漸修하는 사람들은 즉시 아라한을 증득하는 사람들과는 다릅니다. 그렇지만 점수하는 사람들은 아라한이 되려는 의도나 욕망이 없습니다.* 그들의 목표는 번뇌를 종식하는 것입니다.

번뇌가 얼마나 많이 뿌리 뽑혔느냐고 할 때 소승 아라한과 대승 보살 사이에는 상응하는 면이 있습니다. 예를 들어 소승의 첫 단계 성취는 자아관념을 해소하고 모든 의심을 근절했을 때 도달합니다. 여기서 의심은 삼보를 의심하는 것은 물론 우리가 윤회를 초월하고 번뇌를 근절할 수 있을지를 의심하는 것입니다. 이것이 보살지의 초지初地입니다. '지地'는 땅을 의미하며, 지혜가 싹틀 수 있는 비옥한 수행의 터전으로 간주됩니다. 모두 10지地가 있는데, 그 중에서 십지十地는 성불의 문턱입니다. 아라한의 네 번째 단계는 칠지七地의 말기에 해당됩니다.

소승과 대승 전통의 이러한 단계들은 고도로 진보된 경지라는 것을 알아야 합니다. 두 길의 차이는, 보살들은 자비를 더 강조한다는 것입니다. 그들의 으뜸가는 생각은 중생들을 어떻게 도울 것이냐입니다. 그들은 중생들과 부단히 상호작용 하기 때문에, 번뇌를 근절하기가 더 어렵습니다. 즉, 그들은 이미 초지에 도달하여 어떤 자아관념이나 의심도 없지만 여전히 많은 번뇌를 가지고 있을 수 있습니다. 이러한 번뇌가 있는 것은, 보살들이 중생들의 세계 속에 몸을 나투고 그들과 계속 상대해야

---

* (역주) 여기서 '점수하는 사람'은 소승의 수행자이고, '아라한이 될 의도나 욕망이 없다'는 것은 한 생에 바로 아라한과를 성취하려 하지 않는다는 뜻이다.

하기 때문입니다. 따라서 소승 수행자들이 아라한을 증득하는 데 걸리는 시간은 대승 수행자들이 높은 단계의 보살이 되는 데 걸리는 시간보다 훨씬 짧습니다.

보살들은 번뇌의 종식을 목표로 삼지 않습니다. 그들의 목표는 중생들을 위하여 공덕을 닦는 것입니다. 팔지八地에서도 공덕은 아직 완전하지 않습니다. 그래서 보살들은 십지十地까지 계속 수행해야 합니다. 십지에 이르면 모든 번뇌와 집착이 근절되고 공덕도 완성되고 그래서 성불하게 됩니다.

불경에서 우리가 알 수 있듯이, 부처님의 유명한 제자들 대부분은 아라한이 되었습니다. 또한 불경을 보면 분명하지만, 그들은 중생들의 행복에 관심이 있었습니다. 선종의 초조初祖인 마하가섭과 아난다, 사리불 등은 부처님에게 중요한 질문을 많이 했는데, 그것은 중생들의 이익을 위해서였습니다. 따라서 그들이 아라한으로 간주되기는 하지만, 그들의 자비로운 성품에 비추어 볼 때 그들은 보살의 이상理想을 구현한 분들이었지 그들 자신만의 행복에만 관심이 있지는 않았습니다.

더욱이 부처님은 당신의 모든 아라한 제자들에게 불법을 전파하라고 권했습니다. 예를 들어 당신을 따라 배워서 아라한이 된 최초의 다섯 비구에게는 각기 다른 방향으로 흩어져 더 많은 사람들을 도우라고 했습니다. 따라서 보살의 태도를 보인 많은 아라한이 있었습니다. 그런 분들이 얼마나 많았는지는 우리가 알지 못합니다. 부처님의 지도 하에 아라한이 된 1,250명의 제자들 중에서 우리가 비교적 자세히 아는 사람은 수십 분 정도밖에 되지 않습니다.

아라한들이 보살도를 따르지 않을 수 있는 이유가 있습니다. 어쩌면 그들은 다른 사람들을 도울 자신이 없는지도 모릅니다. 아니면 자신이 이미 구경의 지위에 도달했다고 느낄 수도 있습니다. 경전에 (부처님의 이런 사구게四句偈가 있습니다. "생사는 끝이 났고, 범행은 확립되었네. 해야 할 일을 다 했으니, 더 이상 후과를 받지 않으리."*

이 구절을 알고 있던 초기의 일부 아라한들은 자신들이 구경의 목표를 성취했다고 느꼈을 수 있습니다. 자신의 수행이 완성되었다고 확신한 것입니다. 어쨌든 부처님이 그들은 해탈을 성취했다고 인정했으니 말입니다. 만일 더 이상 높은 경지는 없다고 생각했다면, 그들이 인간 세상으로 다시 돌아올 필요가 없었습니다.

어쩌면 일부 아라한들은 인간 세상이 너무 많은 괴로움으로 가득 차 있다고 느꼈을지 모릅니다. 그들은 여생 동안 남들을 도왔을지 모르나, 다른 사람들에 대한 자신의 임무는 완수되었다고 느꼈습니다. 어떤 아라한들은 죽기 전에 이런 태도를 바꾸어 보살도를 따르기 시작했으나, 다른 아라한들은 열반에 들었습니다. 부처님의 견지에서 보자면, 이 아라한들은 열반을 성취했을지는 모르나 충분한 공덕을 가지고 있지는 않습니다. 따라서 경전에서는 자신이 해탈했다고 느끼는 이 아라한들이 실은 열반 속에서 잠시 휴식을 취하고 있을 뿐이라고 말합니다. 궁극적으로 그들은 돌아올 거라는 것입니다. 이러한 관점에서 보면 영원한 아라한은 없습니다. 결국에는 열반에 드는 모든 아라한이 돌아와서 보살도를 따르게 될 것입니다.

초심보살들은 강한 자아중심을 가지고 있지만, 자신이 진보하여 성불하려면 중생들을 도와야 한다는 것을 알고 있습니다. 그렇게 하지 않는다면 정말 이기적인 것이고, 그들의 자아중심은 결코 줄어들지 않을 것입니다. 그래서 사홍서원四弘誓願의 첫째가 "중생무변서원도衆生無邊誓

---

*(역주) '生死已盡, 梵行已立, 所做已辦, 不受後有.' 『증일아함경增壹阿含經』, 卷四十二에서 '(復次, 如來有漏盡, 成無漏心解脫, 智慧解脫.) 生死已盡, 梵行已立, 所作已辦, 更不復受有, (如實知之)'라 했다.

願度"인 것입니다. 이런 과정을 통해 우리는 자아중심을 줄여갑니다.

또한 초지初地와 팔지八地 사이에는 자아관념을 종식한 보살들이 있습니다. 그러나 그들의 목표는 여전히 남들을 돕는 것입니다. 반면에 소승 수행자들의 목표는 번뇌를 끊는 것입니다. 그래서 그들은 보살들보다 훨씬 빨리 그들의 목표를 성취할 수 있습니다.

마지막으로, 팔지 이상에 도달한 보살들이 있습니다. 이런 분들을 두고 '애씀 없는 행無功用行'의 경계境界(수준)에 도달했다고 말합니다. 이런 단계에서는 보살들이 이미 자동적으로 중생들을 돕고 있습니다. 그것은 자전거를 타고 내리막길을 달릴 때, 자전거를 움직이기 위해 아무 노력도 할 필요가 없는 것과 같습니다. 관성의 법칙을 비유로 사용할 수도 있습니다. 일단 어떤 몸이 움직이기 시작하면 저항을 만나지 않는 한 계속 움직일 것입니다. 보살들은 팔지 이전에 이미 힘과 기세 그리고 방향을 축적했기 때문에, 팔지에 도달했을 때는 더 이상 중생들을 돕겠다는 어떤 의도도 없지만 그래도 계속 그렇게 합니다. 중생들이 존재하는 한 보살들은 계속 도움을 줄 것입니다.

질문 어떤 단계에서는 아라한과 보살들에게 더 이상 자아관념이 없지만 그래도 번뇌는 있다고 말씀하셨습니다. 자아의식 없이 어떻게 번뇌가 있을 수 있습니까? 번뇌를 일으킬 것이 뭐가 있습니까?

스님 여기 한 가지 비유가 있습니다. 자아관념은 큰 나무의 뿌리와 같습니다. 자아관념을 종식시킨 사람은 뿌리가 잘려진 나무와 같습니다. 뿌리는 사라졌지만 나무는 큽니다. 나무에는 아직도 많은 수액이 있습니다. 그 나무는 한동안 살아 있을 수 있습니다. 어떤 부분은 여전히 자라고 꽃도 필 수 있습니다. 그러나 그 나무의 수명은 분명히 얼마 남지 않았습니다. 뿌리가 잘린 뒤 그 나무 안에서 계속되는 활동들 전부는 자아관념이 사라진 뒤에 남아 있는 번뇌와 같습니다.

14. 불교와 죽음

질문 불교에서는 죽음을 어떻게 설명합니까? 죽음과 다음 생 사이에서는 어떤 일이 일어납니까? 한 생에서 다음 생으로 넘어가는 것은 무엇입니까? 죽음에 직면했을 때는 어떻게 수행해야 합니까?

스님 대다수 사람들에게 죽음은 아주 두려운 것이지만, 그것은 우리 모두가 대면해야 하는 피할 수 없는 사건입니다. 그러나 범부 중생과 깨달은 자들은 죽음을 보는 방식이 다릅니다. 더욱이 전통적 불교와 선禪은 죽음에 대해 서로 다른 관점을 가지고 있습니다.

전통적 불교에서는 두 가지 죽음을 이야기합니다. 즉, 범부 중생의 죽음과 성자들의 죽음입니다. 범부 중생이 다음 생을 어떻게 태어날지는 누적된 업이 결정합니다. 만일 그 중생의 악업이 월등히 우세하면 그들은 지옥, 아귀餓鬼 혹은 축생계에 환생할 가능성이 큽니다. 선업이 월등히 우세하면 그 중생은 천상계에 환생할 것입니다. 선업과 악업이 비교적 균형을 이루고 있다면 인간계에 태어날 것입니다.

죽음과 그 다음 생 사이의 기간을 티베트 불교에서는 바르도(bardo)라고 합니다. 선종에서는 그것을 중음신中陰身 단계라고 합니다. 사람은 죽은 뒤 반드시 중음신 단계를 거치지는 않습니다. 만일 업이 월등히 선하면 바로 천상계로 갈 것이고, 업이 월등히 악하면 바로 지옥으로 갈 것입니다. 업이 비교적 균형이 잡혀 있다면 중음신 단계를 거치겠지만, 어디서 어떻게 환생할지는 아무도 모릅니다. 새로운 생명을 창조하는 부모의 유형은 다양합니다. 중음신은 인연에 따라 축생계, 인간계 혹은 어떤 천상계에 날 수도 있습니다.

그래서 살아 있는 사람들이 중음신의 업을 경감해 주기 위한 불사佛事(천도 의식)를 하는 것이 도움이 됩니다. 만일 사람들이 염불, 송경誦經, 보시 등을 행하여 그 공덕을 중음신을 위해 회향하면 죽은 사람에게 도움이 될 것입니다. 예를 들어 그 존재가 낮은 세계에 태어나게 되어 있었는데 그런 불사로 인해 인간계에 태어날 수도 있고, 열악한 환경에서 태어나게 되어 있었는데 공덕을 회향해 준 덕분에 더 나은 환경에서 태어날 수도 있습니다. 중음신은 자기 자신을 위해 아무것도 할 수 없습니다. 수행을 할 수도 없고 새로운 업을 지을 수도 없습니다. 살아 있는 존재들의 공덕을 받을 수 있을 뿐입니다.

중국불교에 따르면 중음신은 길어야 49일을 갑니다. 『티베트 사자死者의 서書』에 따르면 그것이 더 오래 갈 수도 있습니다. 그 시간은 영가靈駕(혼령)에 따라 다르고, 인연 여하에 달렸습니다. 인연이 성숙되면 그가 다시 태어날 것입니다. 중국불교에 따르면, 49일이 지나서도 중음신이 다음 생을 받지 못하면 그것은 즉시 아귀나 신령이 됩니다.

만일 다음 생을 받지 못하는 영가의 업력이 약하면 그것의 활동은 한계가 있을 것입니다. 그것은 일정한 시간과 일정한 장소에만 출현할 것입니다. 그런 존재를 아귀餓鬼라고 합니다. 만일 그 영가의 업력이 강하면 그것의 활동은 더 큰 지역과 더 오랜 시간에 걸치게 되며, 그런 존재를 천신天神이라고 합니다. 그러나 영원한 것은 없으며, 결국은 이런 존재들도 다른 세계에 다시 환생할 것입니다. 그들이 아귀이거나 천신일 때는 수행을 할 수 없습니다. 중음신 단계의 영가들처럼, 그들은 살아 있는 사람들의 불사를 통한 공덕을 받을 수 있을 뿐입니다.

죽음의 두 번째 유형은 성현들의 죽음입니다. 저는 가끔 성자와 현자를 이야기합니다. 현자는 보통의 수행자들보다 수행이 훨씬 깊지만 아직 해탈을 이루지 못한 사람입니다. 조사들 중 일부는 현자였습니다. 소승의 전통에 따르면 성자는 아라한의 4과四果 중 최소한 첫 번째 수준에 도달한 사람입니다. 이 첫 번째 수준 이후 그 존재는 일곱 번 이내에서 환생한 다음 아라한이 되어 영원히 해탈합니다. 그런 아라한이 죽은 이후의 단계를 무여열반無餘涅槃이라고 합니다. 그에게는 남은 업이 없고, 그래서 그는 열반에 듭니다.

대승불교에 따르면 초지初地 이상이 보살 성자입니다. 보살에게는 나고 죽음 같은 것이 없습니다. 신통력을 가진 대보살은 여러 장소에 또는 여러 형상으로 모습을 나툴 수 있습니다.

선불교는 불경을 받아들이지만 거기에 의존하지 않습니다. 선에서는 수행자가 생과 사, 선과 악, 안과 밖, 과거와 미래가 없다는 것을 깨달아야 한다는 점을 강조합니다. 선은 이원성을 타파하고 무無분별의 태도를 취합니다. 그러한 태도를 가지고 있으면, 태연자약하게 죽음을 대면하면서 삶에 매달리지 않을 수 있습니다.

질문 평생을 수행하고도 깨닫지 못하면 그것은 시간 낭비입니까, 아니면 뭔가가 다음 생으로 이월됩니까?

스님 만일 여러분이 제가 방금 묘사한 태도를 가지고 부지런히 수행한다면 금생에 깨닫든 못 깨닫든 그것은 중요하지 않습니다. 그러나 여러분은 이런 답변에 만족하지 않을 것이 분명합니다. 최선의 답변은, 진지한 수행자들은 악업을 짓는 것을 피해야 한다는 것입니다. 그러면 좋은 곳에 태어나서 수행을 계속하는 데 도움이 될 것입니다. 잘못을 저지를 때는 즉시 그것을 알아차리고 참회해야 합니다. 그러면 그 행위의 업과業果가 경감될 것입니다.

죽음에 대한 공포를 넘어선 선 수행자들은 중음신 단계를 거치게 될지 여부에 신경 쓰지 않습니다. 그들이 어떤 세계에 태어나느냐는 중요하지 않습니다. 수행하기 좋은 인연이 갖추어진다면 다음 생에도 수행을 하겠지요.

무엇이 다음 생으로 이월됩니까? 분명 육신은 아니지만, 불교에서는 진정한 혹은 영구적인 자아는 없다고 봅니다. 다음 생을 결정하고 다음 생까지 이월되는 것은 업인데, 여기에는 두 가지 종류가 있습니다. 유루업有漏業과 무루업無漏業이 그것입니다.

유루업은 그것이 선업이든 악업이든 선도 악도 아닌 업이든, 허망한 자아에 집착하는 중생들이 짓습니다. 그 과정은 탐·진·치 삼독에 의해 조건 지워집니다. 사실 허망한 자아가 곧 업력입니다. 따라서 업력이 한 생에서 다음 생으로 이월된다고 말할 수 있습니다. 혹은 허망한 자아에 대한 집착이 한 생에서 다음 생으로 이월된다고 할 수도 있습니다. 어느 경우든, 중생들은 생에서 생으로 넘어가며 계속 업의 효과를 경험할 것입니다. 업의 씨앗은 제8식(아뢰야식 혹은 장식藏識) 안에 들어 있습니다. 죽은 뒤에도 업의 씨앗들이 계속 성숙하며, 가장 강력한 업의 씨앗들이 그가 어디서 어떻게 환생할지에 영향을 줍니다. 그 영가는 마치 자석에 끌리듯 어떤 부모에게 끌려가게 될 것입니다.

무루업은 자아에 대한 집착이 없는 깨달은 성현들이 짓습니다. 자아에 대한 집착이 없기 때문에 이러한 업의 결과는 무루이고, 윤회를 벗어나 있습니다. 그런 업은 장식藏識 안에 머무르지 않습니다. 한 생에서 다음 생으로 이월되는 것은 지혜의 힘뿐입니다. 그런 존재들이 환생하는 것은 단지 중생들의 필요에 반응하기 때문입니다.

질문 임종시에는 어떤 마음의 태도를 유지해야 합니까? 가능하다면 명상을 하거나, 관음보살의 성호聖號를 염하거나, 송경을 해야 합니까? 스님께서 선 수행자는 생사가 없다는 것을 알아야 한다고 말씀하셨지만, 그런 깨달음을 얻지 못한 사람들은 어떻게 합니까? 그들은 어떤 마음의 태도를 가져야 합니까?

스님 그런 질문들 중 많은 것은 사람들이 서로 다른 불교 전통을 만나기 때문에 일어나고, 따라서 죽음에 관한 많은 질문을 하게 됩니다. 제가 앞서 말한 것은 여전히 유효합니다. 선 수행자들은 죽음의 문제에 사로잡히지 말아야 합니다. 깨달아야만 죽음에 대한 두려움이 없어지는 것은 아닙니다. 더욱이 죽기 전에 무엇을 특별히 준비해야 할 것은 없습니다. 중요한 것은, 살아 있을 때 꾸준히 수행을 해야 한다는 것입니다.

임종 때를 대비해 뭔가를 하고 싶다면 좌선을 하거나 관음보살의 성호를 염하는 것이 유용하겠지만, 그 효과는 그리 크지 않을 것입니다. 중요한 영향력은 살아 있을 때 여러분이 한 수행과 여러분이 세운 서원, 그리고 그 서원의 진지함에서 옵니다. 만일 여러분이 죽음을 두려워하거나 죽은 뒤 어디로 가게 될지 염려하여 뭔가를 해야겠다고 생각한다면, 그것은 진정한 선의 정신이 아닙니다. 선의 방식은 여러분이 무엇을 성취했건 관계없이 생사에 대해 두려움이 없는 태도를 함양하는 것이며, 그것은 부지런한 수행에서만 올 수 있습니다.

사람들이 종종 묻는 것은, 다양한 상황에서 선 수행자는 어떤 태도를 가져야 하느냐는 것입니다. 왜냐하면 선은 여타 불교 전통과 다른 것처럼 보이기 때문입니다. 늘 그렇지만 저는 이렇게 강조합니다. 선의 방법들은 한 가지 예외만 빼고 기본적인 불교적 관념에서 벗어나지 않는다고 말입니다. 그 예외는, 전통적인 불교의 접근법은 여러 수준의 체험과 점진적 과정을 이야기하는 반면, 선의 접근법은 직접적이고, 늘 수행을 강조한다는 것입니다. 그 외에는 선 수행자의 태도와 신념도 전통적인 불법과 일치합니다.

송나라 때(960~1279)부터 선불교는 다른 불교 전통, 특히 정토종의 일부 요소를 흡수했습니다. 그때부터 사람들이 죽음에 대한 의문에 사로잡히기 시작했습니다. '평생 수행하다가 깨닫지 못한 채 죽으면 어떻게 되나?' 하고 말입니다. 그런 의문에 사로잡힌 사람들이 정토종을 닦으면 죽을 때 아미타불이 그들을 서방정토로 데려갈지 모릅니다. 그러나 그런 태도는 진정한 선의 정신이 아닙니다. 왜냐하면 그것은 구하는 바가 있기 때문입니다.

질문 죽은 사람들을 위해서 기도나 송경을 하는 것이 중요합니까? 『우란분경盂蘭盆經』에서 묘사하는 중국식 수행은 어떻습니까?

스님 친척이나 친구가 세상을 떠날 때 사실 무엇을 할 필요는 없습니다. 불사는 유용하지만 그다지 중요하지 않습니다. 게다가 죽은 뒤에 다른 사람들의 도움에만 의지하는 것은—그것이 친지든 불보살이든—불법에 부합하지 않습니다. 중요한 것은 그 사람 자신의 업과 서원의 힘입니다.

죽은 사람들에 대해 하는 중국식 불사는 실은 선의 수행법은 아닙니다. 그것은 방편법이라고 볼 수 있습니다. 죽은 사람은 살아 있을 때 수행을 많이 하지 않았을 수 있고, 그래서 친지들이 불사를 하고 보시를 하여 공덕을 그 영가에게 회향하려는 것입니다. 그것이 유용합니까? 물론 유용하지만, 누구에게 유용합니까? 많은 사람들이 그런 관념을 필요로 하는 것은, 죽음에 직면하면 무력감과 비통함 그리고 회한을 느끼기 때문입니다. 어떤 불사가 죽은 사람들에게 이익이 될 수 있다고 믿으면 한결 마음이 편안해지는 것입니다.

그런 믿음은 선종에만 국한되지 않습니다. 한번은 제가 어느 힌두 수행자에게 물었습니다. "힌두교도들은 친지들이 어떤 불사를 하여 죽은 사람의 영혼을 더 나은 곳으로 보내줄 수 있다고 믿습니까?"

그 힌두교도가 대답했습니다. "보통 우리는 그런 것을 믿습니다. 그러나 그것은 실은 업의 원리에 부합하지 않습니다."

제가 물었습니다. "만일 당신의 아버지나 어머니가 돌아가시면, 당신은 그분들을 위해 불사를 하겠습니까?"

그가 대답했습니다. "예, 당연하지요. 저는 그것이 유용하다고 믿고 싶습니다."

질문 그런 불사는 죽은 사람보다 오히려 산 사람들을 위한 것 같습니다.

스님 그 말도 어느 정도 맞지만, 그런 불사가 전혀 쓸데없다고는 할 수 없습니다. 마음의 힘은 실로 죽은 자를 도와줄 수 있습니다. 앞에서도 말했지만, 만일 불사를 거행하는 사람들이 진지하고 그들의 수행이 강력하다면 죽은 사람이 더 좋은 곳에 태어나게 할 수 있을지도 모릅니다. 또한 사람들이 염불이나 송경을 하면 천신, 귀신 기타 존재들도 모여서 그것을 경청하고 그 불사에서 이익을 얻을 것입니다. 만일 그들이 이익을 얻으면 죽은 사람도 간접적으로 이익을 얻겠지요. 비유하자면, 어떤 사람이 감옥에 갇혀 있는데 그의 가족이 그의 이름으로 선행을 한 것과 같습니다. 그 사람이 석방되지는 않겠지만, 더 나은 대우를 받을지도 모릅니다.

질문 고맙습니다, 스님. 스님께서는 늘 선이 절대적으로 자립적이라는 관점에서 답변하십니다. 그것은 깨끗하고 순수하며 신통과는 무관합니다. 그러나 동시에 저희들은 지성적 존재들이고, 만일 저희가 자비와 선의의 마음과 에너지를 어떤 사람이나 사물에 향하게 하면, 해를 주지 않고 도움만 주면서 선업을 지을 것입니다.

스님 예, 맞습니다. 선불교도를 포함한 불교도들은 죽은 친지들을 위해서 그런 불사를 해야 합니다. 저는 제 부모님을 위해 송경을 하는데, 진지하게 성의껏 합니다.

질문 어떤 선 수행자가 '죽음에 가까운' 경험, 예컨대 '어떤 터널을 통과' 하거나 '어떤 빛을 향해' 가거나 혹은 영혼이 몸에서 빠져 나온 경험을 한다고 가정해 보겠습니다. 수행자는 그런 상황에서 어떻게 해야 합니까? 불보살이나 죽은 친지들의 모습에 끌려야 합니까, 아니면 그들을 무시해야 합니까?

스님 죽음에 가까운 경험을 해본 사람들은 그럴 때 그들이 경험한 어떤 것에도 의지하거나 그것을 완전히 믿으면 안 됩니다. 우선 '죽었다 살아난' 사람은 결코 실제로 죽은 것은 아닙니다. 어떤 신체적 기능들이 일시 정지되었을 수는 있지만, 뇌는 죽지 않았습니다. 그것이 뇌사일 경우라면 그 사람은 소생할 수 없습니다.

뇌가 살아 있는 한 그 사람은 여전히 기억을 보유하고 있습니다. 그 사람이 다른 존재들과 상호작용 했을 수도 있고, 죽은 친척들을 만났을 수도 있습니다. 다른 세계를 방문했을 수도 있고, 또 아니면 어떤 생생한 환상을 보았을 수도 있습니다. 그런 경험들은 매우 강력하지만, 그런 것들이 정말 존재했다고 누가 말할 수 있겠습니까? 그래서 선에서는 그런 경험들은 믿을 수 없다고, 수행자들은 그런 것을 믿으면 안 된다고 말하는 것입니다.

반면에 그것은 종교적 체험으로서는 유용하고 강력하며, 그것을 부정하면 안 됩니다. 심신이 건강할 때에도 깊은 수준까지 좌선하면 자신이 지극히 아름다운 곳—천상이나 정토—에 와 있다고 느낄 수 있고, 여러분은 그 체험이 실재한다고 확신할지 모릅니다. 그것은 여러분의 개인적인 종교적 체험입니다. 그렇기는 하나, 선에서는 그런 것은 신뢰할 수 없으며, 수행자들은 그런 것이나 그런 것에 대한 해석을 너무 믿으면 안

된다고 주장합니다.

질문 종교적 체험이라고 말씀하신 것은 무엇을 의미합니까?

스님 종교적 체험에는 숱하게 많은 것이 있을 수 있습니다. 심오한 순간적 통찰, 계시의 체험, 다른 사람, 세계 혹은 우주와 합일되는 느낌 등입니다. 그런 것은 그것을 체험하는 사람에게 큰 중요성을 가지며, 믿음과 확신을 건립하는 데 도움이 됩니다. 종교적 체험들은 보통 자연발생적인 것이고, 반드시 수행의 결과는 아닙니다. 수행을 했다면 그것이 한층 더 강력하게 보이겠지요. 그런 체험들은 사람들의 삶을 바꿔 놓거나, 최소한 사람들을 더 안정되고 평화롭게 할 수 있습니다. 그래서 그것은 좋은 체험이지만, 선에서는 그런 것들을 다른 모든 것과 마찬가지로 허망한 것으로 봅니다. 선 수행은 자기 마음을 밝혀 성품을 보고 明心見性 허망한 것들을 넘어서는 것을 강조합니다.

질문 '신뢰할 수 없다'고 하신 것이 무슨 뜻인지 더 자세히 말씀해 주실 수 있습니까?

스님 여러분이 하는 체험은 그것이 아무리 생생한 것이라 할지라도, 진짜일 수도 있고 아닐 수도 있습니다. 여러분이 죽음에 가까운 체험을 하는 동안이나 심지어 꿈속에서 만나는 죽은 친척은 여러분의 죽은 친척일 수도 있지만, 어떤 신이나 귀신 혹은 여러분 자신의 상상일 수도 있습니다. 여러분이 어떻게 확신할 수 있겠습니까? 한 가지는 분명합니다. 즉, 이런 체험들은 강력하다는 것과 종교적 체험의 범주에 든다는 것입니다. 그러나 그런 것들을 너무 믿으면, 그것이 다시 나타나기를 기다리다가 세월을 다 보내게 될지도 모릅니다. 물론 그런 현상들은 여러분이 체험한 그대로일 수도 있겠지요. 그러나 그것은 또한 여러분 자신의 마음에서 일어난 것일 수도 있습니다.

사람이 죽으면 처음 다섯 가지 식識은 작동을 멈추고, 그 사람은 감각

受과 인식想을 상실합니다. 그러나 제6식은 여전히 존재하고 작동합니다. 제6식은 육신과 그 고통의 부담에서 벗어난 희열을 체험할 수도 있고, 그 식에서 아름다운 모습, 소리, 냄새가 일어날 수도 있습니다. 반대로 제6식은 그 몸이 경험했던 괴로움과 고통에 집착할 수도 있고, 그 식에서 어떤 끔찍하고 악몽 같은 것이 일어날 수도 있습니다. 이런 체험들은 실재합니까, 환상입니까? 제가 방금 한 설명은 이런 현상들을 제6식의 산물로 묘사합니다. 저는 이것이 죽음에 가까운 체험들 모두에 대한 설명이라고 말하는 것은 아닙니다. 그러나 하나의 설명일 수 있습니다. 무수한 해석이 있을 수 있다는 사실로 미루어 보더라도 그런 체험들은 신뢰할 수 없는 것입니다.

질문 어떤 때는 선의 가르침이 정신분열적으로 보입니다. 선은 아주 실용적입니다. 어떤 것에도 의존하면 안 된다고 했다가, 곧 이어서 귀신과 천신, 천상과 지옥을 이야기합니다. 그 중에서 보살들이 가장 믿기 어려운 존재입니다. 그들은 무수한 장소에 무수한 형상으로 같은 순간에 몸을 나툴 수 있는 존재라고 생각됩니다. 그것을 받아들이려면 상상력을 크게 발동해야 합니다. 그런 다음, 선은 또 일체가 환이라고 말합니다.

스님 다 맞는 말입니다. 그런데 초자연적인 것을 체험하기 위해서 굳이 '죽었다가' 되살아날 필요는 없습니다. 좌선을 할 때도 일상적인 수준을 넘는 것들을 체험할 수 있습니다. 예를 들어, 그대가 깊이 좌선을 하고 있을 때 마음속으로 아름다운 그림을 하나 본다고 가정해 봅시다. 그런 다음 그대는 그 그림 속으로 들어가서 하나의 새로운 세계를 경험합니다. 그것은 실제로 일어난 일입니까? 아니면 그대의 상상이었습니까? 그대가 상상하는 것은, 그대가 깨어 있고 의식이 있다고 하는 시간 동안 감각 기관을 가지고 경험한 것보다 조금이라도 덜 실재하거나 더 실재합니까?

　경험들은 객관적으로 실재할 수도 있지만, 그것은 제6식을 통해 걸러져야 합니다. 따라서 그것들은 주관적이며 전적으로 신뢰할 수 있는 것이 아닙니다. 사실 제6식 자체가 신뢰할 수 없는 것입니다. 불교는 귀신, 천신, 천상, 지옥, 보살의 존재를 부정하지 않습니다. 그러나 제6식을 통해서 세계를 인식하고 해석하는 한, 여러분이 경험하는 모든 것은 환일 것입니다. 바로 지금 이것도 환입니다. 만일 여러분이 세계를 분명하게, 직접 체험하고 싶다면, 선을 닦으십시오.

15. 말법시대 末法時代

질문 말법시대(Dharma Ending Age)의 의미는 무엇입니까? 세계가 더 나빠지고 있다는 뜻입니까? 부처님들이 전혀 없는 세계들도 있습니까? 만일 보살들이 돌아와서 중생들을 돕는다면, 어떻게 말법시대가 있을 수 있습니까? 깨달을 수 없는 사람들도 있습니까?

스님 우리의 세계를 포함한 모든 것은 성成 · 주住 · 괴壞 · 공空(창조 · 유지 · 쇠퇴 · 소멸)의 과정을 겪습니다. 생겨나는 모든 것은 결국 사라집니다. 더욱이 우리는 여러 가지 점에서 세계가 예전만큼 좋지는 않다는 것을 인정해야 합니다. 그렇지요, 요즘은 사람들이 더 오래 살고 과학 기술도 더 발달했지만, 오늘날 사람들은 과거의 사람들보다 번뇌가 더 많은 것 같습니다. 그리고 분명히 환경은 더 나빠져 있습니다.

중생들은 각자의 업에 따라 여러 세계에 태어납니다. 선업을 가진 중생들은 더 나은 세계에 태어날 것입니다. 우리의 세계는 과거에 더 좋았기 때문에, 과거에 태어난 중생들은 더 좋은 업을 가지고 있었겠지요. 그와 마찬가지로 석가모니 부처님 주위에 있었던 사람들도 좋은 업을 가지고 있었습니다. 그러나 시간이 갈수록 세계가 더 불건강해졌고, 선업을 가졌거나 수행을 하여 불법을 깨치는 사람들은 더 적어졌습니다. 오늘날은 불법을 닦아서 성자가 되기가 매우 어렵습니다.

말법시대라는 관념은 고대의 불경인 『아함경』의 어디에서나 찾아볼 수 있습니다. 그것은 불법이 이 세상에 영원히 머무르지는 않을 거라는 느낌을 사람들이 늘 가지고 있었다는 것을 의미합니다. 그들은 부처님이 열반에 드신 후 세월이 가면 불법을 열심히 믿고 오롯한 마음으로 수행하는 사람들의 수가 줄어들 것임을 알았습니다. 요즘은 수행에서 높은 수준을 성취하는 사람들의 수가 적은 것 같습니다. 과거에는 많은 사람들이 온 삶과 에너지를 수행에 바치거나, 출가하여 사원에서 수행하는 것이 가능했습니다. 요즘은 수행을 할 고립된 환경을 찾기가 어렵고, 대처해야 할 유혹이 더 많습니다.

반면에 어떤 사람은 이렇게 말할지도 모릅니다. 즉, 어떤 사람이 부지런히 수행하여 깊은 성취를 이루는 한 그것은 그 사람에게 정법시대正法時代라고 말입니다. 맞습니다. 그 사람에게는 정법시대입니다.

물론 우주에는 무수한 세계가 있고, 그 중의 많은 세계에는 불법과 부처님들이 존재하지 않습니다. 석가모니 부처님 시대만 해도 전 세계인들 중에서 극히 일부만 부처님을 알았고, 불법을 이해하고 수행한 사람들은 더 적었습니다. 대다수 사람들에게는 부처님도 없고 불법도 없었습니다. 오늘날도 세계 인구 중 불법을 받아들이고 수행하는 사람들의 비율은 얼마 되지 않습니다. 모든 사람이 불법과 인연이 있지는 않습니다.

보살들은 중생을 돕기 위해 어느 곳에서나 몸을 나툴 수 있습니다. 그들은 바로 지금 이곳에도 있을 수 있지만, 선근을 가진 사람들이 아니면 알아보지 못할 것입니다. 더욱이 보살들은 지구와 인간계에만 있는 것이 아닙니다. 다른 많은 세계에도 보살들이 나타납니다.

질문 그런 말씀을 들으면 혼란스럽습니다. 해가 갈수록 좋은 수행자들의 수가 늘어나야 할 것 같아서 말입니다. 불교는 오래 전에 전파되었고 점점 많은 사람들이 높은 수준의 성취를 이루었으니, 그렇다면 불법을 접한 사람들의 전체 수효가 늘어났다고 볼 수 있을 것입니다. 오늘날은 수천 명의 성자들이 있어야 하고, 그들을 사람들이 알아볼 수 있어야 합니다. 그러기는커녕 그 힘이 유지되지 못한 채 오히려 끝나가고 있는 듯이 보입니다.

스님 어떤 수행자들은 자신을 구도자로 여기지만, 그렇다고 해서 그들이 보살을 만나서 상호작용 할 충분한 선근을 가지고 있다고 할 수는 없습니다. 또 제가 앞에서 말했듯이, 이곳이 유일한 세계는 아닙니다. 이곳에 한때 살았던 사람들이 꼭 이곳에 다시 태어날 필요는 없습니다. 보살들은 이 세계에만 오지 않습니다. 보살들이 이 세계에 몸을 나투었다가 중생들의 업이 불법을 닦을 준비가 되어 있지 않은 것을 보면, 미래 세대를 위해 약간의 씨앗을 뿌려 두고 떠나 버릴 수도 있습니다.

저는 부처님이 직접 말법시대에 대해 말씀하셨을지 확신하지 못하지만, 그 관념은 분명히 모든 경전과 논서에 존재합니다. 그렇다고 하면 그 편자와 저자들은 시간이 가면서 불법에 대한 사람들의 관심이 줄어드는 것을 분명히 목도한 것입니다. 말법시대의 관념을 갖는 것은 사실 좋은 일입니다. 우리가 더 정신을 차리게 되니 말입니다. 즉, 우리가 진지하게 투신投身하지 않으면 우리의 성취가 보잘것없거나 전혀 없을 거라는 사실을 깨닫게 됩니다. 그리고 우리가 부지런히 수행하지 않으면 다음 생에는 불법이 없는 환경에 태어날지도 모릅니다.

질문 일천제—闡提(icchanti), 즉 깨달을 수 없는 존재들은 어떻습니까? 불교는 모든 중생이 깨달을 수 있다고 말한 것 같은데요.

스님 일천제는 불법에 아무런 선근도 심지 않은 사람들입니다. 그들이 아직 선근을 심지 않았다면, 말법시대가 더 진행된 뒤에는 그렇게 할 가능성은 훨씬 적을 것입니다. 반면에 무한한 미래를 내다보면서 무수한 세계가 있음을 인정한다면, 저는 어떤 일도 가능하리라고 봅니다. 모든 것은 변하기 때문에, 어쩌면 모든 중생이 성불할 기회를 갖게 될 것입니다.

『대반열반경大般涅槃經』에서는 모든 중생이 성불할 수 있다고 말합니다. 일부 초기경전에는 깨달을 수 없는 존재들이 있다고 나와 있습니다. 불법을 배우고 수행하여 성공할 수 없는 어떤 특성을 지닌 존재들이 있다는 것입니다. 경전에 모든 존재가 성불할 수 있다고 나와 있기는 하나, 이것은 부처님이 무엇보다도 자비심에서 하신 말씀일 거라고 저는 믿습니다. 중생들로 하여금 불법을 공부하고 수행하도록 격려하기 위해서 말입니다. 부처님의 말씀은 수행자들은 물론이고 선생들과 승가를 위해서 하신 것이기도 합니다. 만일 승가에서 일천제의 존재를 믿는다면, 그들은 사람들이 불법을 가르칠 만한 근기가 되는지 여부를 미리 판단하려 들지도 모릅니다.

질문 제가 생각할 때, 불법에 따르면 만물은 서로 상호작용 하고 서로 스며들어相卽相入 있습니다. 그것이 사실이라면 불법은 늘 우리와 함께 할 것이고, 늘 성취를 이룰 가능성이 있습니다.

스님 그런 이야기는 『화엄경』에 나옵니다. 그러나 수행의 높은 경지에 도달해야만 그 진리를 체험할 수 있습니다. 만물은 서로 관계되고 서로 관련되며 서로 스며들어 있다고 하지만, 만일 여러분이 범부 중생에 지나지 않는다면 그 상태를 체험하지는 못합니다. 여러분의 몸은 여러분의 것이지 제 것이 아닙니다. 여러분의 집은 여러분의 것이지 다른 사람의 것이 아닙니다. 만일 우리가 깨닫지 못한 사람으로서 이러한 구경究竟의 원리를 우리의 일상생활 속에 적용하려 들면 사회는 혼란에 빠질 것입니다. 모든 현상이 서로 스며들어 있기는 하나, 범부 중생으로서의 우리는 그것을 그와 같이 체험하지 못합니다.

질문 제가 생각하기에, 우리가 취할 수 있는 최선의 태도는 지금 수행을 하면서 가능한 최선을 다 하겠다는 서원을 세우는 것입니다. 어쩌면 저는 불법이 융성하는 곳에서 다시 태어나겠다는 서원을 세워서 내생에도 계속 수행할 수 있도록 해야 할 것 같습니다.

스님 선에서는 '옴도 없고 감도 없다'고 합니다. 그러니 그대가 어디에 다시 태어나느냐는 중요하지 않습니다. 중요한 것은 지금 이 생입니다. 중요한 것은 현재 순간에 그대가 수행하는 것입니다. 말법시대와 다른 세계들에 대해서는 걱정하지 마십시오. 그저 열심히 불법을 수행하십시오.

수행과 일상생활

2부

16. 스승의 중요성

질문 불교 수행에서 스승은 얼마만큼 중요합니까? 스승의 지도 없이 불교의 계율과 원리들을 수행하면 문제가 생기겠습니까?

스님 좋은 스승의 지도 없이 불교를 본격적으로 수행하기는 어렵겠지요. 책에서만 지도를 얻는 것은 피상적인 도움밖에 되지 않고, 어떤 경우에는 안전하지 않을 수도 있습니다. 책들은—지금 이 책을 포함하여—원리들을 이야기할 수 있으나, 그 자체로는 수행의 정미精微하고 오묘한 부분들을 전달할 수 없습니다. 책은 어떤 수행자를 관찰하여 그 특유의 상황에 대해 지도해 줄 수 없습니다. 각 수행자는 특유하며, 생리, 심리, 기분 그리고 기氣에 부단한 변화와 기복이 있습니다. 사람들은 상황에 서로 다르게 반응하므로 스승은 수행자의 상황에 따라 각기 다른 방법으로 반응해야 합니다. 더욱이 반응과 상황들은 외부인이 보기에 비슷하거나 심지어 똑같아 보인다 해도, 매번 특유한 사건들로 간주해야 합니다. 자격 있는 스승만이 이런 복잡하고 끊임없이 변하는 현상들을 관찰하고 해석하여 적절한 지도를 해 줄 수 있습니다.

만일 의사들이 경험한 거라고 해야 책에서 읽은 것이 전부라면, 그런 의사들을 믿을 수 있겠습니까? 환자마다 다르고, 상태와 질병도 변합니다. 의사들은 책에서 얻은 지식에만 의존하지 않고, 자신의 직접적인 의료 경험과 남들에게서 배운 것을 사용합니다. 의사들은 환자들을 돕기 위해 자신의 모든 자원을 활용합니다. 수행도 마찬가지입니다. 수행을 하다 보면 여러분도 분명히 도전과 경계境界에 직면하게 될 것입니다. 여러분에게 익숙하지 않은 몸·말·마음의 반응들이 그것입니다. 여러분의 모든 의문과 관심에 답하기 위해 책에만 전적으로 의존하는 것은 무모하고 위험한 일일 것입니다. 왜냐하면 첫째, 책에는 모든 답변이 들어 있지 않습니다. 둘째, 책에 있는 답변들이 여러분의 특수한 상황에 해당되지 않을 수 있습니다. 셋째, 여러분이 그 책의 조언을 잘못 해석할 수 있습니다. 따라서 진지한 불교도는 자신의 길이 티베트 불교든, 일본 선이든, 중국선이든 아니면 정토종이든, 자격 있는 스승을 가까이 두고 지도와 조언, 격려를 받는 것이 아주 중요합니다. 반면에 이따금씩 수행하는 사람은 굳이 스승과 함께 공부하고 수행할 필요는 없습니다. 스승이 있으면 더 좋기는 하지만 말입니다.

질문 계·정·혜의 세 가지 길을 따르는 사람들에게 스승의 역할은 어떤 것입니까?

스님 첫째로 모든 불교도는 기본적인 행동 지침으로 오계를 수지受持해야 합니다. 즉, 불살생, 불투도, 불사음, 불망어, 불음주입니다. 표면상으로는—그리고 어쩌면 호기심만 있거나 '윈도쇼핑'을 하는 수행자에게는—계율이 직설적이고 단순하게 보일지도 모릅니다. 그러나 진지한 수행자에게는 계율의 원리와 미묘한 면들이 복잡해질 수도 있고, 분명히 의문이 일어납니다.

많은 초학자들과 일부 구참老參들, 그리고 불교가 발전한 지역의 문화적 환경에 친숙하지 않은 사람들은 계율이 뭔지 잘 이해되지 않기 때문에, 많은 사람들이 그것을 받기를 겁냅니다. 그들은 그것을 행동 지침이라기보다는 엄격한 계명으로 오해하는지도 모릅니다. 그들은 계율을 어떻게 청정하게 지켜야 할지, 혹은 자신이 계율을 파했는지 파하지 않았는지, 만약 파했다면 그런 실제 상황을 어떻게 처리해야 할지 확신하지 못할 수 있습니다. 좋은 스승들, 특히 계율을 공부하고 수지하는 데 정통한 분들은 계율의 세부 사항과 미묘한 점들을 분명히 알고 경험해 보았습니다. 그들은 다양한 상황에서 계율을 지키는 것과 파하는 것의 차이를 압니다. 예를 들어 두 사람이 똑같은 행위나 말을 하는 것처럼 보여도, 한 사람은 계율을 파하고 있고 다른 사람은 그렇지 않을 수 있습니다.

마찬가지로, 대다수 사람들은 선정禪定에 대한 분명한 이해가 없습니다. 많은 경우에 수행자들은 얕은 고요함이나 차분한 명료함을 선정으로, 심지어는 깨달음으로 착각합니다. 이것은 그들이 선정과 깨달음을 직접 체험해 보지 못했기 때문입니다. 그들이 아는 것은 책에서 읽은 것이나 자신이 상상하는 것이 전부입니다. 자격 있는 스승이 그 체험의 진위, 유형, 수준을 인증해 줄 필요가 있습니다. 선정과 깨달음을 체험한 자격 있는 스승은 제자들의 일상 활동에 대한 반응, 말, 행동을 관찰하여 그들의 마음 상태를 판정할 수 있습니다. 그런 관찰을 통해 스승은 제자의 수행과 성취 수준을 평가할 수 있습니다.

지난 여러 해 동안 저의 많은 제자들이 삼매나 깨달음을 체험했다고 확신하여 저를 찾아왔습니다. 거의 모든 경우에 그들은 그런 체험을 한 것이 아니었습니다. 그러나 그것이 심각한 문제로 발전하지는 않았습니다. 왜냐하면 제가 그들의 이해를 바로잡고 그들을 올바른 방향으로 지도해 주었기 때문입니다. 수행자들이 마경魔境에 떨어질 때가 위험합니다. 마경에는 별별 것이 다 있을 수 있지만, 이 경우는 제자들이 스스로 깨달음을 얻었다거나 신통력이 생겼다고 착각하는 것을 말합니다. 만일 그런 망상에 강하게 집착하면 그 집착은 수행 도상에서 큰 장애가 됩니다. 그런 마장魔障은 자신의 수행에 대한 신체적 또는 심리적 반응에서 일어날 수 있는데, 늘 간단명료한 문제만은 아닙니다. 표면상으로는 어떤 마경에 떨어진 사람이 다른 수행자들과 똑같이 보일 수도 있고, 그 자신은 마경에 빠졌다는 것을 모를 수도 있습니다. 그러나 그들이 미혹되어 있는 동안은 그 자신과 남들에게 해를 끼칠 가능성이 있습니다. 최악의 경우 그들이 자기는 완전히 깨달은 자라고 정말 믿고 있을 때는, 스승도 그들을 올바른 길로 돌아오게 도와줄 수 없을지 모릅니다.

질문 그런 사람들은 어떻게 도와줄 수 있습니까?

스님 많은 부분은 그들의 업력에 달렸습니다. 만일 선근을 가지고 있으면 결국 자신이 깨닫지 못했다거나, 신통력을 가지고 있지 않다는 것을 인정할 것입니다. 진정한 지혜는 무집착입니다. 그것은 지식이 아니고 관점도 아니며, 기민한 사고나 자연발생적 반응도 아닙니다.

팔정도에서 말하는 '정견正見'은 진정한 지혜가 묘사하는 그런 지혜가 아닙니다. '정견'의 지혜는 불요불굴의 지혜로 묘사하는 것이 좋을 것입니다. 즉, 불법의 원리를 특징으로 하는 바른 길을 명료한 마음으로 꾸준히 나아갈 수 있게 하는 지혜입니다. 한편 진정한 지혜는 불교에서 말하는 '공空'에 대한 직접적인 체험에서 나옵니다. 따라서 깨달음을 아직 체험해 보지 못한 사람들은 부처님의 지혜에 의지하여 인도를 받고 방향을 잡아 나가야 합니다. 불법을 청문聽聞하는 것이 지혜를 계발하는 첫 걸음입니다. 불교에서는 불법을 청문하여 얻는 지식을 '문혜聞慧'라고 합니다. 더 수행해 나가면 '사혜思慧'에 도달합니다. 마지막으로, 불법을 열심히 닦으면 '수혜修慧'를 얻을 수 있습니다. 진정한 지혜는 이 마지막 범주의 것이고, 공空의 체험에서만 올 수 있습니다.

질문 문혜·사혜·수혜 간의 차이점을 좀더 자세히 말씀해 주실 수 있습니까?

스님 부처님의 기본 가르침—사성제, 십이연기, 팔정도—을 청문하고 받아들인 사람은 이미 문혜를 얻은 것입니다. 분석과 성찰을 통해 이런 원리들을 흡수하고 이해하게 되면, 사혜를 닦기 시작합니다. 처음에는 그런 지혜가 분별과 추리의 산물입니다. 그러나 결국에는 직접적인 성찰을 통해 이 지혜를 맛보게 됩니다. 초심 수행자는 제가 방금 말한 것이 무슨 뜻인지 아마 이해되지 않겠지만, 지적인 사고와 직접적인 성찰 간에는 차이가 있습니다. 그 차이는 수행을 통해서만 인식하고 이해할 수 있습니다. 마지막으로, 수행에서 직접 얻는 지혜가 있는데, 그 중에서 최고의 것은 진정한 지혜, 곧 공空의 체험입니다. 진정한 지혜는 거의 전적으로 수행에서만 일어나지만, 그러한 성취는 청문과 사유를 통해 배양된 지혜를 바탕으로 한다는 것을 이해하는 것이 중요합니다. 더 나아가, 이 모든 수준은 스승의 지도와 경험을 필요로 합니다. 누구든지 책을 읽어서 시작할 수 있지만, 진지하게 수행하기를 원한다면 스승의 도움이 필요할 것입니다.

질문 스승을 어떻게 선택해야 합니까? 어떤 분이 가르칠 자격이 있는 분인지를 판단하는 데 도움이 될 만한 특별한 지침이 있습니까?

스님 자격 있는 스승은 바른 지식正知과 바른 견해正見를 드러내야 하고, 청정한 계율을 지켜야 하며, 남들을 인도할 능력이 있어야 하고, 자비심을 발해야 합니다. 그런 자격을 갖추고 있으면 최소한 초학자들은 가르칠 수 있습니다. 그러나 진지한 수행자들은 '밝은 눈明眼'을 가진 스승, 곧 진정한 지혜를 체험한 사람을 찾아야 합니다. 깨달음을 체험한 스승들만이 다른 사람이 공을 체험했는지 여부를 판별할 수 있습니다. 그런 체험이 없으면 마음이 맑아진 상태나 선정을 깨달음으로 오인할 수 있습니다.

깨달음을 체험하지 못한 스승들은 다른 사람을 깊은 수행으로 인도할 수 없습니다. 설사 그들의 선정력이 강하다 해도, 그들이 도달한 수준까지밖에는 가르칠 수 없습니다. 그들의 성취는 '찬물 속에 담가 둔 돌冷水泡石頭'*이나 흑산귀굴黑山鬼窟**에 앉아 있는 것과 비슷합니다. 자신이 체험하지 못한 것을 어떻게 남들에게 체험하도록 지도할 수 있겠습니까? 설사 수행자들이 어떻게 하여 깨달음을 체험했다 하더라도, 그런 스승들은 그 성취를 식별할 개인적, 직접적 체험이 없습니다.

질문 사람들은 왜 자신의 스승을 바꿉니까?

스님 그런 일이 있다면, 그것은 흔히 구참들이 자신의 수행에 만족하지 못할 때 일어납니다. 어쩌면 그것은 그들이 어딘가에 혹은 어떤 방식으로 걸려 있다고 느끼지만, 그 병목을 어떻게 빠져나가야 할지 모르기 때문입니다. 그 곤경을 해소하기 위해 그들은 도움을 찾아 다른 곳으로 가 볼 수 있습니다. 그렇게 다니다가 어떤 스승이 도움을 주면, 그들이 자신의 길을 명료히 하거나 방향을 바꿀 수도 있습니다. 그것은 최소한 이때는 그 스승이 그들을 가르칠 자격이 있다는 표시일 수 있습니다.

질문 '구참'이라는 것은 깨달음을 이미 체험해 본 사람들을 말합니까? 만약 그들이 깨달음을 체험했다면, 왜 여전히 수행을 해야 합니까?

스님 구참들은 깨달음을 체험했을 수도 있고 그렇지 않을 수도 있습니다. 예, 깨달음을 체험해 본 사람도 여전히 자격 있는 스승의 지도 하에서 수행을 계속해야 합니다. 깨달음을 체험했다는 것은 여러분이 번뇌를 극복했다거나 초월했다는 의미는 아닙니다. 오히려 그 반대로, 여전히 번뇌가 많고 어떻게 나아가야 할지 모를 수 있습니다.

---

* (역주) 찬물 속에 담가둔 돌은 아무리 오랜 시간이 지나도 달라지는 것이 없다. 이것은, 마음 속에 아무 망념이 없고 번뇌도 일으키지 않아 일견 고요하고 행복해 보이지만 시끄러운 경계를 만나면 동요되는 경우를 말한다(성엄 스님의 설명임).

** (역주) '귀신이 사는 캄캄한 곳.' 눈을 감고 아무것도 보는 것 없이 미혹한 상태로 그저 앉아만 있는 상태를 비유한 말이다.

구참들이 깨달음을 체험해 보지는 못했다 해도 수행에서 진보하기를 진지하게 원할 수 있습니다. 그들은 여전히 무거운 번뇌가 많아서 장애를 만들어낼 수도 있고, 이런 번뇌와 거기서 비롯되는 걱정에 대처하고 싶어할 수도 있습니다.

걱정은 다른 근원에서도 옵니다. 수행자들은 진보가 없는 것에 대해 걱정할 수 있습니다. 예를 들어 공안을 타파하지 못하는 것을 걱정하고, 심지어는 공안 수행을 할 수 있는 수준까지 마음을 가라앉히지 못하는 것을 걱정합니다. 그리고 특정한 공안이라는 큰 문제를 해결했으나 이제 그 다음에는 무엇을 해야 할지 걱정하는 사람들이 있습니다. 이런 상황은 정상적인 것이고, 수행에 늘 따라오는 것입니다. 정말 걱정해야 하는 사람들은 진보에 대해서 신경 쓰지 않거나, 자신에게 아무 문제가 없다고 생각하는 사람들입니다. 그런 사람들은 더 깊이 미혹되어 있고, 지도하기가 더 어렵습니다.

어떤 사람들은 깊은 선정을 체험하거나, 번뇌 없는 고요함 속에서 몇 시간씩 좌선할 수 있습니다. 그러나 좌복에서 일어나면 번뇌와 산란심이 돌아옵니다. 사실 그들은 좌선하고 있을 때만 고요한지도 모릅니다. 깨달음을 체험했지만 선정력을 계발하지 못한 사람들도 있는데, 그들 역시 번뇌로 힘들어합니다. 그런 사람들은 나이가 많든 적든 구참으로 볼 수 있지만, 아직은 좋은 스승과 함께 수행하고 공부할 필요가 있습니다.

질문 스님께서는 스승으로서, 제자들의 체험과 수준을 어떻게 판단하십니까? 스님의 지침은 무엇이며, 저희는 스님의 관찰이 올바르다는 것을 어떻게 확실히 알 수 있습니까?

스님 그런 질문을 하는 것은 이미 그릇된 태도입니다. 만일 제자들이 스승을 찾을 때 그런 태도를 가지고 있으면 결코 스승을 찾지 못할 것입니다. 초학자든 구참이든 자신이 가까이하는 스승을 믿어야 합니다. 스승을 세밀히 살피거나 미심쩍어 하는 태도를 가지고 있으면 안 됩니다. 예를 들어 어떤 스승들은 제자를 시험하기 위해 이상한 행동을 할 수도 있습니다. 여러분이 열려 있고 진지해야 스승에게서 배울 수 있습니다. 반면에, 만일 스승들이 인간관계, 금전 혹은 권력의 면에서 잘못된 행동을 계속 보여준다면, 그런 스승을 떠나야 합니다.

질문 스님 말씀을 들으니 헷갈립니다. 처음에는 제자들이 자신이 따르며 공부하는 스승을 믿어야 하고 의문이 가는 행동을 해석하면 안 된다고 하시고, 그 다음에는 스승이 실은 부적절하게 행동할 때는 제자들이 그것을 알아야 한다고 말씀하십니다. 저희들이 어떻게 알겠습니까? 가짜 스승을 어떻게 알아봅니까?

스님 가장 중요한 것은 그 스승이 불법에 대해 올바른 견해를 가지고 있는지를 판단할 수 있어야 한다는 것입니다. 만일 그들의 불법에 대한 견해가 올바르다면, 그들의 행동이 다소 약점을 드러낸다 해도 거짓 스승으로 보면 안 됩니다. 반면에, 만일 스승들이 불법에 대한 올바른 견해를 가지고 있지 않다면, 그들을 진정한 스승이나 덕 있는 스승으로 볼 수 없습니다. 물론 이것은 그 판단을 하는 사람이 올바른 불법에 대해 어느 정도 이해를 가지고 있어야 한다는 것을 전제합니다. 불법에 대한 이해 없이는 수행자가 어떤 스승이 진짜인지 가짜인지 알 도리가 없습니다.

이 밖에도, 스승들을 평가하는 데 사용되는 몇 가지 기본적인 기준이 있습니다. 첫째, 그들의 인연을 고려하십시오. 바꾸어 말해서 그들의 행위는 공空이라는 토대 위에 기초하고 있어야 합니다. 그래서 자신이 하는 일에 대해 아무 집착이 없어야 합니다. 둘째, 그들의 인과나 업을 고려하십시오. 덕 있는 스승의 행위를 인도하는 공성(인연)이 그들의 업(인과)과 부합해야 합니다. 다시 말해서, 그들의 행위는 책임감에 따라 이루어져야 합니다. 그들은 항상 자기 행위의 결과를 분명하게 자각하고 있어야 합니다. 그래서 책임과 무집착 간에는 밀접한 관계가 있습니다. 그래서 덕 있는 스승의 특징은 이렇습니다. 즉, 불법에 대한 바른 견해를 가지고 있고, 언행에서 집착이 드러나지 않으며, 분명한 책임감을 가지고 있습니다.

질문 잘못된 스승들이나 수행자들과 관련하여 저는 '야호선野狐禪'이라는 말을 들은 적이 있는데, 그것이 무슨 뜻인지 궁금했습니다.

스님 '야호선'은 참된 공을 체험하지 못했으면서도 자신은 집착이 없다고 주장하는 사람들을 두고 하는 말입니다. 그것은 가짜를 진짜로 오인하는 것입니다. 즉, 자신이 성취하지 못한 것을 성취했다고 하고, 깨닫지 못했으면서도 깨달은 것처럼 거짓 가르침을 베풀며, 자신이 깨달았다는 것을 암시하는 방식으로 이야기하는 것입니다.

'야호선'(여우선)이라는 말은 백장선사와, 그를 찾아와 법에 관해 질문했던 어느 신비한 승려와 관련되는 일화에서 나온 말입니다. 그 승려는 자신의 의문이 해소되자, 백장선사에게 특정 장소에서 죽은 여우를 발견하면 장례식을 거행해 달라고 부탁했습니다. 알고 보니 이 승려는 여러 생生 전에 깨달음과 업에 대해 남에게 잘못된 가르침을 주었다가 그 때문에 계속 여우로 환생했던 사람이었습니다. 백장선사가 마침내 그 승려의 잘못된 견해를 바로잡아 주자, 그는 여우로 환생해야 할 운명에서 벗어났던 것입니다.

구변이 좋은 영리한 사람들은 종종 공空에 대해 권위 있는 말을 하면서 깨달은 척할 수 있습니다. 스승과 제자 간에 있었다고 하는 문답들을 공안으로 기록한 책들이 많이 있습니다. 어떤 제자들은 그런 일화에서 가져온 관념들을 자신의 이야기에 섞어 넣습니다. 그러나 그들의 말은 실제 체험으로 뒷받침되지 않는 경우가 많습니다. 불행히도 일반인들은—심지어는 어떤 스승들도—보통 그것을 탐지해 내기 어렵습니다.

그러나 참으로 깨달은 사람이 그들과 대화를 해 보면 진실이 드러납니다. 진정한 체험이 없으면, 더없이 기지가 명민한 사람도 결국은 자신의 체험 결여와 불성실함을 드러내고 맙니다.

질문 스승 숭배(guru worship)라는 것은 무엇을 의미하며, 선에도 그런 관념이 있습니까?

스님 스승 숭배라는 것은 제자들이 스승을 깨달음의 구현자로 인식하고, 그들의 수행을 그런 스승들에 대한 숭배와 존경에 바치는 것을 말합니다. 그것은 불·법·승을 한 사람에게 결합한 것과 비슷합니다. 그런 행법은 선의 전통에는 존재하지 않고, 티베트 전통에 존재합니다. 티베트 불교에서 가르침이나 전수는 스승만이 직접 제자에게 전해줄 수 있습니다. 바꾸어 말해, 스승이 없으면 가르침도 있을 수 없습니다.

선종의 전통에서 스승의 역할은 수행자의 수행을 돕고 확인해 주는 것입니다. 스승들이 가르침을 전수하지는 않습니다. 그보다는 수행자들이 불성을 깨달았는지 여부를 판정합니다. 선사들은 여러분이 자신의 지혜를 깨닫고 드러내도록 인도하고, 그런 다음 그 체험을 인가해 줄 수 있을 뿐입니다. 스승과 제자의 관계는 사제관계라기보다는 친구 관계에 가깝습니다. 선에서는 그 관계를 "3할은 사제, 7할은 도반三分師徒 七分道友"이라고 말합니다.

질문 저에게는 선사들의 행동이 스승의 행동과 같이 보일 때가 많습니다.

스님 중국의 전통에서는 그렇지 않습니다. 석가모니 부처님 자신이 "나는 대중을 이끌지 않는다"*고 말했습니다. 석가모니 부처님은 사람들

---

* (역주) 부처님은 "나는 대중을 이끌지 않고, 승중 가운데 있다(我不領衆, 我在僧中)"고 말한 것으로 알려져 있다.

에게 불법을 사용하라고 가르쳤지만, 당신 자신을 늘 승가의 일원으로 간주했습니다.

질문 불법의 가르침을 스승의 가르침과 어떻게 분리합니까?

스님 불법은 추상적 원리들로 이루어져 있는데, 그것은 스승에게서 가장 잘 배울 수 있습니다. 더욱이 불법을 존경하고 싶다면 스승도 존경해야 합니다. 여러분이 올바른 불법을 배우는 것은 스승을 통해서입니다. 그래서 참으로 그리고 깊이 수행하려면 자격 있는 스승을 가져야 합니다. 여러분은 불법이 자신의 스승이라고 말할지 모르지만, 불법은 그것을 가르치는 스승에 의존합니다. 스승들은 여러분을 이끌고 인도하며, 따라서 수행에서 극히 중요한 부분입니다. 만일 불법을 스승과 분리해야겠다면, 스승의 가르침을 불법으로 보십시오. 그리고 스승의 행위는 그 스승 자신의 일로 보아야 합니다.

질문 만일 스승들이 계속 계를 파하거나 잘못 행동한다면, 제자들이 그들 곁에 머물러 있어야 합니까?

스님 그것은 그 제자에게 달렸습니다. 더 배울 것이 있습니까? 여러분이 해를 입고 있습니까? 만일 해를 입고 있는데도 여전히 머물러 있다면, 여러분에게 정신적인 문제가 생길 것입니다. 그런데 왜 머물러 있습니까? 만일 해를 입고 있지 않고 여전히 배울 수 있다면, 머무르는 것을 고려하십시오.

질문 한 분 이상의 스승을 찾아서 배워도 무방합니까?

스님 불교 역사상 스승이 자기가 더 향상되도록 도와주지 못하는 데 불만을 품고 떠난 제자들의 사례가 많이 있습니다. 스승들이 제자들에게, 인연이 맞지 않으니 다른 스승을 찾아가라고 하여 떠나게 한 예들도 있습니다. 어떤 때는 제자들이 자기 스승에게서 더 이상 배울 수 없다고 느꼈지만, 승단의 다른 사람들과 이야기해 본 뒤 이해한 바가 있어 스승

곁에 머무르기도 했습니다. 그리고 제자들이 자기 스승을 떠났지만, 다른 곳을 참방하고 다른 스승을 찾아 본 뒤에 원래의 스승에게 돌아가 다시 배울 수 있었던 경우들도 있습니다.

그러나 동시에 여러 스승을 갖게 되면 보통 혼란에 빠지게 될 것입니다. 한 스승이 계율을, 다른 스승이 경론을, 또 다른 스승이 좌선을 가르친다면 그것은 받아들일 만합니다. 그러나 동시에 몇 사람의 스승에게서 선정과 지혜를 닦는다면 그것은 문제를 야기할 수 있습니다.

질문 스승들은 어떻게 수행을 계속합니까? 만일 어떤 사람이 스승이 되었지만 여전히 문제들을 가지고 있다면, 혹은 깨달음을 체험해 보지 못했다면, 그 사람은 어떻게 해야 합니까?

스님 저는 저 자신이 체험한 것 밖에는 이야기할 수 없군요. 저는 저 개인의 독특한 인연으로 말미암아 스승이 되었습니다. 스승이 되겠다는 생각은 없었습니다. 사람들이 저의 이력을 알고 제가 스승이 될 자격이 있다는 것을 알자 수행 지도를 저에게 부탁했던 것입니다. 당시 저는 남들을 가르칠 생각은 하지 않고 있었고, 선 수행을 지도할 생각은 더더욱 하지 않았습니다. 그러나 사람들을 계속 가르치다 보니 저도 스승으로서 성장했습니다. 물이 불어나면 배가 위로 올라가듯이 말입니다. 좋은 제자가 오면 저도 더 나아지곤 했습니다. 사람들을 가르치는 과정에서 저 자신도 더 나아져야 할 분야들이 있다는 것을 발견했고, 그 부분에서 노력했습니다. 제자들이 저보다 더 앞서 있었다는 것이 아니라, 제자마다 독특했기 때문에 각 제자를 적절한 방식으로 상대하는 법을 터득했다는 것입니다. 그것은 다시 저 자신의 수행에 도움이 되었습니다. 사실 그 과정은 오늘날까지 계속되고 있습니다. 사람들을 계속 가르치면서 저의 지도 방법도 더 분명해지고, 더 자세해지고, 더 다양해집니다. 이제는 어떤 제자에게 문제가 있으면 거의 항상 그것이 뭔지 곧바로 파악하며, 무엇을 해야 할지 즉시 압니다. 경험이 쌓이면 쌓일수록 저 자신의 수행은 더 견고해집니다.

질문 스님께서 계발하신 그 기술에 대해 좀더 말씀해 주실 수 있습니까? 제 느낌으로는, 어떤 스승들은 제자들을 이끌 만한 경험이 없고, 어떤 분들은 자격이 부족합니다. 그런 기술을 계발하는 방법 같은 것이 있습니까?

스님 뭐라고 말하기 어렵군요. 그것은 우리가 학교에서 배울 수 있는 분명하게 규정되는 기술이 아닙니다. 그것은 남들의 마음, 행동, 반응들을 관찰할 수 있고, 그런 다음 그에 따라 행동할 수 있는 것입니다. 스승들은 다른 사람들을 이해하는 감수성은 물론, 분명하게 표현하고 지도하는 능력을 계발해야 합니다. 그것은 반드시 그 스승 자신의 깨달음 체험에 상응하지는 않습니다. 남들을 가르치지 못한 아라한들도 있었습니다.

스승들이 수행을 계속해야 하느냐에 대해서 보자면, 그것은 논의의 대상도 될 수 없습니다. 우리가 일개 수행자든, 스승이든, 선사든 혹은 깨달은 사람이든 관계없이 수행은 평생 동안 계속되어야 합니다. 여전히 공안을 참구해야 하고, 여전히 묵조를 해야 하고, 여전히 삼보에 예경 禮敬을 해야 하며, 여전히 좌선을 해야 합니다. 매 순간이 수행할 기회입니다. 석가모니 부처님도 성불한 뒤에 계속 수행을 했습니다.

질문 왜 그렇습니까? 선에서는 깨달음을 얻고 나면 일체를 내려놓을 수 있고, 할 일이 아무것도 없다고 합니다. 그렇지 않습니까?

스님 만일 그것이 완전하고 철저한 깨달음을 두고 하는 말이라면 그 말은 문자상으로 옳지만, 그대는 거기서 잘못된 결론을 끌어내고 있습니다. 본질적으로, 철저한 깨달음을 얻은 뒤에는 마음이 해야 할 일은 아무것도 없습니다. 하지만 우리는 여전히 일을 합니다. 여전히 환경과, 그리고 사람들과 상호작용 합니다. 여전히 수행을 합니다. 그러나 제가 앞에서 말했듯이, 깨달음을 체험한다고 해서 우리가 번뇌에서 벗어나는 것은 아닙니다. 오히려 여전히 존재하는 번뇌를 더 분명하게 자각하게 됩니다. 그래서 계속 수행해야 하고, 선정력을 배양해야 하고, 거듭거듭 깨달음을 체험해야 하며, 자비심을 계발해야 합니다. 수행은 결코 끝나지 않습니다.

질문 깨달은 사람의 마음은 어떤 것입니까?

스님 그것은 복잡한 문제입니다. 그것은 그 사람이 깨달은 깊이 여하에 달렸습니다. 또한 깨달음을 '체험하는' 것과 참으로 '깨닫는' 것 간에는 큰 차이가 있습니다. 깨달음 체험들은 보통 깊은 통찰의 일시적인 번뜩임입니다. 그것은 오고 가며, 나중에는 그 체험에 대한 기억과 그 힘만 남습니다. 더욱이 깨달음 체험은 얕을 수도 있고 깊을 수도 있습니다. 얕은 깨달음을 체험한 사람들은 자신의 번뇌를 분명히 알지는 모르지만, 그것을 늘 제어하지는 못할 수도 있습니다. 깊은 깨달음을 체험하게 되면 번뇌가 언제 어디서 일어나는지 알 수 있고, 그래서 번뇌들이 나타나지 않게 할 수 있습니다. 이 자각은 우리가 깨달음 체험과 선정력을 가지고 있을 때 성장합니다. 깊은 깨달음 체험과 깊은 선정력을 가진 사람은 번뇌로 인해 괴로움을 겪지 않을 것입니다. 왜냐하면 번뇌가 나타나려 할 때에도 동요되지 않을 것이기 때문입니다. 그래서 깨달음 체험과 선정력 둘 다 중요합니다. 번뇌가 나타날 때는 선정력을 사용하여 그것이 자리를 잡지 못하게 할 수 있습니다. 깨달음의 체험만 가지고 있고 선정력이 없으면, 그 사람은 여전히 번뇌로 인해 괴로움을 겪을 것입니다.

선정력이 없는 깨달음 체험은 확고하지 않고, 선정도 반드시 깨달음을 가져다주지는 않습니다. 반면에, 선정력을 계발한 사람은 더 깊은 수준의 깨달음을 체험할 가능성이 있습니다. 역으로, 깨달음을 체험한 사람은 공성空性에 상응하는 수준의 선정에 들어가기 쉬울 것입니다. 이러한 선정에서는 자아중심이 없습니다.

질문 전법傳法이란 무엇입니까?

스님 법은 전할 수 없습니다. 이른바 전법이란 것은 인가認可일 뿐입니다. 전법과 후계자 전수는 다릅니다. 전법은 어떤 수행자의 마음이 공성에 부합한다는 것을 확인해 주는 것입니다. 그것은 스승이 제자에게 주는 하나의 인증 또는 재가입니다. 사실 전수되는 어떤 법도 없습니다. 대대로 전해지는 전법은 직책의 전승에 가깝습니다.

보리달마는 인도에서 중국으로 올 때 법을 가져오지 않았습니다. 법은 도처에 늘 있습니다. 법을 받는 사람들은 그냥 자신의 참마음을 깨달은 것뿐입니다. 스승은 인가를 해 줄 수 있을 뿐입니다. 즉, 법맥의 연속을 인정해 주는 것입니다. 그것이 지혜의 전수는 아닙니다. 한 세대가 다음 세대에게 인가를 해 줄 수는 있겠지만, 실제로 전수해 줄 것은 아무것도 없습니다.

질문 만일 어느 방장(주지) 스님이 동시에 자격 있는 선사라면, 자신의 참된 성품을 체험한 사람에게 방장직을 넘겨줄 필요가 있지 않습니까? 그리고 그런 제자가 없을 경우에는 어떻게 합니까?

스님 깨달음을 체험해야만 방장이 되는 것은 아닙니다. 다음 세대에 깨달음을 체험한 사람이 없다 해도 방장은 여전히 임명됩니다. 어쨌든 누군가는 절을 돌봐야 하고, 그래서 각 절마다 방장직을 물려주게 됩니다. 그럴 때는 선사가 자격 있는 스님을 찾아야 합니다. 왜냐하면 방장은 그런 능력이 없을 수도 있기 때문입니다.

질문 불교의 전법에서, 인가를 받지 못했으나 자신이 깨달았다고 믿고 사람들을 가르친 사례도 있습니까?

스님 그런 사람들은 자기 나름대로 그렇게 했을지 모르지만, 그런 어떤 사람도 선종의 기록에서 인정받지는 못했습니다.

질문 선종의 전통에 단절은 없습니까?

스님 선종의 전통에는 단절이 없습니다. 그러나 선종사에서 어떤 사람들은 자신이 자격 있는 스승이라고 주장하면서 새로운 법맥을 창시하기도 했습니다.

17. 단독수행, 대중수행, 스승과 함께 하는 수행

질문 자기 혼자 하는 수행, 대중과 함께 하는 수행, 그리고 스승과 함께 하는 수행의 장단점은 무엇입니까?

스님 수행은 여러 가지 환경에서 할 수 있습니다. 즉, 개인수행, 대중수행, 단기수행, 장기수행, 매일수행, 정기적인 집중수행 등이 있습니다. 개인수행은 평소 느슨히 하다가 정기적인 집중수행으로 할 수도 있고, 단기적일 수도 있고 장기적일 수도 있습니다. 대중수행도 마찬가지입니다. 우리는 이런 수행 형태들을 재가자 대對 출가자의 견지에서도 볼 수 있습니다. 이런 모든 유형에 대해 설명해 보겠습니다.

혼자서 하든 대중과 함께 하든, 재가자든 출가자든, 모든 경우에 가장 좋은 것은 자격 있는 스승 밑에서 수행하는 것입니다. 스승의 지도 없이 하는 수행은 아마 큰 성과가 없을 것입니다. 우선, 스승과 함께 하는 수행은 여러분의 시간을 절약해 줍니다. 왜냐하면 스승의 이해와 체험이 여러분으로 하여금 수행의 핵심을 확고히 파악하고 불법에 대한 올바른 견해를 함양하도록 도와줄 수 있기 때문입니다. 그러면 여러분이 더 빨리 몸과 마음의 번뇌에서 벗어날 수 있게 됩니다. 스승이 있을 때는, 경전을 공부하는 데 들일 시간과 과연 바른 길을 가고 있나 하고 걱정하는 데 썼을 시간을 수행에 오롯이 바칠 수 있습니다.

그러나 선근이 예리하고 깊은 사람들, 즉 여러 생에 걸쳐 수행을 잘한 사람들이 있습니다. 그런 사람들은 스승의 지도가 있든 없든 빨리 진보합니다. 그들은 불법을 이해하고 그 길에서 벗어나지 않습니다. 예를 들어 석가모니 부처님은 여러 스승과 함께 공부한 다음 완전히 깨닫게 되지만, 그 스승들의 가르침에 만족하지 않았기 때문에 6년 동안 혼자서 수행했습니다. 그리고 일체를 내려놓은 뒤에야 깨달음을 얻었습니다. 석가모니 부처님은 스승들이 있었지만, 실은 스스로 깨달은 경우입니다. 선종의 6조인 혜능慧能(638~713)도 스승의 지도 없이 깨달았습니다. 그의 경우에는 『금강경』의 한 구절을 듣는 것으로 족했습니다. 5조 홍인弘忍(601~674)이 나중에 그의 깨달음을 인증해 주었습니다. 본질적으로 『금강경』이 혜능의 스승이었습니다.

분명 그런 사람들은 좀처럼 보기 드뭅니다. 수행자들이 자신을 부처님이나 혜능대사 같은 분들과 대등하게 여길 경우가 아니라면, 저는 좋은 스승의 지도를 구하라고 권하겠습니다. 수행자들에게 마음의 장애나 수행상의 어려움이 있으면 스승이 그 문제의 해결을 도와줄 수 있습니다. 또 수행자들이 어떤 좌선 체험을 하게 되면 스승은 그것이 진짜인지 아닌지 판정해 줄 수 있습니다. 홀로 수행하는 사람들은 어떤 환상적인 체험을 깨달음으로 여기면서 자신을 기만할 수 있습니다. 그것은 그들의 수행에 해가 될 것입니다.

여러분은 수행자로서 특정한 방법을 가지고 있어야 하고, 자기 수행의 목표를 이해해야 합니다. 그리고 매일 일정 시간을 따로 떼어 수행해야 합니다. 매일의 좌선뿐만 아니라 이따금 더 긴 기간을 오로지 수행에 바쳐야 합니다. 매주 하루 온 종일, 매달 한 번의 온 주말, 그리고 1년에 한 번 이상 선칠에 참가하는 것이 그것입니다.

만일 여러분이 아주 진지하게 정진하는 수행자여서 한 달, 1년, 심지어 몇 년씩 단독 폐관閉關을 원한다면, 어떤 기준을 충족해야 합니다. 첫째, 불법과 수행을 올바르게 파악하고 있어야 합니다. 둘째, 장기간의 단독 폐관에서 오는 힘든 상태를 견뎌낼 만큼 신체적·심리적으로 건강해야 합니다. 셋째, 자신의 방법을 친숙하고 순조롭게 운용할 수 있어야 합니다. 바꾸어 말해서, 수행 도중 일어나는 어떠한 정신적·신체적 현상에도 대처할 수 있어야 하고, 수행이 깊어짐에 따라 불법에 대한 여러분의 이해를 바로잡고 가다듬을 수 있어야 합니다. 대부분의 경우, 강렬한 체험들은 환상일 것입니다. 가장 좋은 태도는 수행 중에 일어나는 모든 이례적인 현상, 감각, 관념, 느낌들을 무시하고, 초연하고 차분하며 구함이 없는 마음자세를 유지하는 것입니다. 기억하십시오. 제가 이야기하는 것은 수행 도중에 일어나는 체험들입니다. 만약 병이 나거나 다쳤는데도 치료하지 않고 내버려 둔다면, 그것은 어리석은 짓입니다.

제가 말한 기준을 충족하지 못한다면 그 수행자는 심각한 신체적·정신적 장애가 생겨도 그에 대처하는 법을 모를 것입니다. 그래서 초심자들은 단독 폐관을 시도하면 안 됩니다. 사실 저는 대다수 사람들에게 그것을 권하지 않겠습니다. 그것은 극히 힘든 일입니다. 대다수 사람들은 대중 속에서—가급적 다섯 명 이상이 좋은데—수행하는 것이 낫고, 스승은 있어도 되고 없어도 됩니다. 아무래도 스승이 있는 것이 좋지만, 스승이 없는 대중수행도 단독수행보다는 낫습니다. 왜냐하면 한 사람에게 문제가 생겨도 다른 사람들이 도와줄 수 있기 때문입니다.

질문 그러나 그 다른 사람들이 자기가 하는 말이나 행동이 올바르다는 것을 어떻게 압니까? 문제가 있는 사람을 도와주기보다는 그들이 해를 끼칠 수도 있습니다.

스님 어떤 사람이 가지고 있는 의문에 대답해 주는 것은 이미 돕고 있는 것입니다. 물론 그 대중 가운데 최소한 한 명은 경험 있는 사람인 것이 좋겠지요.

질문 수행자들에게는 그들이 체험한 것을 무시하라고 말해주는 것이 최선입니까?

스님 늘 그런 것은 아닙니다. 만일 전형적인 생리적·심리적 감각을 체험하는 것이라면, 그것을 무시하라고 말해 주어도 무방합니다. 그러나 방법이나 불법에 대한 의문을 가지고 있다면 더 경험 있는 사람이 그것에 대해 답변해 주려고 노력해야 합니다. 만일 여러분이 그 답을 안다고 생각하면 그 의문에 대답해 주십시오. 그러나 그 답변이 여러분의 체험 수준 내에서 하는 것임을 밝혀두는 것이 현명하겠지요. 또 어떤 사람이 지쳤거나, 좌절하고 있거나, 두통 기타 신체적 통증에 시달리고 있다면, 그 사람이 그 문제에 대처할 수 있는 방법을 알려주어야 합니다. 흔히 최선의 답변은 이완하거나 좀 쉬라고 말해주는 것입니다.

대중수행이 단독수행보다 나은 또 한 가지 이유는 일과가 더 규칙적이라는 것입니다. 혼자 하게 되면 게을러져 여기저기서 좌선을 빼먹기 쉽지만, 대중 속에 있으면 좌선에 참석하여 수행을 잘 해야 한다는 의무감을 느끼게 됩니다. 통상 다른 사람들이 수행하는 것을 보면 자신의 수행 욕구도 발동됩니다.

재가자인 여러분은 대중수행에 참여하려고 노력해야 합니다. 선 센터 가까이 살고 있다면 한결 쉽겠지요. 이곳은 환경과 일정이 이미 확립되어 있으니 말입니다. 아침저녁으로 주중이나 주말에 오면 됩니다. 만일 선 센터 가까이에 살지 않는다면 적절한 수단을 찾아야 합니다. 여러 사람이 매일 좌선할 수 있는 곳을 찾기는 쉽지 않습니다. 그러나 한 집단이 더 자주 그리고 정기적으로 만날수록 각자의 수행에는 더 좋습니다. 그 집단은 매주 하루 혹은 매달 한 주말은 따로 시간을 내어 더 엄격한 수행을 하려고 노력해야 합니다. 또한 더 긴 시간, 가령 4일 내지 7일간씩 힘 있게 정진해 보는 것도 좋습니다.

질문 스승 없이 하는 폐관 수행은 어떤 안전한 기한이 있습니까?

스님 스승 없이 너무 오랜 기간 집중적으로 수행하는 것은 좋지 않습니다. 문제가 생길 수 있습니다. 스승 없이 하는 선칠에 한 번 참가하는 것도 힘이 듭니다. 장기간 할 때는 선칠의 엄격한 규칙을 그대로 따르면 안 됩니다. 좀더 이완된 분위기에서 하는 것이 낫습니다.

좌선만큼 치열하지 않은 다른 수행 형태들도 있습니다. 예컨대 송경誦經 같은 것입니다. 그런 수행은 스승 없이 해도 무방합니다. 대만의 우리 절 사람들은 제가 없을 때도 가끔씩 불칠佛七(염불선칠)을 합니다.

제가 이야기한 모든 상황에서, 대중 속에서 좌선하는 것이 더 쉽고 더 좋습니다. 혼자 폐관하면서 정해진 일과를 지키기는 쉽지 않습니다. 마음을 분산시키는 허다한 일들과 번뇌가 여러분의 수행을 중단시킬 수 있습니다. 혼자서 수행을 잘 하려면 큰 의지력이 있어야 합니다.

단기수행과 장기수행을 놓고 보자면, 성과와 진보는 여러분의 체험 수준, 여러분의 업과 인연 여하에 달렸습니다. 장기간 수행한다고 해서 더 지속적인 체험을 얻는다는 보장은 없고, 단기간만 수행한다고 해서 어떤 체험을 얻지 말라는 법도 없습니다. 수행을 하는 한 그걸로 좋습니다. 여러분의 모든 에너지를 현재의 좌선에 집중하십시오. 좌선할 때마다 이런 태도를 견지할 수 있으면 진보할 것입니다.

저는 늘 일상수행의 중요성을 강조합니다. 정기적인 좌선 시간표를 갖는 것은 중요하지만, 수행은 좌복에서 일어날 때 끝나지 않습니다. 모든 상황에서 알아차림(mindfulness)을 닦으십시오. 좋아하는 일을 하든 싫어하는 일을 하든, 그것이 여러분에게 이익이든 손해든, 여러분 자신을 중심에 두지 않도록 노력하십시오. 자아중심을 젖혀 두고 자비심을 배양하십시오. 여러분이 하는 모든 일에서 다른 사람들을 도우십시오. 그러면 자아중심을 줄이는 데 도움이 될 것입니다. 가장 중요한 것은, 여러분이 무슨 일을 할 때마다 집중된 자각을 유지하면서 하라는 것입니다. 게을러져서 마음이 딴 데로 헤매지 않게 하십시오. 이것이 일상수행입니다. 이것이 알아차림입니다. 대다수 사람들에게는 이런 삶의 방식이 불가능합니다. 이런 식으로 수행하기 위해서는 매일 좌선을 하고, 주기적으로 집중적인 선 수행에 참가하는 것이 중요합니다.

대다수 재가자들은 책임과 의무 때문에 장기간에 걸쳐 꾸준히 힘 있게 수행하지 못합니다. 그러나 독신이고 유연한 직업을 가지고 있다면, 1년 이상의 장기수행에 자신을 투입할 수 있습니다. 대부분의 경우 그런 사람들은 절이나 선 센터에서 삽니다. 그런 곳의 환경은 수행하기에 좋습니다. 많은 재가자들은 일시적으로 그렇게 합니다. 집중적으로 수행하고 나서 한동안 일을 하러 갔다가 나중에 다시 와서 수행하는데, 이것도 유익하지만 진정한 장기수행은 아닙니다. 최선의 방식은 절이나 선 센터에 살면서 몇 년간 연속적으로 수행하는 것입니다.

지금까지 저는 재가 수행자들에 대해서 이야기했습니다. 출가자의 올바른 태도는 재가자의 그것과 근본적으로 다릅니다. 스님들은 서원을 세우면서 이론상 자아중심을 뒤로하고 모든 시간과 노력을 불법의 수행에 바칩니다. 출가자들은 가족, 집, 직업 혹은 소유물이 없습니다. 그들은 세간적인 책임과 의무가 없습니다. 출가의 진정한 의미는 일체를 뒤로하는 것입니다. 지성·감정·자아·욕망·몸과 마음 등, 사실상 서원과 불법만 제외하고 일체를 버립니다.

많은 사람들은 이 선 센터가 저, 성엄의 것이라고 말합니다. 그것은 오해입니다. 저는 여기서 살고 여기서 일하지만, 이곳은 제 집이 아닙니다. 그렇다고 여기 살고 있는 스님들의 것도 아닙니다. 출가한 사람은 아무것도 가진 게 없습니다. 만일 어떤 스님이 '이곳은 내 집이다'라고 생각한다면, 그는 즉시 출가한 의미를 되새겨 보아야 합니다. 참으로 출가한 사람들은 수행 외에는 아무것도 가진 것이 없습니다. 아무 근심도, 아무 걱정도, 아무 목표도 없습니다. 외부인이 보기에는 그들이 재가자들처럼 일하고 행위하는 것처럼 보일지 모르지만, 승려들에게는 일체가 수행입니다. 재가자들은 이러한 태도를 유지하기가 어려울 것입니다.

질문 스님, 그 말씀에는 동의하지 못하겠습니다. 확실히 스님들은 서원을 세우고 출가하지만, 그것은 하나의 의식이고 순전히 어떤 지적인 개념입니다. 대다수 스님들은 재가 수행자들과 별반 차이가 없습니다. 여기 살면서 일하는 스님들도 제가 보지만, 이분들도 저와 마찬가지로 책임을 맡고 있습니다. 사실 이분들은 저보다 책임과 일이 더 많은 것 같습니다. 공과금을 납부하고, 법적인 문제를 처리하고, 방문객을 맞아 보살피는 등 아주 바쁜 사회적 스케줄을 가지고 있습니다. 이분들은 하나의 집을 다른 집으로 대체한 것처럼 보입니다.

반면에, 재가 수행자인 저라고 해서 왜 스님들과 같은 태도를 갖지 못하겠습니까? 예, 물론 저는 출근해서 돈을 벌어야 합니다만, 그것은 먹고살기 위해서 해야 하는 일입니다. 그것이 일이든 가족과 함께 하는 것이든, 저는 그것을 수행으로 보려고 노력합니다. 저는 제가 하는 모든 일에서 자각을 유지하려고 애씁니다. 저는 계율에 따라 살면서 불교의 원리들을 실천하려고 노력합니다. 만일 재가자들이 이런 태도를 가지고 있다면, 스님들과 무엇이 다르겠습니까?

스님 그 차이는, 출가자들의 책임은 그냥 책임일 뿐 그 이상은 아니라는 것입니다. 승려들은 자신이 하는 일에 정서적으로 개입하거나 집착하면 안 됩니다. 그것을 다르게 표현해 보겠습니다. 출가중出家衆은 어떤 것에도 정서적으로 집착하면 안 되고, 그것을 부단히 상기시켜 주는 규칙을 가진 환경에서 삽니다. 반면에 대다수 재가자들은 자신의 가족,

일, 재산에 집착합니다. 그러나 만일 여러분이 출가자의 태도를 가지고 사물들에서 초연하게 수행할 수 있다면, 그대의 말이 맞습니다. 아무 차이가 없겠지요. 좋은 예는 방거사龐居士(740~808/11) 가족입니다. 그는 부유한 사람으로서 높은 성취를 이루었는데, 나중에는 재산을 모두 포기하고 바구니를 엮어 생계를 유지했습니다.

 승려들은 세간적인 자아를 뒤로할 수 있어야 합니다. 그것은 일순간에 이루어지지 않습니다. 출가의 서원을 세우지 않고, 머리를 삭발하지 않고, 법복을 걸치지 않고서 즉시 그런 태도를 확립할 수는 없습니다. 그것은 점진적인, 평생에 걸친 과정입니다. 그런 태도는 우리가 쟁취할 수도 없고 누구에게서 물려받을 수도 없습니다. 그것은 배양해야 하는 것입니다.

18. 매일 좌선하는 법

질문 매일의 좌선 수행은 어떻게 해 나가야 합니까?

스님 이것은 중요한 문제입니다. 어떤 수행자들에게는 명백한 것 같아 보이지만, 사실 많은 사람들이 이것을 오해하고 있습니다. 제가 늘 생각하는 것은, 일상수행을 어떻게 할지 잘 몰라서 그냥 자신이 하는 방식에 걸려 있는 사람들이 얼마나 많을까 하는 것입니다. 일상수행에 대한 올바른 개념을 갖는 것이 중요합니다. 왜냐하면 그것은 우리가 가장 많이 하는 일이기 때문입니다. 자기 혼자서, 선 센터에서 떨어져, 그리고 스승들의 지도 없이 말입니다.

첫째, 적절한 마음자세를 가지십시오. 둘째, 방법을 올바르게 쓰는 법을 아십시오. 셋째, 방법을 사용하기 전에, 그리고 사용하는 중에 마음을 이완하십시오. 어떤 사람은 이완하려고 너무 애를 써서 더 긴장하고 맙니다. 어떤 사람들은 너무 이완하여 혼침에 빠지거나 망념 속을 헤맵니다. 이 두 극단은 잘못입니다. 그래서 수행에 대한 적절한 마음자세가 중요한 것입니다.

어떤 것이 적절한 마음자세입니까? 매일 수행하면서 보내는 시간이 가장 즐길 만하고, 편안하고, 즐거운 시간이라고 스스로에게 말하십시오. 우리는 매일의 좌선에 그렇게 많은 시간을 쓰지 않기 때문에, 우리가 수행을 위해 안배하는 시간은 소중합니다. 이런 태도를 가지고 있으면 좌선 중에 긴장되거나 졸리지 않을 것입니다.

여러분은 좌선을 어떤 의무나 임무로 봅니까, 아니면 그것을 즐길 만한 일로 여깁니까? 좌선을 즐기지 못하면 꾸준한 장기수행을 지속하기는 어려울 것입니다. 즐김이 자연스럽게 다가오지 않는다면, 즐기는 태도를 배양하도록 노력하십시오. 첫째, 앉기 전에 여러분이 하려고 하는 일에 대해 즐거움을 느낄 것을 자신에게 상기시키십시오. 제가 학생일 때는 일찍 일어나서 아침을 먹었습니다. 아침과 점심 사이에 6시간이 있었습니다. 11시가 되면 배가 고팠습니다. 마지막 수업이 11시부터 12시까지였고, 종이 울리면 점심시간이 된 것을 알고 너무 즐거워했습니다. 몸과 마음이 그 즐거움에 휩싸였습니다. 여러분이 좌선에 대해 배양해야 하는 것이 바로 이런 태도입니다.

좌선할 때는 그것을 걱정이 없는 시간으로 생각하십시오. 다른 시간에는 생각해야 할 어려움과 책임이 늘 있습니다. 좌선은 몸과 마음의 부담들을 들어내는 시간입니다. 그것은 안식의 시간이어야 합니다. 좌선 중에는 일체를 놓아 버릴 수 있는 기회를 갖습니다.

여러분의 자세가 바른지 확인한 다음, 몸에 대해서는 잊어버리십시오. 몸에 대해 걱정하면 이완할 수가 없습니다. 그런 다음 마음에게 자유로워지라고 말하십시오. 자기 자신에게는, 어떤 식으로도 마음에 제약을 가하며 이것저것 생각하지 않겠노라고 말하십시오. 마음을 놓아 버리되 공상에 빠지지는 않게 하십시오. 그럴 때 여러분의 마음을 지켜보십시오. 그것이 어디로 가는지를 보되 따라가지는 마십시오. 생각을 따라갈 때는 그 생각들이 여러분을 통제하게 허용하는 것입니다. 그러나 생각을 따라갔다 해도 자신에게 화를 내지 마십시오. 망념을 따라갔다는 것을 알아차리면, 보통 그 망념들은 저절로 사라집니다.

여러분이 망념을 따라갈 때는 자신의 자각을 그 특정한 생각의 흐름에 한정하는 것입니다. 망념을 따라가지 않을 때는 여러분의 마음이 자유롭고, 열려 있습니다. 마음에게 어디든지 가고 싶은 데로 가도 좋다고 말하십시오. 그러나 그것을 따라가지는 마십시오. 그럴 때 여러분의 몸은 이완되고 마음은 자유로워질 것입니다. 왜냐하면 마음을 어떤 식으로도 제약하지 않기 때문입니다. 이럴 때가 가장 즐거운 시간입니다. 여러분은 아무 할 일이 없고, 몸과 마음은 편안합니다. 만일 아무 생각도 없다면 그것은 좋습니다. 그렇게 내버려 두십시오. 만일 생각이 일어나면 호흡에 주의를 기울이십시오. 호흡이 길고 순조로우면 그것은 여러분이 편안하다는 것을 뜻합니다. 호흡을 계속 주시할 필요도 없습니다. 마음이 명료하면 그저 좌선만 하십시오. 그러나 몸을 자각하기 시작한다면, 자세가 올바른지 확인하십시오. 저는 여러분이 이렇게 할 수 있기를 바랍니다. 누군가에게 무엇을 빚졌기 때문에 좌선을 해야 한다고 생각하지 마십시오.

질문 제가 사람들에게 좌선하는 법을 가르치면서 그것은 마음에서 생각들을 맑히는 하나의 방식이라고 하면, 어떤 사람들은 생각을 하지 않기가 불가능하다고 말합니다. 그들의 말인즉, 우리는 늘 생각을 하고 있고, 심지어 아무것도 생각하지 않을 때조차 그렇다는 것입니다. 무엇을 개념화하지 않고서도 그것을 알 수 있습니까? 아무 생각도 추리도 하지 않고 그냥 순수한 인식으로서 말입니다.

스님 그대의 제자들 말이 맞습니다. 자신이 결코 경험해 보지 못했다면, 혹은 좌선을 해 보지 않으면 그런 상태를 상상하기 어렵기 때문입니다. 자신은 생각하지 않는다고 생각할 때, 그 역시 생각입니다. 좌선을 하면 기복起伏도 없고, 산란도 없고, 혼란도 없는 지점에 도달할 수 있습니다. 평정平靜의 상태에 도달하여 마음이 평화롭고, 아무 물결이 없습니다. 그것이 바로 '맑음'의 의미입니다. 그 상황에서는 여전히 생각들이 있지만, 맑음을 유지하면 그런 생각에 집착하지 않게 됩니다.

질문 바쁜 스케줄이나 다른 장애들 때문에 좌선할 시간이 별로 없을 때는 수행을 어떻게 합니까?

스님 바쁜 날은 적은 짬이라도 내서 좌선하고 이완하여 마음을 맑히려고 노력하십시오. 좌복에 앉을 필요는 없고, 30분이나 한 시간이어야 할 필요도 없습니다. 여기저기서 3분, 5분씩 앉으십시오. 책상 앞에서, 승용차, 버스 혹은 기차 안에서 말입니다. 언제 어디서도 그렇게 할 수 있습니다. 몸과 마음을 이완하고, 호흡을 하고, 마음을 가라앉히십시오. 몸과 마음이 스스로 회복되게 하십시오.

만일 스케줄이 너무 바빠 5분도 시간을 낼 수 없다면, 일을 하거나 길을 걷거나 말을 하는 동안 몸과 마음을 이완하도록 노력하십시오. 일을 수행으로 만드십시오. 여러분이 하는 일과 말에 주의를 기울이십시오. 저도 그렇게 합니다. 저도 새벽부터 밤늦게까지 개인적인 시간이 나지 않는 때가 있습니다. 그럴 경우 생각날 때마다 몸과 마음을 이완하고 있으려고 노력합니다. 일들이 저를 번거롭게 하는 일이 없도록 노력합니다. 저는 그런 것들이 오고가게 내버려둡니다. 우리 모두 그렇게 할 수 있습니다. 그것은 시간과 노력을 요하지만, 그렇게 어렵지는 않습니다. 제가 할 수 있다면 여러분도 할 수 있습니다.

질문 출퇴근하면서 열차에서 좌선해도 됩니까? 그런 좌석에서는 올바른 자세를 취하기가 어렵습니다.

스님 저는 입선立禪과 의자 좌선법을 가르칩니다. 등을 어디에 기대고 앉지 않는 것이 좋지만, 어쩔 수 없다면 할 수 있는 최선을 다하십시오. 기차·비행기·버스에서는 뒤로 기대고 앉아도 됩니다. 그러나 부디 운전하면서 명상하지는 마십시오. 운전할 때는 알아차림(자각)을 닦으십시오. 즉, 그 순간에 존재하고 마음을 여러분의 행위에 두십시오. 이 경우는 차를 운전하는 행위입니다.

질문 어떤 사람들은 좌선을 할 때마다 잠에 떨어집니다. 그들은 평소에는 아주 활기찬데, 앉자마자 졸기 시작하고 10분 뒤에는 잠을 쫓기 위해 분투합니다. 통증이 있으면 최소한 깨어 있기는 하지만, 어느새 혼침이 찾아와 사람을 끌어내립니다. 맥 빠지는 노릇입니다. 이것은 하나의 업장으로 봐야 합니까? 이런 문제는 어떻게 해야 합니까?

스님 업장이라고 말하면 너무 범위가 넓어지고, 그런 상황에 대해서는 구체적인 방법을 쓸 수 있습니다. 미리 운동을 해서 몸을 이완하면 됩니다. 머리와 몸 운동 말입니다. 그리고 좌선할 때 등이 곧은지, 턱을 끌어당겼는지 확인하십시오. 등이 약간 굽은 것은 괜찮지만, 졸음이 오지 않을 때만 그렇습니다. 잠이 온다고 느끼면 즉시 등을 곧게 펴고 심호흡을 좀 하십시오. 심호흡만으로 효과가 없으면 양 어깨를 구부렸다가 이완하는 방법을 병행할 수 있습니다. 또한 눈을 활짝 뜨고 정면을 응시하여 눈물이 나올 때까지 할 수도 있습니다. 이런 모든 기법은 졸린 마음을 맑게 하는 데 도움이 됩니다. 만일 늘 졸린다면, 10분 앉고 나서 일어나 운동을 하십시오. 10분만 앉아도 유익합니다. 운동을 하고 나서 다시 좌선을 시도해 볼 수 있습니다.

질문 왜 정오와 자정은 좌선하기 좋은 시간으로 보지 않습니까? 그때가 좌선할 수 있는 유일한 시간이라면 어떻게 합니까? 한 유명한 좌선 지도법사는 정오와 자정은 좋은 시간이고, 새벽과 저녁 무렵은 피해야 한다고 말합니다. 하루 중의 시간인 것은 같은데 왜 차이가 있습니까? 그것은 개인적인 선호입니까, 아니면 더 중요한 이유가 있습니까?

스님 정오와 자정에 이따금 좌선을 하는 것은 문제가 안 되지만, 그렇게 정기적인 습관을 들이지 않는 것이 좋습니다. 그 지도법사가 하는 말은 그 사람에게는 맞을지도 모릅니다. 저는 그것이 그냥 그의 개인적 선호인지, 거기에 더 의미가 있는지는 모릅니다. 그러나 통상 자정에는 잠을 자거나, 최소한 피로를 풀며 휴식해야 합니다. 특히 하루 종일 일을 했다면 말입니다.

정오와 자정을 피하는 것은 중의학中醫學에서 나온 관념입니다. 저는 그런 말을 하지 않습니다. 중의학에서는 일월성신, 자장磁場 기타 우주의 많은 것이 인체에 영향을 준다고 봅니다. 우리 모두에게 영향을 주는 어떤 리듬들이 있습니다. 정오와 자정에 정규적으로 좌선을 하면 행성의 운행 리듬과 심신의 리듬이 조화를 잃을 수 있습니다. 그러나 가끔 하는 경우라면 문제가 없겠지요. 또 그대가 말하는 지도법사처럼 그 수행자가 경험이 많을 경우에는 아무 문제가 없을 것입니다.

좌선할 시간에 관해서 보자면, 앉고 싶지 않을 때는 억지로 앉지 말아야 합니다. 억지로 하면 좌선을 싫어하게 됩니다. 만약 10분이 지난 뒤 지금은 앉아 있을 때가 아니라고 분명하게 느낀다면—몇 번의 산란한 생각이 그렇게 말하는 것이 아니라—자리에서 일어나십시오. 운동을 좀 하고 나서 다시 해 보십시오. 억지로 하지 마십시오. 좌선에 얼마간의 시간을 안배하고 나서 이 좌선을 즐기겠다고 자신에게 꼭 말하십시오. 그 시간 동안 기분이 좋지 않으면, 일어나서 운동을 하고 나서 기분이 좋아졌을 때 다시 해 보십시오. 시간이 다 되면 그만두면 됩니다. 저는 초심자들에게 보통 25분에서 30분 정도씩 앉게 합니다.

질문 스님께서 그전에 지관타좌只管打坐와 생각 놓아 버리기에 대해 하신 말씀은 조동종 설법처럼 들립니다. 보통 스님께서는 더 조직적인 방법들을 가르치시는데 말입니다. 여기서는 그것이 『선심초심禪心初心』*

---

* (역주) 일본 조동종 선사 스즈키 슌류(鈴木俊隆, 1904~1971)의 법어집.

에서 제가 읽은 내용과 비슷합니다.

스님 『선심초심』에서는 그냥 마음을 놓아 버리라고 가르치지만, 수행의 초기 단계에서는 그렇게 하기가 쉽지 않습니다. 초기에는 수식數息(호흡 헤아리기)과 같은 방법으로 마음을 집중시킬 필요가 있습니다. 어떤 사람들은 호흡을 헤아리기가 어렵습니다. 그래서 저는 그들에게 지관타좌 수행을 하게 합니다. 이 수행에서는 우리의 초점이 그곳에서 좌선하고 있는 몸에 온전히 가 있고 다른 어떤 것에도 집중하지 않습니다. 그래서 '지관타좌只管打坐'(좌선에만 집중하기)입니다. 어떤 사람들은 어느 방법도 쓰지 못합니다. 지관타좌를 하기에는 산란한 생각들이 너무 많고, (수식을 시켜도) 호흡을 통제하거나 억지로 호흡합니다. 저는 통상 이런 사람들에게는 염불이나 진언(mantra)을 하라고 합니다. 이 두 가지 방법으로도 수행자는 마음을 안정시킬 수 있습니다.

질문 어떤 진언이 좋겠습니까?

스님 어떤 것도 진언이 될 수 있습니다. 어떤 진언들은 그 자체로 힘을 가지고 있는데, 특히 많은 사람들이 그것을 큰 소리로 함께 계속해서 염할 때 그렇습니다. 그것을 하는 사람들이 많으면 많을수록 그 진언은 더 많은 힘을 산출합니다. 여러분 자신의 개인적인 진언을 사용해서는 많은 힘을 얻지 못하겠지만, 매 구절이 보살의 명호名號로 되어 있는 「대비주大悲呪」 같은 일부 진언들은 매우 강력합니다. 그러나 선은 개인적인 힘에 관심을 두지 않으며, 그래서 어떤 진언이나 구절도 다 좋습니다. 선 수행의 한 방법으로 쓰는 진언은 단순해야 하고, 그 목적은 마음을 집중하는 것입니다.

질문 저희들 대다수는 바쁜 생활과 스케줄을 가지고 있습니다. 저희가 좌선을 하려고 하면 처음에는 마음이 몹시 산란합니다. 스님께서는 저희가 스스로에게, 자신이 하려는 것(좌선)에 대해 즐겁고 이완된 기분을 느끼라고 말해야 한다고 하시지만, 그것이 어려울 수도 있습니다. 자기 자신에게 안정되라고 말할 수는 있지만 그런다고 해서 안정되는 것은 아닙니다. 먼저 수식으로 시작하여 안정이 된 다음 지관타좌로 옮겨가는 것이 더 낫지 않겠습니까?

스님 그렇게 해도 무방합니다. 그러나 좌선에 대해서는 역시 제가 설명한 태도를 가지고 접근해야 합니다. 그것은 아주 소중하고 즐거운 시간입니다. 그런 태도는 여러분의 마음이 빨리 안정되는 데 도움이 되고, 좌선을 시작하기 전에 이미 이완하고 있는 것입니다. 하루아침에 이런 태도가 습관이 되지는 않을 것이고, 그것을 배양해야 합니다. 만일 여러분이 방금 싸움을 했다면 좌선을 할 수 있을 만큼 쉽게 가라앉지는 않겠지요. 그러나 제가 말한 그런 태도를 배양할 수 있다면, "지관타좌나 하자"라고 말할 수 있을 것입니다.

질문 스님께서는 보통 저희들에게 방법을 바꾸지 말라고 말씀하십니다. 수식으로 시작한 다음 지관타좌로 바꾸는 것은 일관성이 없어 보입니다.

스님 방법을 계속 바꾸면 어느 방법이 자신에게 맞는지 모르게 될 것입니다. 그래서는 한 방법에도 깊이 들어가지 못하겠지요. 한 가지 방법으로 공부하는 것이 최선인데, 마음이 충분히 맑다면 그렇게 하는 것이 어렵지 않을 것입니다. 제자들이 더 깊은 수준에 도달하면 제가 다른 방법을 가르쳐 줍니다.

그대가 이야기하는 상황에서, 그대는 수식을 해서 마음을 안정시킨 다음 지관타좌로 들어갑니다. 수식을 하나의 디딤돌로 사용하는 것입니다. 그것은 좋습니다. 제가 말리는 것은, 방법을 마음 내키는 대로 바꾸거나 자주 바꾸는 것입니다. 수식으로 시작한 다음 지관타좌로 바꾸어 좋은 결과가 나온다면 얼마든지 그렇게 하십시오. 그러나 앞뒤로 오가며 계속 바꾸지는 마십시오. 그렇게 해서는 어느 방법에서도 결코 힘을 얻지 못할 것입니다.

질문 가끔 스님께서는 수식이 가장 기본적인 방법이라고 말씀하시고, 나중에 다른 방법들을 도입하십니다. 또 어떤 때는 어떤 방법도 우리를 '저편 언덕'에 데려다 줄 수 있다고 말씀하십니다. 제가 보기에, 수식은 기본적인 방법이어서 결국에는 그것을 포기하고 더 나은 방법을 택해야 할 것 같습니다.

스님 여기 하나의 비유가 있습니다. 아주 적합한 비유는 아니지만 말입니다. 수식은 기본적인 방법입니다. 그것은 걷는 것과 같습니다. 거의 모든 사람이 걸을 수 있지만 어떤 사람들은 자전거, 배, 자동차, 비행기를 타고 갈 수도 있습니다. 한 장소에서 다른 장소로 가는 데는 많은 방법이 있고, 걷는 것도 하나의 방법입니다. 걸어가는 것은 가장 느린 방법으로 보이지만 때로는 그렇지도 않습니다. 거북이와 토끼 이야기를 다들 알고 있겠지요. 걷는 것은 느리지만 꾸준한 방법입니다.

수식은 좋은 방법입니다. 『아함경』에서는 그것을 사용하여 아라한과에 도달할 수 있다고 말합니다. 바꾸어 말해, 완전한 깨달음을 얻을 수 있다는 것입니다. 이 방법을 한동안 사용한 다음 바꾸고 싶으면 바꾸어도 좋습니다. 예를 들어, 지관타좌를 할 수도 있고 화두나 공안을 참구할 수도 있습니다. 그것은 걸어가다가 기차를 집어타는 것과 같습니다. 그냥 걸어간다면 목적지에 도달하겠지요. 차량으로 갈아타도 목적지에 도달합니다. 그러나 어느 한 방법도 꾸준히 해 보지 않고 계속 자주 바꾸는 것은 좋지 않다는 것입니다.

수식은 기본적인 방법입니다. 이 방법을 쓸 때 여러분은 자신이 열심히 하는지 하지 않는지 더 잘 점검할 수 있어야 합니다. 이것은 탁월한 방법입니다. 그렇지 않다면 제가 그것을 가르치지 않겠지요.

질문 앉아 있고 싶은 만큼 오래 앉아 있다가 언제든지 일어나고 싶을 때 일어난다는 것이 저에게는 좀 걸립니다. 아무 규율이 없기 때문입니다. 많은 생각이 마음속을 지나갑니다. 마음속을 지나가는 생각 하나하나에 따라 움직인다면 아주 오래 앉아 있지는 못할 것입니다. 좌선한 지 5분 만에 배가 고프다는 생각이 일어날 수도 있습니다. 10분 뒤에는 좌선이 아무 쓸데없다는 생각이 들 수도 있습니다. 그러나 오랜 시간 동안 좌선하고 나면 잘 앉았다는 생각이 들 수도 있습니다. 사실 좌선의 목적은 바로 이런 생각들이 오고가는 것을 지켜보고, 그 생각들이 일어나고 스러지는 것을 보는 것입니다. 오래 앉아 있지 않으면 결코 그것을 깨닫지 못할 것입니다. 도중에 일어나 버리면 그것을 알 도리가 없습니다. 끈덕지게 앉아 있는 것이 좋지 않습니까?

스님 어떤 생각이 마음속을 지나간다고 해서 일어나지는 마십시오. 제가 말한 뜻은, 신체적으로나 정신적으로 도저히 어떻게 해볼 수 없이 불편한 느낌이 들 때만 일어나라는 것이었습니다. 그럴 경우 그 느낌은 아마 쉽게 사라지지 않을 것이고, 그것을 견디며 앉아 있으면 문제만 더 심화될 것입니다. 그래서 일어나는 것이 최선이라는 것입니다. 바쁘고 피로하다고 느낄 때 때로는 내쳐 앉아 버릴 수 있습니다. 그러나 상태가 더 심해진다면, 일어나는 것이 최선이겠지요. 핵심은, 좌선하는 것이 너무 부담스러워서 그것을 싫어하는 마음이 나도록 하면 안 된다는 것입니다.

그러나 여러분에게 결의가 부족하고 날이면 날마다 어떤 구실을 생각해 낸다면, 그것은 안 됩니다. 예를 들어, 여러분이 다음날까지 완료해야 할 일이 있다면 좌선을 걸러도 좋은 이유가 됩니다. 그러나 십자말풀이를 끝내기 위해 좌선을 미룬다면, 그것은 합당한 이유가 아닙니다. 여러분 자신을 기만하는 것일 뿐입니다. 여러분은 그것이 합당한 이유인지 아닌지를 내심 알고 있습니다. 그러니 스스로에게 정직하고 자기 자신의 규율 감독관이 되십시오. 그것은 여러분에게 달렸습니다.

제가 이야기하는 접근법은 일상수행을 위한 것이지 선칠을 위한 것이 아닙니다. 선칠 때는 일과가 정해져 있습니다. 좌선할 시간에는 좌선을 합니다. 선칠에서는 일상수행에서 통상 일어나지 않는 투신과 규율의 수준이 있습니다. 그런 에너지를 여러분의 일상생활에 쏟을 수 있다면 좋습니다. 그러나 저는 사람들이—특히 초심자들이—일상수행을 편안하고 어렵지 않은 것으로 느끼기를 바랍니다. 이런 접근법을 사용하면 좌선을 미루거나 포기하지 않고, 계속 시도하게 될 것입니다. 그러다 보면 점차 꾸준히 수행을 하게 됩니다. 또 매일의 일과 중에는 사람들이 긴장되고, 혼란스럽고, 신경이 곤두설 수 있습니다. 수행을 하고 싶어도 바로 안정되기가 어렵습니다. 그럴 때 이것이 좋은 접근법입니다. 사람들이 한동안 운동이나 느린 경행經行을 하고 나면 좀더 이완되어 좌선하기가 더 쉬워집니다.

질문 스님께서는 저희가 좌선을 즐겁고 멋진 시간으로 생각해야 한다고 말씀하셨습니다. 저는 지적으로는 좌선이 멋진 거라고 말할 수 있습니다. 그것은 알지만, 때로는 좀 다른 느낌이 들고, 느낌과 생각을 일치시키기가 어렵습니다. 좌선뿐만 아니라 많은 것들도 마찬가지입니다. 어떤 때는 제가 서로 다른 두 명인 것 같은 느낌입니다.

스님 이 기술은 배양해야 합니다. 비유를 들자면, 여러분이 테니스를 배울 때 처음에는 공을 놓치거나 제대로 맞히지 못해 답답하고 맥이 빠지는 느낌이 들 수 있습니다. 그러나 연습을 하면 진보합니다. 끈질기게 하다 보면 어느 시점에서 그것이 자연스럽고 즐길 만한 것이 됩니다. 그러면 경기하는 것을 열렬히 고대하게 됩니다. 그럴 때 테니스를 통해 건강이 좋아지는 것은 가외의 소득입니다.

좌선 수행을 하나의 습관으로 변모시켜야 합니다. 여러분 자신에게

무의식적으로 어떤 암시를 주십시오. 좌선은 즐겁고 좋은 시간이라고 스스로에게 말하십시오. 이런 태도, 이런 분위기를 창조하십시오. 실제로 내내 그런 느낌이 들지는 않는다는 것을 안다 해도 말입니다. 거듭해서 그렇게 하다 보면 자기 자신을 훈련하게 됩니다. 이런 즐김이 다른 유의 즐김보다 더 좋다고 자기 자신에게 말하십시오. 그것은 소중한 영적 시간입니다. 여러분 자신을 훈련하십시오. 처음에는 그것이 어려울 것이고 잘 해내지 못할 수도 있습니다. 그러나 계속 시도하십시오. 이 또한 수행입니다.

19. 일상생활 속의 수행

질문 수행을 일상생활 속에 어떻게 통합합니까? 좌선은 자비를 닦는 것과 어떤 관계가 있습니까?

스님 일상수행은 정시定時수행과 일상활동 수행으로 이루어집니다. 정시수행에서는 매일 정해진 시간에 좌선, 절, 염불, 송경 혹은 조석 예불 중에서 자신이 할 수 있는 것을 하나나 둘 이상 결합하여 하는 것입니다. 이런 수행을 하는 정규적 일과를 준수해야 합니다.

정시의 일과 수행은 분명하지만, 일하고, 출퇴근하고, 즐기고, 사교하는 등의 행위를 할 때는 어떻게 수행합니까? 그런 모든 상황에서도 수행할 수 있습니다. 통상 사람들이 '수행' 하면 좌선이나 불법 공부를 떠올리지만, 선에서는 일정한 방식으로 하든 일과를 따르든, 모든 순간을 활용해야 한다는 점을 강조합니다. 모든 시간, 상황, 환경이 수행할 기회입니다.

『화엄경』에는 게송 형식으로 된 유명한 장('정행품淨行品')이 하나 있는데, 삼귀의가 여기서 나왔습니다. 이 장에서는 먹고, 자고, 걷고, 쉬고, 말하는 등 모든 인간 활동에 대해 이야기합니다. 이 모든 활동에서 우리는 중생들의 복지를 염두에 두고 있어야 합니다. 이것을 보리심이라고 하며, 보리심의 가르침이 이 장의 핵심입니다.

보살도를 닦는 사람은 사홍서원을 지킵니다. 그 중의 첫째는 '중생무변서원도' 입니다. 부단히 다른 중생들의 복지를 생각할 수 있으면, 여러분의 생각과 행위 속에서 자비심이 자연히 일어날 것입니다. 사람들이 자신의 이해득실을 남들보다 앞에 둘 때 나타나는 수행 도상의 최대 장애는 오만, 탐욕, 분노입니다.

자신의 아만我慢을 수시로 점검하고 가능한 한 자주 남들을 돕는 수행자들은, 깨달음이란 중생들의 도움이 있을 때만 성취할 수 있는 것임을 알게 됩니다. 타인들과의 상호작용을 통해서만 자비와 지혜를 배양할 수 있습니다. 물론 남들을 돕는 동기와 의도도 중요합니다. 보답으로 무엇을 기대하는 것은—심지어 감사의 말을 기대하는 것조차도—자기 이익을 위한 것이며, 보리심과 상응하지 않습니다. 사실 우리는 수행자로서, 중생들이 우리에게 보리심을 닦고 공덕을 배양할 끝없는 기회를 주는 데 대해 그들에게 감사해야 합니다.

중생들이 없으면 보살은 성불할 수 없습니다. 따라서 보살도를 닦는 사람들은 도움이 필요한 사람들을 도와야 하고, 우리가 이미 도와준 사람들에게 감사해야 합니다. 어떤 경우든 우리는 중생들에게 감사해야 합니다. 그런 태도는 아만과 오만의 느낌을 감소시켜 줄 것입니다.

탐욕, 분노, 오만과 미움이 일어나기는 쉽습니다. 탐욕은 무엇을 더 원하는 데서 일어납니다. 인색한 것은 탐욕의 산물입니다. 자신이 가지고 있는 것에 집착하는 것입니다. 질투는 우리가 남들이 가진 것을 원할 때 일어납니다. 분노는 어떤 것이 우리가 원하는 것을 가로막을 때 일어납니다. 미움은 어떤 사람이 우리와 다르거나 우리와 너무 비슷할 때 일어납니다. 오만은 우리가 어떤 면에서 남들보다 우월하다고 생각할 때 자라납니다. 이런 모든 감정은 자아중심에서 비롯됩니다. 그래서 수행의 길은 순수한 의도로써 보리심을 배양하고, 남들을 돕고, 자기 위주의 번뇌에 몰두하지 않는 것입니다.

예를 들어 추수감사절 전날 밤 저는 크리스에게 선 센터에 와서 밤을 보내며 다음날까지 편집과 서류 작업을 해 달라고 했습니다. 크리스는 그러겠다고 했습니다. 좋은 일입니다. 만일 그가 아주 자기중심적이었다면 못 온다고 했겠지요. 그러나 상황은 겉보기보다 복잡했습니다. 크리스가 휴일 동안 선 센터에서 일을 하면 저를 도와줄지는 모르지만 그의 가족들은 서운하게 됩니다. 그래서 저는 그와 그의 가족에게 사과하면서, 그의 반려자인 마리아가 서운해 하지 않으면 좋겠다고 말했습니다. 크리스는 그녀가 서운해 하지 않는다고 했습니다. 저는 말했습니다. 그것은 아마 그녀가, 제가 노인이라서 누구의 도움이든 필요로 한다고 생각하기 때문일 거라고 말입니다.

마리아 저는 서운하지 않았습니다. 누구의 도움이든 필요로 하는 것은 크리스입니다.

스님 그렇다면 크리스는 우리에게 감사해야겠군요. 왜냐하면 저는 그에게 수행할 기회를 주었고, 그대는 그가 수행하기 쉽게 해 주었으니 말입니다.

모든 행위에서 우리의 의도가 남들에게 유익한지 성찰해 봐야 합니다. 마찬가지로, 부정적인 감정이 우리에게 일어날 때는 그것이 남들에게 해로운지 성찰해 봐야 합니다. 이렇게 하면 행위하기 전에 우리 자신을 점검하게 됩니다. 우리 자신보다 중생들을 먼저 생각하게 되면 이기적인 감정이 그렇게 자주 혹은 쉽게 일어나지 않을 것입니다.

우리들 대다수는 늘 중생들을 이익되게 하려는 생각을 하기가 어렵습니다. 이 경우 제가 이야기하는 중생은 1차적으로 사람들입니다. 만일 육도 중생을 다 포함시킨다면 어떻게 되겠습니까? 예를 들어 부부 중 한 사람이 하루 종일 직장에서 열심히 일을 하고 나서 집에 올 때는 기분이 좋지 않을 수도 있습니다. 반면에 한 사람은 하루 종일 집에서 살림을 해야 했고, 역시 기분이 좋지 않을 수 있습니다. 기분이 좋지 않은 두 사람은 흔히 문제를 일으킵니다. 그러나 둘 중 한 사람이 다른 사람도 기분이 좋지 않을 수 있다는 것을 알아차릴 만큼 충분한 주의력이 있다면, 더 조심하고, 인내하고, 관용하고, 배려하게 될 것입니다. 그러면 문제가 생길 여지가 적겠지요. 제대로 하는 수행은 그래야 합니다. 즉, 자신에 대해 덜 생각하고 남들에 대해 더 생각하는 것입니다. 이것이 자비의 시작입니다.

제가 주재하던 어느 선칠에서 세 명의 여성이 같은 방을 썼습니다. 한 사람이 저에게 하소연하기를, 자기는 싫은 것이 하나 있는데 그것은 코 고는 소리라고 했습니다. 같이 방을 쓰는 두 사람 다 "천장이 떠나갈 듯이 코를 곤다"는 것이었습니다. 제가 말했습니다. "어쩌면 당신도 가끔씩 코를 골지 모릅니다." 그녀가 말했습니다. "제가요? 코를 고느니 차라리 죽어 버리겠어요!" 자신도 코를 골 수 있다는 것을 받아들일 수 있으면, 코를 고는 사람들에 대해 아마 더 많이 배려하겠지요.

그녀를 돕기 위해 제가 이런 이야기를 들려주었습니다. 한번은 제가 스님 두 명과 같은 방에서 밤을 보내게 되었습니다. 두 사람 다 코를 고는데 한 사람은 크고 시끄러운 소리로, 또 한 사람은 낮고 새근새근한 소리로 골았습니다. 좋게 말해서, 짜증이 났지요. 코 골지 말라고 쿡쿡 찔러주고 싶었지만, 그러면 그들이 잠에서 깬 뒤에 다시 잠이 들지 못할 수도 있었습니다. 그래서 그러지 않기로 하고, 그 대신 이렇게 생각했습니다. 새근거리며 코를 고는 소리는 늪에서 개구리가 우는 소리, 시끄러운 소리는 밀림 속에서 호랑이가 포효하는 소리라고 말입니다. 오른쪽에는 개구리, 왼쪽에는 호랑이, 오른쪽 개구리, 왼쪽 호랑이, 개구리, 호랑이, 개구리, 호랑이……. 결국 저는 잠이 들었습니다. 저는 예전 선사들이 바람소리나 물소리를 듣고도 삼매에 들 수 있었다는 것을 기억했습니다. 바람소리나 물소리에도 그럴 수 있다면 코고는 소리에도 그럴 수 있으리라고 생각했습니다. 삼매에는 못 든다 해도 최소한 잠은 들 거라고 말입니다. 남들을 배려하는 것은 좌선 못지않은 수행입니다. 여러분 자신만 생각하지 마십시오. 그리고 자기 자신을 생각할 때는 최소한 올바른 일을 하십시오.

질문 무엇이 올바른 일인지 어떻게 압니까?

스님 불법의 가르침에 따라 결정하고 판단하십시오. 만일 어떤 일이 옳은지 그른지, 좋은지 나쁜지 확신이 서지 않는다면 그것이 불교의 가르침과 계율에 부합하는지 여부를 판단해 보십시오. 만일 부합하면 그 일을 하고, 부합하지 않으면 하지 마십시오. 불교의 가르침을 지침으로 삼으십시오. 그래도 확신이 서지 않는다면 여러분의 법스승에게 조언을 구하십시오. 또한 사회의 법률, 윤리, 도덕과 관습을 지침으로 삼으십시오. 여러분의 의도가 사회의 기준에 부합하면 아마도 정도를 벗어나지 않겠지요. 그리고 상식이 있다면 그것도 사용할 수 있습니다.

여러분의 변화하는 몸과 마음의 상태를 알아차리십시오. 그런 상태들이 여러분의 생각·말·행위에 어떤 영향을 주는지 살펴보십시오. 보통 우리가 건강하지 않거나 몸이 다쳤을 때는 기분도 좋지 않을 것입니다. 좋지 않은 마음 상태에 있을 때는 온 세상이 추하게 보입니다. 이럴 때는 모든 사물과 모든 사람이 결함이 있는 것 같습니다. 분노와 증오가 일어나기 쉽습니다. 그렇다 할지라도 순간순간, 누구에게나 감사의 마음을 내려고 노력하십시오.

탐욕스러운 사람들은 보통 자신의 탐욕을 모릅니다. 분노, 오만 혹은 아만에 가득 차 있는 사람들도 마찬가지입니다. 그러나 조만간 수행자들은 자신이 탐욕스러웠거나, 분노했거나, 오만했다는 것을 인식할 것입니다. 그럴 때는 참회를 행해야 합니다. 매번 그렇게 할 수 있으면 이러한 비도덕적 감정들을 더 자주 인식하게 될 것이고, 그것들은 자연히 점점 덜 일어나게 될 것입니다.

여러분이 수행자로서 참회를 하는 것은, 그러한 마음 상태들이 자아에 대한 강한 집착에서 나온다는 것을 깨닫기 때문입니다. 물론 여러분은 자아중심을 이용하여 참회를 해야 하지만, 나중에는 자아중심이 최소한 일시적으로나마 약해질 것입니다. 할 수만 있다면 불상 앞에서 참회하는 것이 가장 좋습니다. 절을 할 때는 여러분이 생각하거나 말하거나 행한 잘못들에 대해 반성하십시오. 자신이 잘못한 것을 인식하게 되면, 자신의 과오를 인정하고 그런 행동을 되풀이하지 않겠다고 서원하십시오. 마찬가지로, 좋은 일이 있거나 누군가가 여러분에게 잘해 줄 때는 늘 고마움을 느끼도록 의식적으로 노력하십시오.

대만의 절(농선사)에서는 제가 많은 제자들에게 일상생활 속에서 두 가지 문장을 사용하라고 말합니다. 우선 그들은 누군가로부터 도움을 받게 되면 그때마다 "아미타불, 고맙습니다." 하고 말해야 합니다. 아미타불에게 감사하는 것이 아니라 그들을 도와준 사람에게 감사하는 것입니다. 그러나 그들의 수행법이 아미타불 염불이기 때문에, 그런 감사는 자신의 수행을 상기시켜 주고, 일상생활 속에서 자각과 보리심을 배양하는 데 도움이 됩니다.

두 번째 문장은 잘못된 행위를 알아차렸을 때 하는 "미안합니다"입니다. "고맙습니다" 하고 말하는 것은 감사이고, "미안합니다" 하고 말하는 것은 참회입니다. 사람들이 참으로 이 두 가지 태도를 마음속에 지니고 그에 따라 행동할 수 있으면 번뇌가 적을 것입니다. 여러분이 중생들에 대해 진정한 보살핌의 마음으로 그렇게 하면, 자비심이 일어날 것입니다.

요컨대 중생들의 복지를 늘 염두에 두라는 것입니다. 자기중심적으로 되지 않도록 스스로 주의를 주십시오. 잘못된 행동을 참회하고, 남들에게 감사를 느끼십시오. 제가 이야기한 것들이 실은 일상수행입니다. 이런 관념들을 지니고 그것을 일상생활 속에 통합하려고 일관되게 노력한다면, 여러분은 일상수행을 하고 있는 것입니다. 동시에, 자신의 마음 상태를 더 잘 자각할 수 있게 좌선을 계속하는 것도 중요합니다. 마음이 산란하고 자각을 못하면 부정적 감정이 일어나는 것을 보지 못할 것입니다. 좌선을 기본 훈련으로 해나가면 자신의 행위, 의도, 감정, 기분, 생각들을 더 잘 알아차리게 될 것입니다.

질문 우리의 행동을 알아차리려면 우리 마음속에 자신의 의도, 생각, 말, 행위를 감시하는 어떤 객관적 관찰자를 건립해야 합니까?

스님 아닙니다. 그렇게 하면 긴장되고 피로해질 것입니다. 좌선을 하면 점차 내적인 고요함을 배양하게 되어, 어떤 상황에서도 지나치게 흥분하거나 감정적으로 되지 않을 것입니다. 마음이 비교적 평화로우면 자연히 자신의 생각을 더 잘 알아차릴 것이고, 무슨 말을 하고 어떻게 행동해야 할지 알게 될 것입니다. 제어력을 잃지 않게 됩니다. 사실 여러분이 감정과 충동에 지배될 때는 제어력을 상실하고, 어떤 결과를 초래할지 고려하지도 않고 말하고 행동하게 됩니다. 이렇게 해서 문제가 시작됩니다. 이렇게 하여 여러분과 남들에게 번뇌가 일어납니다. 따라서 평화로운 상태를 유지하도록 노력하고 말과 행동을 자제하는 연습을 하십시오. 규칙적으로 좌선하고, 일상수행 중에 자각을 유지하며, 불법을 행동의 지침으로 삼으면 점차 그렇게 됩니다.

반면에 여러분이 무슨 매나 비판자처럼 자신을 늘 지켜보게 되면, 자신을 미치게 하거나 비참하게 만들 것입니다. 부단히 지켜보는 관찰자가 있으면 여러분이 부드럽게 활동해 나갈 수 없습니다. 피아노 연주가들이 늘 자신이 연주하는 것을 지켜본다면 자연스럽게 연주하지 못하겠지요.

질문 매일 제가 지하철을 타면 거지, 노숙자, 병든 사람들의 행렬을 보게 되는데, 그들은 종종 돈을 요구합니다. 그런 상황에서는 어떤 태도를 지녀야 합니까?

스님 그것은 답변하기 어려운 문제입니다. 왜냐하면 상황마다 다르기 때문입니다. 그것은 그대가 어떤 사람인지, 그대가 무엇을 할 수 있는지, 얼마나 베풀 수 있는지에 달렸습니다. 만일 그대가 가난해서 돈이 없다면 별로 많은 것을 할 수 없습니다. 여기저기서 어떤 개인들을 도와줄 수는 있겠지요. 노숙자 가족에게 음식을 주거나, 누더기를 입고 있는 사람에게 옷을 주는 식으로 말입니다. 그대에게 돈, 권력 혹은 영향력이 있다면 더 많은 일을 할 수 있습니다. 어쩌면 더 좋은 사회와 환경을 만들어내는 데 일조할 수 있겠지요. 그러나 그대가 어떤 도움을 주어도, 신경 쓰지 않는 사람, 귀담아 듣지 않는 사람, 변하지 않는 사람들이 있을 거라는 점을 기억하십시오. 그대가 할 수 있는 일을 하고, 최선을 다하십시오.

만일 그런 사람들을 돕기 위해 우리가 돈만 사용한다면 그 도움은 최소한에 그칠 것입니다. 우리의 재원은 한계가 있습니다. 게다가 돈은 그들에게 근본적인 도움이 되지 않습니다. 우리는 어떻게 하면 환경을 개선하고, 그들이 그런 상황에 빠져 있게 만든 그들의 업을 더 낫게 변화시킬 수 있을지를 생각해 내야 합니다. 그들이 인과의 원리를 이해하여 자신의 상황을 더 잘 이해할 수 있게 도와주어야 합니다. 이렇게 하면 근본적인 방식으로 그들을 도울 수 있습니다. 불교는 긴 안목을 가지고 근본적인 문제에 관심을 둡니다. 우리는 수행자로서 단기적 해법에만 골몰할 수 없습니다. 표피적 현상의 이면을 파고들어야 합니다. 그러려면 (그들에게) 불법을 어떻게 전파할 수 있을지 생각해 봐야 합니다.

질문 그 말씀은 현실적으로 들리지 않습니다. 그런 사람들 대다수는 자신들의 삶을 변화시킬 수 있는 방식에 귀를 기울이기에는 이미 너무 멀리 가 버렸습니다. 너무 늦었습니다. 설사 그들이 내생이 있다는 것을 믿는다 하더라도, 그들은 오늘과 내일을 생각하지 미래의 앞날에 대해서는 생각하지 않을 것이 분명합니다. 그리고 그들은 근본 문제들에 대해 알고 싶어하지 않습니다. 그들은 의식주와 약을 원합니다. 이 사람들은 당장의 도움을 필요로 합니다. 스님께서는 저희들이 가두의 복음 전도자가 되어 지나가는 사람들에게 불법을 설교해야 한다고 말씀하시는 겁니까?

스님 아닙니다. 전도를 해서는 안 됩니다. 그것은 불교적 방식이 아닙니다. 그것은 더 많은 문제를 야기할 뿐입니다—여러분에게, 남들에게 그리고 불교 일반에 대해서 말입니다. 최선의 방법은 불법을 실천하는 것입니다. 불법에 따라 살면 설교를 할 필요가 없습니다. 그것이 여러분에게서 자연히 흘러나올 것입니다. 베풀 마음이 있으면 베풂이 자연히 나올 것이고, 여러분과 인연이 있는 사람들은 이익을 얻을 것입니다. 이것이 최고 수준의 도움주기입니다. 전도를 할 필요가 없습니다. 불법에 따라서 살면 사람들이 여러분을 찾아올 것입니다.

질문 다른 측면은 어떻습니까? 우리가 먹고 먹히는 경쟁 사업을 하고 있다고 가정해 보십시다. 다른 사업체들과의 경쟁에서는 어떻게 해야 합니까? 경쟁에서는 이겨야 합니다. 그렇게 되면 경쟁자들에게 고통을 초래하지 않습니까? 그러나 만약 경쟁자들을 도와주면 그것은 자신의 직업이나 사업을 잃는 것을 의미합니다. 그런 상황에서는 어떻게 행동해야 합니까?

스님 정직한 경쟁은 반드시 나쁜 것은 아닙니다. 그것은 여러분의 태도에 달렸습니다. 어떤 방식으로 경쟁합니까? 올바른 태도는 앞으로 나아가려고 노력하고, 동시에 여러분의 경쟁상대도 앞으로 나아가기를 바라는 것입니다. 그것은 수영대회와 같습니다. 나는 나대로 수영하고 너는 너대로 수영합니다. 상대방을 때려죽이고 나서 앞으로 나아가려고 하지는 않습니다. 우리는 진정한 경쟁의 정신을 고무합니다. 이것은 건강한 것이며, 우리가 더 높은 수준에서 해낼 수 있도록 고무합니다.

각자가 서로에게 자극을 주는 환경은 건강합니다. 어떤 경쟁 분야에서도 어떤 사람은 앞서고 어떤 사람은 뒤처지기 마련입니다. 어쩔 수 없이 어떤 사람들은 너무 뒤처져서 계속 경쟁할 수가 없게 됩니다. 그럴 때 그 경쟁 분야는 그들이 나설 곳이 아닙니다. 다른 분야로 바꾸어야겠지요. 그것은 여러분의 잘못도 아니고 여러분이 신경 쓸 일도 아닙니다. 한 영역에서 실패하는 사람들도 살아남을 것이고, 다른 영역에서 성공할 수도 있습니다.

만일 여러분이 먹고 먹히는 혹은 비윤리적인 사업에 종사하고 있다면, 직업을 바꾸는 것을 고려해 봐야 합니다. 올바른 생업正命은 팔정도의 하나입니다. 생업은 여러분의 불법에 대한 관점에 부합해야 합니다.

질문 늘 중생들의 이익과 복지를 생각하려고 애쓰는 것은 큰 부담인 것 같습니다. 그런 태도 자체가 하나의 번뇌가 되지 않겠습니까?

스님 불법의 가르침, 특히 인연의 원리를 이해하는 사람에게는 그것이 부담이나 번뇌가 되지 않을 것입니다. 여러분이 남들을 도우려고 할 때는, 중생들은 그들 나름의 인연, 그들 나름의 공덕, 그들 나름의 업을 가지고 있다는 것을 기억하십시오. 그것을 여러분이 바꿀 수는 없습니다. 다른 사람의 업을 대신 받을 수는 없습니다.

예를 들어, 두 달 전에 우리 일행 약 80명이 인도에 갔습니다. 일행 중의 한 노부인은 물소에 받혀 다리가 부러졌습니다. 그런 핸디캡에도 불구하고 그녀는 계속 일행과 함께 다니겠다고 고집했습니다. "죽는 한이 있어도 가고 싶어요!"라면서 말입니다.

제가 말했습니다. "정말 돌아가시고 싶다면 대만에서 돌아가시는 편이 더 낫습니다. 저희랑 함께 가시면 일행 전체가 힘들어질 것입니다. 당신은 불자시니 업을 이해하셔야지요. 당신이 물소에게 받혔다는 것은 전생에 그 물소에게 어떤 빚을 졌다는 의미일 수 있습니다. 어쩌면 목숨을 내놓아야 했을지도 모르고 말입니다. 그러나 성지순례를 하던 중이었기 때문에 다리만 부러졌습니다. 그것은 당신의 업입니다. 만일 계속 함께 다니겠다고 고집하시면 일행 전체에게 부담이 될 것이고, 더 많은 악업을 짓게 될 뿐입니다." 이 말을 듣자 그녀는 대만으로 돌아가기로 마음먹었습니다.

중요한 것은 '노력한다' 는 것입니다. 물론 남들에게 해를 끼치는 일을 해서는 안 되지만, 자신이 할 수 있다면 어떤 방식으로든 도우려고 노력해야 합니다. 참으로 그들을 돕게 될지 여부는 별개의 문제이고, 그것은 정말이지 여러분이 걱정할 문제가 아닙니다.

질문 언제나 자비로우려고 노력하는 것은 심적인 부담이 될 수 있습니다. 특히 그것을 순간순간 머리 속에 집어넣으며 강조해야 할 때는 말입니다. 그것이 우리의 다른 모든 생각·말·행동을 끊어 놓지 않겠습니까? 우리가 늘 다른 사람들에 대해 생각할 수 있습니까? 화장실에 앉아 있을 때도 말입니까? 그것은 억압적인 것일 수 있습니다. 그에 대해 생각할 수 있는 다른 방식은 없습니까?

스님 그대는 제가 아까 말한 것을 잊어버리고 있습니다. 여러분이 긴장되거나, 피로해지거나, 비참한 느낌이 들게 하는 어떤 일도 하지 마십시오. 만일 계속 자기 자신을 채찍질한다면, 다른 사람들에게나 여러분 자신에게 아무 쓸모없는 사람이 될 것입니다. 가능한 한 자각을 유지하십시오. 좌선을 버팀목이 되는 규율로 삼고 불법을 지침으로 삼으면, 자비심이 자연히 증장될 것입니다. 할 수 있는 최선을 다하되 너무 세게 밀어붙이지는 마십시오.

질문 깨닫지는 못했지만 마치 카메라나 거울처럼, 일상 활동을 해나가면서 무분별심의 방식으로 세계를 지각할 수도 있습니까?

스님 직각심直覺心이 있고 무분별심이 있습니다. 깨닫지 못한 사람들도 정도의 차이는 있지만 나름의 직관에 의존합니다. 즉, 사고 과정에 별로 의존함이 없이 직접적인 방식으로 알고, 말하고, 행위합니다. 진정한 무분별심에는 번뇌가 없지만, 직각심에서는 여전히 번뇌가 일어날 수 있습니다. 직각심은 좌선에 의해 배양하고 강화할 수 있습니다. 그것은 깨달음은 아니지만 좋은 마음 상태입니다.

20. 수행에 대한 견해가 수행보다 중요한가?

질문 저는 이런 선 격언을 들은 적이 있습니다. "수행은 물론 중요하지만 수행에 대한 견해가 더 중요하다." 이것은 제가 선에 대해 이제까지 들었던 모든 것과 모순되는 것 같습니다. 선에서는 에고와 주관적 견해를 놓아 버리라고 말합니다. 제가 가지고 있을 수 있는 어떤 견해도 주관적일 수밖에 없고, 따라서 진리에 대한 하나의 왜곡입니다. 그것은 또 하나의 장애가 됩니다.

또 그 사람이 무엇을 수행하거나 신앙하든, 체험은 체험 아닙니까? 에고가 사라진다면 그 에고는 사라지는 것입니다. 그 사람이 무신론자든, 불교도든, 기독교인이든, 힌두든, 유대인이든, 무슬림이든, 뭐가 됐든 무슨 상관 있습니까? 만일 불교도들만 에고가 떨어져 나가는 체험을 할 수 있다고 말한다면, 그것은 자기가 제일이라는 태도 아닙니까?

스님 그 구절은 "견지를 귀하게 여기지, 행리는 귀하게 여기지 않는다"[*]는 구절을 달리 표현한 것입니다. '견지'를 '견해'라는 말로 대체하면 안 됩니다. 왜냐하면 견해는 우리가 배운 것에서 나올 수 있는 것이기

---

[*] (역주) '貴見地, 不貴行履.' 위산 스님이 앙산 스님에게 "그대의 안목이 바름을 귀하게 여길 뿐, 그대의 행리는 말하지 않겠다(祇貴子眼正, 不說子行履)"고 한 데서 유래한 표현. '견지'는 견처見處 또는 깨달은 안목을, '행리'는 행위나 살아가는 모습을 뜻한다.

때문입니다. 이 어구는 우리의 체험에서 직접 나오는 것들을 가리킵니다. 『법화경』에 이런 말이 있습니다. "부처의 지견知見을 열어주고, 부처의 지견을 드러내며, 부처의 지견을 깨닫고, 부처의 지견에 들어간다."*
부처가 지견知見하는 것은 공空, 무색無色, 무집착, 무상無相입니다.

그 구절은 이렇게 해석해야 합니다. "지견이 행위보다 더 중요하다." 그리고 '지견'은 특히 부처의 지견을 가리킵니다. 수행자는 이것과 어떻게 관계됩니까? 첫 번째는 깨달음을 체험하고 부처의 지견에 들어간 사람의 경우입니다. 우리가 보는 것이 실제로 부처님이 보는 거라는 것을 정말 어떻게 압니까? 그 체험을 부처님의 가르침, 곧 경전에 비추어 가늠해 봐야 합니다. 부지런히 수행하고, 경전을 공부하고, 계율을 지키는 것은 '행리'에 속합니다. 이 경우, 행리는 지견만큼 중요하지 않습니다. 만약 그 체험이 진정한 깨달음이 아니라면, 우리는 부처님이 알거나 보는 것을 알지 못하고 보지 못합니다.

만일 우리가 자격 있는 훌륭한 스승을 가지고 있다면, 적절한 지도를 받기 위해 반드시 경전을 읽어야 할 필요는 없습니다. 그런 스승은 그 체험이 진짜인지 가짜인지, 얕은지 깊은지 판정해 줄 수 있겠지요. 만일 그것이 깨달음이 아니면 스승은 우리의 문제나 우리가 걸려 있는 곳—장애나 집착—을 직접 지적해 줄 수 있습니다.

그 격언은 사람들에게 수행을 그만두라는 뜻이 아니고, 수행은 중요하지만 부처의 지견이 더욱 더 중요하다고 하는 것입니다. 부처님의 체험에 의한 지도 없이는 사람들이 불법을 올바르게 수행하지 못하고 외도

---

* (역주) '開佛知見, 示佛知見, 悟佛知見, 入佛知見.' 소위 '開·示·悟·入'의 '四佛知見'으로, 『妙法蓮華經』, 卷第一에서 '諸佛世尊, 欲令衆生開佛知見, 使得淸淨故, 出現於世; 欲示衆生佛之知見故, 出現於世; 欲令衆生悟佛知見故, 出現於世; 欲令衆生入佛知見道故, 出現於世.'라고 했다.

의 가르침을 수행하겠지요. 그래서 수행자들은 깨달음을 얻기 전에 부처의 지견에 의한 지도를 필요로 합니다. 깨닫고 난 뒤에도 그들은 여전히 자신의 체험을 부처님의 가르침에 비추어 점검하여 그 체험이 참으로 부처의 지견에 부합하는지 살펴볼 필요가 있습니다.

여러분이 부처의 지견을 지적으로 파악했다면, 실제로 깨닫지는 못했다 하더라도 최소한 잘못된 길로 가지는 않을 것입니다. 여러분은 심지어 다른 사람들의 수행을 지도해 줄 수도 있습니다. 다만 누군가가 깨달았는지 여부는 확인해 줄 수 없겠지요. 최소한 여러분은 사람들이 올바른 수행의 길을 가도록 도와줄 수 있습니다. 반면에 만일 어떤 스승이 깨닫지 못하고 부처의 지견을 개념적으로도 이해하지 못하고 있다면, 그는 외도를 수행하면서 다른 사람들도 그렇게 하도록 이끌 공산이 큽니다. 사람들은 흔히 어떤 집착이나 기대를 마음속에 지닌 채 수행합니다. 뭔가 얻을 것이 있을 거라는 관념 말입니다. 이것은 문제를 야기할 수 있습니다.

이러한 관점에서 저는, 타종교 수행자들은 그들의 체험이 아무리 깊다 해도 부처의 지견에 의한 인도引導가 없어 부처님의 깨달음을 체험하지는 못한다고 말합니다. 그런 사람들은 어떤 영원하고 무소 부재한 전체성에 대한 관념이나 그에 대한 어떤 집착을 여전히 가지고 있습니다. 그것을 하느님이라 하든 뭐라 하든 그것은 중요하지 않습니다. 그것은 부처의 지견이 아닙니다.

전체성을 체험하는 것조차도 극히 어려운 것이고, 그것은 진보의 한 표지입니다. 불교도들을 포함한 많은 수행자들은 이런 성격의 얕은 체험들을 가지고 있습니다. 그들은 경안輕安이나 평화를 느낍니다. 그리고 자신이 자아중심에서 벗어났다고 믿을 수도 있습니다. 그러나 그들은 여전히 집착을 가지고 있습니다. 그래서 우리가 좋은 스승의 인도를 필요로 하는 것입니다.

그런 체험은 사실 초보적인 성취의 수준에 상응하지만, 많은 수행자들은 그 체험을 (상당한 것으로) 오해합니다. 예를 들어, 소승의 전통에서는 네 수준의 과위果位가 있습니다. 그 중 첫 번째 과위는 수다원須陀洹(srotapanna), 즉 깨달음의 '흐름'에는 들어갔지만 아직은 집착이 있는 '입류入流'이고, 네 번째 과위는 윤회에서 해탈한 아라한입니다. 그러나 이 네 과위 이전에도 네 가지 예비적 수준이 있습니다. 난暖, 정頂, 인忍, 세제일世第一이 그것입니다. 이 네 수준에 도달한 뒤에야 소승의 네 과위에 들 수 있습니다. 선 수행자들을 포함한 많은 수행자들은 자신이 이미 깨달았다고 생각하지만, 실은 첫 번째 단계인 난위暖位에 도달한 것일 뿐입니다.

질문 불교 밖에서 수행해도 무아를 깨닫는 것이 가능합니까?

스님 아닙니다. 어떠한 비불교적 길을 선택한다 해도 마음속에는 여전히 어떤 집착이나 기대가 있을 것입니다.

질문 그런 사람이 무엇을 얻는다는 생각 없이 수행할 수는 없습니까?

스님 가능합니다. 그런 사람은 연각緣覺(pratyekabuddha), 즉 부처님의 가르침 없이 깨달은 사람이라고 불리겠지요. 그러나 경전에서는 불법이 없는 세상에서만 연각이 될 수 있다고 합니다.

질문 스님께서는 얕은 깨달음과 깊은 깨달음을 말씀하십니다. 스님께서 체험들을 말씀하실 때, 그것은 전적으로 무아를 체험하는 것을 가리킵니까?

스님 반드시 그런 것은 아닙니다. 만일 제가 선의 깨달음에 대해 이야기한다면, 그것은 무아의 체험에 대해 이야기하는 것입니다. 그러나 저는 많은 영적인 그리고 비非영적인 전통의 체험들을 이야기할 때도 깨달음이라는 말을 종종 사용합니다. 여러 전통의 많은 사람들이 종종 큰 전체성의 체험을 얻기도 합니다. 그런 것도 깨달음의 체험으로 볼 수 있지만, 무아의 체험은 아닙니다.

얕은 선 체험은 잠깐 지속될 것이고, 깊은 체험은 더 오래 지속되겠지요. 또한 깊은 체험을 하는 사람은 공空을 더 분명하게 보며 공에 대한 그의 느낌이 확고한 반면에, 얕은 체험을 하는 사람에게는 그것이 분명하거나 확고하지 않습니다. 가장 깊은 깨달음은 공空만을 보는 것이 아니라, 사실 공 한가운데 있을 때입니다. 깨달음 체험의 단계들은 어떤 사람이 와인을 마시는 경험이 점점 깊어지는 것에 비유할 수 있습니다. 첫 번째 단계는 와인을 한 번도 보거나 맛보지 못한 사람입니다. 그 다음 단계에서는 그 사람이 와인을 보았고 그것이 어떤 모습인지 알지만 아직 맛을 보지 못했습니다. 그 다음은, 그가 그것을 맛보고 그 향을 압니다. 나중에는 만일 관심이 있다면 다른 맛도 보고 싶어 할 수 있고, 한 잔을 통째로 마시고 싶어할 수도 있습니다. 마지막은 그 사람이 와인 통 속으로 뛰어드는 것입니다. 이 시점에서는 와인과 사람의 구분이 없습니다. 더 이상 목이 마르다고 이야기할 것도 없습니다.

질문 불법을 모르는 사람이 무아를 체험할 수도 있습니까? 그 체험은 하지만, 그들의 배경(종교적 전통)이 다르기 때문에 그것을 다르게 해석할 수도 있습니까? 어쩌면 그들은 그것을 하느님이나 전체성으로 보겠지만 말입니다.

스님 그런 사람들이 진정한 무아의 체험을 하기는 불가능합니다. 무아를 체험하는 사람은 부처의 지견에 들어갑니다. 그런 사람은 그것을 하느님이나 전체성으로 해석하거나 설명하지 않겠지요.

질문 수행은 전혀 한 적이 없고 늘 힘든 삶을 겪기만 했던 한 여성에 대한 일화를 읽은 적이 있습니다. 그녀의 마음속에서 저절로 일어난 의문이 있었는데, 그것은 "나는 누구인가?"였습니다. 거기서 그녀는 어떤 체험을 했고, 그것이 자신과 세계에 대한 그녀의 관점을 바꾸어 놓았습니다. 얼마 후 그녀는 선불교에 관한 책을 몇 권 읽고 자신의 체험과 선 사이에 관련성이 있다는 것을 알았습니다. 그래서 한 선사를 찾아가 이야기했고, 선사는 그녀의 체험을 인가했습니다.

스님 만일 상황이 그대가 이야기한 대로이고 자격 있는 선사가 그녀의 체험을 인가했다면, 그것은 그녀는 연각과 같은 사람이라는 것을 의미하겠지요. 왜냐하면 그녀는 공에 대한 아무런 사전 개념이 없었기 때문입니다. 반면에 만일 그 선사가 그녀에게 더 수행하도록 권하고 그녀를 지도하여 그녀가 더 많은 것을 체험했다면, 그 또한 이해할 만한 일입니다.

제가 아는 한 미국인은 25년 전에 어떤 체험을 했습니다. 그는 한 스승을 찾아갔고, 그의 체험은 인가를 받았습니다. 10년 뒤 그는 자신의 문제들 중 해결되지 않은 것이 있다고 느껴 다른 스승을 찾아갔고, 그의 과거 체험은 다시 인가를 받았습니다. 또 15년이 지났지만 그는 여전히 만족하지 못했습니다. 그는 어느 수행 센터의 법사였는데, 그곳을 떠나 저를 찾아왔습니다. 저는 그에게 그의 이해에는 어떤 문제가 있다고 말했습니다. 그는 어쩌면 올바른 체험을 했고 그것은 좋은 일이었겠지만, 그가 그 기억에 집착하고 있는 것이라고 말해주었습니다. 만일 어떤 사람이 오래 전의 체험에 대한 기억을 붙들고 있다면 그것은 문제입니다. 저는 이 사람에게 열심히 수행하고, 어떤 체험을 하더라도 거기에 대해 "쓸모없다"고 말하라고 했습니다. 그가 그렇게 수행하여 나중에 지도가 필요하다면 제가 기꺼이 도와줄 것입니다.

그대가 이야기하는 그 여성은 열린 마음을 가졌고 유연했으며, 자신의 체험에 대해 집착이 없었습니다. 따라서 그녀는 최초의 그 체험 이후에도 원만하게 수행할 수 있었을 것입니다. 그러나 이 남자 분은 기대를 가지고 있었고, 그래서 문제가 있었습니다.

질문 선종에는 진정한 무아 체험을 했지만 나중에 여전히 많은 문제에 봉착했던 사람들의 사례가 무수히 있습니다. 그것은 그 최초의 체험이 진정한 체험이 아니었다는 말입니까?

스님 아닙니다. 그런 체험들은 진정한 체험이었을 가능성이 큽니다. 좋은 스승은 그런 체험들의 진정성을 확인하고, 그런 사람들이 더 깊은 선 체험을 할 수 있도록 도와줄 수 있겠지요. 그러나 어떤 보장도 없습니다. 어떤 사람의 수행은 미끄러질 수도 있습니다. 어쩌면 스승과 제자 간의 인연이 없을 수도 있습니다. 원인은 얼마든지 있을 수 있지요. 무아를 체험하는 사람도 퇴보할 수 있습니다. 그 미국인 법사의 경우가 정확히 그런 사례입니다. 그는 어느 스승이 인가해 준 체험을 했으나 나중에 여전히 문제를 안고 있었습니다. 그는 저와 인연이 있는지 살펴보려고 저를 찾아왔지만, 저는 별 인연이 없다고 느꼈습니다. 그래서 그에게 한 가지 방법을 일러주고 예전 스승에게 돌아가라고 권했습니다.

질문 스님께서는, 무아의 체험을 하기 위해서는 선에 대한 이해가 있어야 하고, 자격 있는 스승을 가지고 있어야 한다고 말씀하셨습니다. 그 여성의 경우에, 만약 그녀가 전생에 불교 승려였거나 깊은 체험을 한 사람이었는데, 금생에 마침내 인연이 어우러져 깨달음 체험을 하게 되었다면 어떻습니까?

스님 설사 전생에 수행을 했다 하더라도 금생에는 여전히 스승과 가르침이 필요합니다. 그러나 전생에 수행을 잘했다면 아마도 진보가 더 빠르겠지요. 혜능은 6조가 되기 전에 공양간에서 일하는 행자였습니다. 그는 선근이 깊었기 때문에 『금강경』 한 구절을 듣자 단박에 깨달았지만, 5조五祖를 자신의 스승으로 여기고 지도를 받기 위해 그를 찾아갔습니다. 그러나 그가 들었던 것은 보통의 책에 있는 구절이 아니라 순수한 불법이었습니다.

혹자는 주장할 수도 있겠지요. 불법을 전혀 들어 보지 못한 사람은 불법이 없는 세계에 살고 있는 셈이고, 그래서 (무아를 체험했다면) 그는 실은 연각이라고 말입니다. 만일 그렇다면 이 사람이 성취한 것을 어떻게 가늠하겠습니까? 우리는 불교적 기준을 사용하여 불교적 성취 수준을 가늠합니다. 만일 그런 사람이 자신은 불교적 기준에서 깨달았다고 주장한다면, 그는 깨닫지 못했을 가능성이 큽니다. 부처님 시대 이래로 학자, 지도자, 철인哲人 등 많은 사람이 어떤 체험을 얻고 나서 자신은 불교적 의미에서 깨달았다고 주장했습니다. 아마 그들은 착각했을 것입니다. 불법의 원리에 비추어 그들의 체험을 판단해야 합니다. 실은 불교의 어떤 측면들은 다른 모든 종교와 다릅니다. 따라서 불법에 대한 분명한 이해가 없는 사람들은 불교적 깨달음의 체험을 하지 못할 것입니다.

질문 스님께서는 불법에 대한 올바른 이해를 가진 사람은 깨달음의 체험 없이도 다른 사람들의 수행을 지도할 수 있다고 말씀하셨습니다. 그 이해에 수반되는 체험 없이 과연 올바른 이해를 가지고 있는지를 어떻게 압니까?

스님 만약 여러분이 좋은 스승을 가지고 있고 진지한 수행자라면 불법의 많은 원리에 친숙할 수밖에 없습니다. 불교의 많은 부분은 이해하고 전달하기에 그리 어렵지 않습니다. 또한 여러분은 적절한 문헌을 통해서 불법에 대한 건전한 지적 이해를 발전시킬 수 있습니다. 그런 지식으로 무장하면 초보적 수준에서 다른 사람들을 가르칠 수 있습니다. 그러나 큰 문제들을 다루어서는 안 됩니다. 분명히—그리고 가장 중요한 점이지만—여러분은 다른 사람의 깨달음의 체험 여부를 인가하거나 부인할 능력이 없습니다. 저는 또한 여러분이 불교에 대해 다른 사람들을 가르치거나 다른 사람들의 좌선을 이끌고 싶다면, 먼저 여러분의 스승에게서 허락을 받아야 한다는 점을 강조해야겠습니다. 이것은 재가 수행자든 출가자든 모두에게 해당됩니다.

　사람들이 자기 나름의 종교적 체험을 가지고 경전을 설명하거나 해석할 때 문제가 발생합니다. 그것은 올바른 순서를 거꾸로 한 것이고, 위험합니다. 자기 나름의 체험을 가지고 경전을 해석하면 안 되고, 경전을 가지고 자신의 체험을 해석해야 합니다. 사람들이 자기 나름의 체험을 가지고 경전을 해석하면 문제가 생길 것입니다. 그래서 가장 좋은 것은 자격 있는 좋은 스승 곁에서 공부하는 것입니다.

21. 지성은 수행에 장애인가?

질문 우리는 선사들이 지성(intelligence)의 과시를 경멸한다는 이야기를 종종 읽습니다. 대혜大慧 선사(1089~1163)는 학자들을 놀렸고, 현대의 스즈키 슌류 선사는 "전문가(구참 수행자)의 마음에는 별 가능성이 없지만, 초심자의 마음은 무한하다"고 말했습니다. 다른 한편 선 수행을 하는 많은 서양인들은 처음에 불교철학의 지적인 풍요로움에 매료됩니다. 여기에 어떤 모순이 있습니까?

스님 불교의 가장 초기였다 해도 진정한 선 수행자로서 아둔한 사람이 과연 있었을지 저는 의문입니다. 또한 맹목적으로 선 수행의 길에 들어선 사람이 한 명이라도 있었을지 의문입니다. 대다수 사람은 합리적인 판단의 결과로 선을 수행합니다. 더욱이 선은 지적인 학문을 희생하고 순전히 좌선 수행만 할 것을 강조하지는 않습니다. 만일 좌선을 하면서도 왜 좌선을 하는지 모른다면, 기껏해야 그 수행은 기초가 없는 빈껍데기가 될 것입니다.

선에서는 좌선에서 얻는 개인적 체험을 강조하지만, 선 수행과 원리에 대한 올바른 이해를 갖는 것도 중요합니다. 불법을 이해하지 못하는 사람은 수행에서 적은 이익밖에 얻지 못할 것입니다. 그것은 심지어 해로울 수도 있습니다. 이런 이유만으로도 선은 지성에 반대하지 않습니다. 그러나 문제는 왜 선사들이 늘 지성과 학문을 폄하하는 것처럼 보이느냐 하는 것입니다.

선사들은 지성과 학문을 인정하지만, 그것을 초월해야 한다고 가르쳤습니다. 지적인 지식은 구경의 진리가 아닙니다. 선에서 이야기하는 깨달은 상태는 사고, 언어, 상징을 넘어서 있습니다. 그것은 묘사할 수 없고, 연역적 추리로 이해할 수 없습니다. 궁극적으로 사고와 언어는 상징에 기초한 인위적 구성물입니다. 말 그대로, 상징은 그것이 상징하는 그 사물이 아닙니다. 따라서 상징들은 깨달음을 설명하거나 파악할 수 없고, 오로지 상징만으로는 우리가 깨달음에 도달할 수 없습니다. 상징을 가지고 우리 주위의 세계를 설명하기도 어려운데, 하물며 깨달음을 성취하는 수단이 못 될 것은 말할 것도 없습니다. 게다가 각자 세계를 보는 방식이 다릅니다. 자기 나름의 경험과 이해를 가지고 보기 때문입니다. 선사들은 제자들에게, 깨달음은 순전히 지적인 방식으로는 도달하거나, 묘사하거나, 상상할 수 없다는 점을 일깨워주어야 합니다. 언어든 사고든 상징이든 어떤 방식으로도 말입니다. 보통의 말로는 불충분합니다. 석가모니 부처님의 말씀을 인용하는 것만으로는 불충분하고, 조사들의 말과 언구에 의지하는 것도 불충분합니다. 그런 묘사들은 깨달음 그 자체의 실상이 아닙니다.

선사들은 제자들에게 모든 개념을 뒤로하여 깨달음을 스스로 '직접' 체험할 수 있도록 하라고 가르칩니다. 대다수 사람들은 이러한 설명을 지적으로 받아들일 수 있습니다. 이 또한 선이 합리적 접근방법이라는 것을 잘 보여줍니다.

저는 선의 철학에 대한 여러분의 지적인 욕구를 자극할 수 있지만, 여러분이 진지하게 수행할 때는 지식과 지성에 의존할 수 없습니다. 선을 올바르게 수행하면서 동시에 기존의 관념에 집착하기는 불가능합니다.

이런 저런 말들을 성찰할 수도 없고, '내가 과연 깨달음을 맛보았나' 하면서 자신이 한 체험에 대해 생각할 수도 없습니다. 깨달음을 체험하는 유일한 방도는 일체를 뒤로하는 것입니다. 사실 일체를 뒤로하는 것 자체가 깨달음입니다. 여전히 집착할 어떤 것이 있다면 깨달을 수 없습니다. 지성, 사고, 말, 언어는 단 한 순간도 뛰어넘기 힘든 집착입니다. 그런 것들을 뒤로할 수 없으면 그것들이 수행의 장애가 됩니다.

아이러니컬하게도 깨달은 존재들은 추론, 지성, 언어를 사용하여 다른 사람들의 수행을 돕습니다. 선 수행의 이익을 전달해 주기 위해서 그들은 지식과 경험에 기초한 도구들을 사용합니다. 수행을 하기 전에는 학문, 지식, 경험이 필요합니다. 여러분이 지성적이면 지성적일수록 좋습니다. 깨닫고 난 뒤에는 다시 지식과 경험이 필요합니다. 그러나 실제 수행 도중에는 학문이 거의 쓸모가 없습니다.

선종의 조사들 대부분은 학식이 있고 지성적이었습니다. 깨닫기 전에는 그들이 세간적인 지성밖에 가지고 있지 않았습니다. 그러나 깨달은 뒤에는 참된 지혜를 보유했습니다. 깨닫기 전의 지성은 집착이 있는 지성입니다. 지혜는 집착이 없는 지성입니다.

질문 제가 듣기로 일부 힌두 전통에서는 명상이 2차적이고 보조적인 수행인 반면, 경전에 대한 지적인 공부와 토론이 더 수승한 행법으로 간주됩니다.

스님 불교에도 그런 전통들이 있습니다. 현장玄奘 스님(600~664)이 7세기에 인도에 경론을 수집하러 가서 보니 불교에 양대 전통, 즉 유식학파와 중관학파가 있었습니다. 이들 전통의 스승과 제자들은 부단히 불법에 관한 토론을 했습니다. 사실 그들은 고대의 불교 논리학을 탐색의 도구로 삼아 불교철학의 상세한 지적 분석을 하느라고 시간을 다 보냈습니다. 연구와 토론을 하면 할수록 그들의 마음은 더 명료해졌고, 그러다

마침내 모든 불교 개념과 원리를 분명하고 완전하게 이해하기에 이르렀습니다. 당연한 것이지만, 그런 엄격한 훈련을 통해 그들의 번뇌도 경감되었습니다.

그러나 어떤 의미에서 이런 유형의 수행은 엘리트주의적입니다. 토론과 연구를 늘 할 수 있는 곳에 산다면 그렇게 하기가 쉽습니다. 사찰은 그런 수행을 하기에 좋습니다. 시간이 많고, 많은 동료 수행자들도 비슷한 열망을 가지고 있으며, 방해하고 유혹하는 요인이 적습니다. 재가 수행자들은 그렇게 할 수 없습니다. 다른 책임들이 있기 때문입니다. 학자들만이 그러한 수행을 할 수 있는 시설, 욕망 그리고 시간을 가질 수 있겠지요. 일반인에게는 적합지 않습니다.

제가 아는 대만의 한 스님은 전혀 좌선을 하지 않습니다. 한번은 제가 물었습니다. "스님은 어떤 수행 법문(방법)을 가지고 있습니까?" 그가 대답했습니다. "수행이라니 무슨 말씀이십니까? 저는 불법을 읽고, 불법에 대해 글을 쓰고, 불법에 대해 생각하느라고 시간을 다 보냅니다. 저는 평생을 불법 속에서 보내고 있습니다. 저에게 달리 어떤 수행이 필요합니까?" 그에게는 그 답이 '전혀 필요없다' 입니다. 그는 불법을 명료하게 이해하고 있고, 그래서 좌선 수행을 할 필요를 느끼지 못하는 것입니다. 그의 길은 선의 길과 사뭇 다릅니다.

만일 사람들이 지적인 길을 추구하면서 좌선을 하지 않으면, 수행의 영적인 체험을 하지 못합니다. 그런 체험은 몸과 마음에 직접 영향을 주는데도 말입니다. 지적인 자극은 마음의 활동에만 관계됩니다. 사람들은 좌선에서 오는 생리적인, 그리고 직접적인 심적 이익을 잃게 될 것입니다. 힌두 전통조차도 좌선을 완전히 무시하지는 않고, 그것을 하나의 보조적인 수행으로 받아들입니다.

더욱이 여러분이 지성적이라고 해서 논리학과 연역적 추리의 기술에

능하다거나 그런 훈련을 받았다고 할 수는 없습니다. 학자가 아닌 사람은 아마도 치열한 분석을 수반하는 수행에 적합하지 않겠지요. 반면에 선의 방법들은 누구나 수행할 수 있습니다. 선 수행은 합리적이지만 학자적 기술을 요하지는 않습니다. 만일 그런 기술을 요한다면 선 수행자들이 그리 많지 않겠지요. 책을 한 권도 읽어 보지 않은 사람도 선은 수행할 수 있습니다.

질문 스님께서 이야기하신 그 스님이 불법에 대해 완벽하게 명료한 이해를 가지고 있다고 말씀하셨는데, 그것은 깨달은 것과 같습니까?

스님 그것은 그의 마음 상태 나름입니다. 만일 그가 마음속에 아무런 장애나 집착을 가지고 있지 않다면 그는 깨달은 것입니다. 만일 여전히 집착이 있다면 기껏해야 지적으로 깨달음을 이해하는 것뿐입니다. 그것은 참된 깨달음이 아닙니다. 그러나 불법에 접근하는 길은 무수히 많습니다. 논리적 탐색에 기초한 어떤 방법을 가차 없이 계속해 나가서 연역적인 습관 자체를 포함한 모든 집착이 떨어져 나간다면, 마치 선의 방법들을 통해 깨달음을 얻듯이 깨달음을 체험할 것입니다. 우리는 추리와 변증辨證을 통해 일정 수준의 지적인 깨달음에 도달할 수 있지만, 만일 아직 집착이 있다면 그것은 선의 깨달음은 아닙니다.

한번은 두 명의 티베트 라마승이 토론을 하고 있었습니다. 마침내 젊은 라마가 마지막 말을 하고 나자 연장자인 라마가 미소를 지었습니다. 그것을 보자 젊은 라마가 웃었습니다. 누가 이겼습니까? 여러분은 그곳에 있지 않았으니 결코 알 수 없겠지요. 그리고 설사 그곳에 있었다 해도 집착심을 가지고 그것을 보았다면 누가 토론에서 이겼는지 모를 것입니다. 어쩌면 젊은 라마가 이겼을 것이고, 어쩌면 연장자인 라마의 침묵이 진짜 답변이었는지도 모릅니다. 여러분이 깨달아야만 누가 이겼는지 알 것입니다.

질문 루콴위陸寬昱(Charles Luk)*는 깊은 수행을 하고 있는 어떤 사람을 둔하고 심지어 어리석다고까지 표현했습니다. 그 사람의 정상적인 지적 능력이 수행으로 인해 손상되었던 것 같습니다. 루콴위의 말에 비추어 볼 때, 그것은 진지한 수행자들 사이에서 일반적 현상인 듯했습니다. 맞습니까? 깨달음은 이 둔한 지적 능력 같은 것입니까?

스님 불교에 유명한 말이 있습니다. "처음에는 산은 산이고 물은 물이다. 그 다음은 산은 산이 아니고 물은 물이 아니다. 마지막에는, 다시 산은 산이고 물은 물이다." 이것은 수행의 세 단계를 묘사합니다.

첫째 단계에서는, 수행을 하기 전이나 막 시작했을 때 수행자들이 지성을 가지고 있지만, 집착심을 가지고 분별합니다. 그들은 산은 산이고 물은 물이라는 것을 압니다. 두 번째 단계는 부지런히, 깊이 수행하고 있는 사람들을 가리킵니다. 그들이 이것과 저것을 늘 분명하게 구별할 수 있는 것은 아니고, 외부의 관찰자에게는 정말 둔하고 어리석게 보일 수 있습니다. 세 번째 단계는 깨달음을 묘사하며, 다시 한 번 수행자들은 이것과 저것을 분명하게 구별합니다. 첫째 단계와 셋째 단계의 차이는, 첫째 단계에서는 사람들에게 자아감이 있다는 것입니다. 셋째 단계에서는 더 이상 자아에 대한 집착이 없습니다. 루콴위는 두 번째 단계의 수행을 묘사한 것입니다.

깨달음은 지성에 장애가 아닙니다. 사실 그것은 통상 우리의 지적인 능력을 예리하게 만들어 줍니다. 그러나 지성을 수행에 이르는 유일한 도구나 안내자로 삼아 의존하는 것은 쉽게 장애가 될 수 있습니다.

---

* (역주) 허운화상의 제자, 불경번역가(1898~1978). 「능엄경」, 「유마경」, 「육조단경」, 「허운화상 자술연보」, '허운화상의 개시開示와 법어' 등을 영역했다.

22. 중국선과 일본선

질문 중국선과 일본선의 유사점과 차이점은 무엇입니까?

스님 선(Chan)은 북송北宋(960~1127) 때 중국에서 일본으로 전해졌습니다. 그것이 일본 문화에 의해 동화되고 변화되어 일본선(Zen)이 되었습니다. 선 자체도 수세기에 걸쳐 발전해 나왔다는 점을 기억해야 합니다. 당나라에서 송나라(960~1178), 송나라에서 명나라(1368~1644), 명나라에서 지금에 이르기까지 선불교에는 뚜렷한 변화가 있었습니다. 북송 때의 선은 아마도 같은 시기의 일본선과 아주 유사했겠지만, 수백 년이 지나면서 각기 서로 다른 길로 발전했습니다.

불교를 아는 대부분의 서양인들은 중국선보다 일본선에 더 친숙합니다. 일본선에는 두 개의 주요 종파가 있습니다. 중국 임제종(Linji)에서 발전한 임제종(Rinzai)과, 중국 조동종(Caodong)에서 나온 조동종(Soto)이 그것입니다. [일본에는 제3의 전승도 있는데, 황벽종(Obaku)이라고 불립니다. 이 종파는 명나라 때의 임제종에서 나왔습니다. 임제종은 북송 때와 명나라 때 사이의 수세기 동안 다소 변했기 때문에, 임제종과 황벽종은 각기 다른 특징과 가풍이 있습니다. 황벽종은 지금도 여전히 존재하지만, 일본에서는 절 한 군데밖에 남지 않았습니다.*

더 복잡한 것은, 일본 임제종에 다시 두 갈래 주요 분파가 있다는 것입니다. 그 중의 하나는 북송 때 중국에서 전해진 파이고, 본부는 교토京都의 묘심사妙心寺에 있습니다. 여기서 많은 작은 분파들이 생겨났습니다. 또 하나는 남송 말엽에 중국에서 전해진 파인데, 그 본부는 도쿄 인근 카마쿠라鎌倉의 원각사圓覺寺에 있습니다.]

 제2차 세계대전 이전과 이후의 일본선의 풍미風味에는 현저한 차이가 있습니다. 전쟁 전의 일본선은 무사도 정신을 많이 드러냈습니다. 전쟁 이후에는 이런 특색이 드러나지 않았지만, 다른 나라 선사들에 비해 일본 선사(roshi)들은 강한 개성을 드러냈습니다. 스님들이 모인 가운데서도 일본 선사를 어렵지 않게 지적해 낼 수 있었을 것입니다. 권력의 지위에 있는 일본 남자는 사무라이처럼 남을 지휘하는 성격을 갖는 것이 보통입니다. 그것은 반드시 일본 선사의 특질은 아니고 권력의 지위에 있는 일본 남자의 특질입니다. 그러나 최근에는 일본 남자들도 과거처럼 사무라이적 개성을 잘 드러내지 않습니다. 오늘날 서양에서 출현한 일본선 선사들 중에는 남자도 있고 여자도 있습니다. 분명 이 선사들은 자기 나름의 문화를 반영하는 개성을 가질 것입니다.

 반면에 중국 선사들은 의복과 외모를 제외하고는 군중 속에서 눈에 잘 띄지 않을 것입니다. 일반적으로 중국 선사들은 사납거나 강력한 개성을 가지고 있지 않습니다. 만일 중국 선사가 사납다면 그것은 그 선사 특유의 개성입니다. 선사들은 다른 사람들의 수행을 지도할 때는 일체를 장악하겠지만, 그런 행동을 일상생활 속에까지 가져가지 않을 것입니다. 선칠 중에는 선사들이 사람들을 꾸짖을지 모르나, 다른 때는 그런 행동을 보이는 일이 드뭅니다. 선당 밖에서는 그들이 평범한 삶을 살고 다른 사람과 별반 구별되지 않습니다.

---

* (역주) 황벽종의 본부는 교토京都의 萬福寺이다. 지금은 그 산하에 4백 여 사찰이 있다고 한다.

중국선의 전통에서는 일반적으로 두 가지 유형의 선사가 있습니다. 한 유형은 수행자들을 지도할 때 그들을 꾸짖고, 때로는 때리기도 합니다. 이런 선사들은 보통 임제종 전통에 속합니다. 다른 유형의 선사들은 가르칠 때 온화한 말과 방식을 사용합니다. 일반적으로 이런 선사들은 조동종 전통에 속합니다. 그러나 다시 강조하지만, 선사들은 다른 사람들의 수행을 지도할 때만 그런 행동을 보입니다.

중국의 선찰과 일본의 선찰에서 수행은 다분히 일상생활의 일부입니다. 일과 봉사는 수행의 중요한 일면입니다. 물론 좌선에 오로지 전념하는 때도 있습니다. 그럴 때는 수백 명의 스님들이 공식적으로 함께 수행할 수도 있습니다. (중국 선찰의) 선칠禪七 때는 보통 선사와의 정해진 소참小參(개인 면담) 일정이 없습니다. 어떤 수행자가 자신에게 중요한 일이 일어났다고 느끼면 개인적으로 소참을 신청할 수도 있습니다. 그렇지 않을 때는 선사가 전체 대중에게 동시에 가르침을 줍니다. 사람들이 선찰에서 몇 년을 살아도 한 번도 선사와 개인적으로 만나 이야기할 기회가 없을 수도 있습니다. 반면에 세신攝心(일본식 선찰)에서는 보통 선사들이 제자들과 매일 독참獨參(소참)을 합니다.

[선사들이 선의 가르침과 방법을 일본에 도입할 때, 당시 중국에서 유행하던 방식을 가르쳤습니다. 이 방식은 거의 변화 없이 여러 대를 내려갔습니다. 오늘날에도 일본의 선찰에는 복장과 행동에 대한 상당히 엄격하고 획일적인 규칙이 있습니다. 이 역시 일본 문화의 한 특징일 수 있습니다.]

중국의 선찰들은 수백 년 동안 수행의 겉모습과 특수한 형식에 대해 별 중점을 두지 않았습니다. 예를 들어 선찰들은 승중僧衆에게 정해진 승복이나 장삼을 지급하지 않습니다. 스님들은 각자 자기 옷을 입습니다. 물론 특별한 경우에 입는 법복이 있지만, 대부분의 경우 의복에 관해 엄격한 규칙은 없습니다. 중점은 계율을 지키는 것과 일과日課 수행을 준수하는 것에 두어집니다.

일본 선찰들과 중국 선찰들 사이에 차이가 나는 것은 지극히 당연한 일입니다. 미국 내의 중국선 센터와 일본선 센터들 간에도 마찬가지입니다. 사람들이 우리의 선 센터가 미국의 전형적인 일본선 센터와 다른 점을 본다면 그것은 놀라운 일이 아닙니다. 미국에 있는 우리 선 센터는 중국 전통 사원과도 다릅니다. 미국의 전형적인 일본 선당도 일본의 전통 선당과는 다릅니다. 이것은 정상적인 현상입니다. 왜냐하면 그런 센터는 자연히 현지 문화의 풍미를 어느 정도 지닐 것이기 때문입니다.

사실 일본의 전통 선당들은 중국의 전통 선당과 상당히 유사합니다. 전형적인 중국 선당은 통상 여러 건물 중의 하나일 뿐입니다. 우리의 이 선 센터는 건물이 두 개뿐인데, 하나는 비구니와 재가 보살들이 거주하는 숙소입니다. 그래서 모든 것을 다른 한 건물에 집어넣을 수밖에 없습니다.

전통 중국 선찰에서는 여러 동의 건물에 수천 명의 대중이 거주하기도 했습니다. 많은 대중이 대전大殿(큰 법당)이 있는 건물에 거주할 수도 있었습니다. 선당에는 백 명 남짓한 사람만 머물렀는데, 이곳은 보통 외관이 검박하고 심지어 불상도 없을 경우가 있었습니다. 일부 선 수행자들은 의식을 거행하는 대전에 아예 가지도 않았습니다.

저는 20세기 중국의 산물이고, 그래서 제가 미국에 왔을 때는 현대 중국의 풍미를 일부 가지고 왔습니다. 마찬가지로, 일본 선사들이 건립한 미국의 선 센터들은 현대 일본의 정신을 지니고 있습니다. 저는 중국선의 스타일만 전적으로 고수하지는 않습니다. 이 선 센터의 일부 요소는 일본에서 빌려 온 것입니다. 예를 들어 우리가 앉는 좌복은 일본의 전통에서 온 것입니다.

전통적으로 중국 임제종과 조동종, 그리고 일본 임제종의 수행자들은 서로 마주보고 앉습니다. 우리는 여기서 벽을 마주하고 앉는데, 이것은 일본 조동종 전통입니다. 저는 또 수행자들에게 좌선 시간 사이사이에 여러 가지 요가 동작을 하도록 합니다. 이것은 중국이나 일본의 어떤 전통에도 없는 것입니다. 그것은 그냥 제가, 스트레칭 운동이 몸에 좋고 현대의 수행자들에게 필요하다고 생각하기 때문입니다.

선칠 때 참가자 모두에게 제가 소참을 몇 번 해 주는 것도 일본선에서 따온 것입니다. 저는 선칠 도중 각 수행자와 두어 번씩 소참을 하지만, 매일 하지는 않습니다. 그 수행자의 뜻에 맡겨두는 때도 많습니다. 그 사람이 저와 이야기를 하고 싶다면, 저는 보통 열려 있습니다.

중국 선찰들은 재가 수행자들에 대해 대단히 폐쇄적입니다. 전통 선찰의 승려들은 여러 해 동안 함께 살면서 수행합니다. 선칠에 재가자들이 참가했다가 다시 돌아가 정규적인 삶과 일과를 영위하는 것을 보기는 쉽지 않습니다. 뉴욕의 우리 선 센터는 재가자들에게 열려 있고 주로 재가자들이 찾아옵니다.

미국에서 접하는 상황은 중국에서의 상황과 결코 같지 않을 것이고, 그래서 저는 가르치는 방식을 재구성하고 수정할 수밖에 없었습니다. 중국선과 일본선이 동양에서든 서양에서든 현대 문화 속에서 살아남으려면 변화하고 적응해야 합니다.

질문 선 센터에서 하는 선칠에서는 절 수행도 합니다. 이것도 일본선의 요소입니까?

스님 절은 일반적인 불교 수행입니다. 일본선에서도 절을 하지만 다른 불교 전통에서 하는 정도는 아닙니다. 일본의 사찰에서는 절 수행이 강조되지 않지만 승려들은 예불 전후에 삼배씩을 합니다. 그러나 개인적인 시간에 어떤 수행을 하느냐는 그 사람에게 달렸습니다. 선정 수행에 네 가지가 있습니다. 좌선, 경행經行, 창송唱誦, 절하기입니다. 그래서 절은 수행의 정당한 한 형식입니다.

질문 일본선의 수행자들도 느린 경행을 합니까?

스님 예, 하지만 빠른 경행은 하지 않습니다. 중국 선찰에서는 수행자들이 빨리 걷지 천천히 걷지는 않습니다. 뉴욕 선 센터에서는 우리가 두 가지 경행 방식을 다 씁니다.

그 밖에도 몇 가지 차이점이 있습니다. 일본선에서는 아미타불 염불을 하지 않는 반면, 중국 전통에서는 이것을 합니다. 이 방법은 사조 도신四祖道信(580~651) 선사가 가르친 것입니다. 오늘날은 대다수 사람들이 아미타불 염불을 하지만, 어떤 부처님의 성호를 염해도 됩니다. 송나라 때 이후로 많은 사람들이 선 수행의 일환으로 이 방법을 사용했습니다. 일본에서는 주로 정토종이 염불을 합니다.

일본선에서 사람들이 수행을 시작할 때 하는 것은 수식數息이나 화두 참구입니다. 일반적으로 일본 임제종에서는 공안과 화두의 방법을 사용합니다. 선사는 학인에게 일련의 공안이나 화두를 하나씩 차례로 주어 참구하게 합니다. 조동종에서 주로 쓰는 방법은 '지관타좌'입니다. 지관타좌를 흔히 '무방법의 방법無法之法'이라고도 합니다.

제가 초학자들을 가르칠 때는 보통 호흡 헤아리기數息나 호흡 따르기隨息를 하라고 합니다. 만일 새로 온 사람들이 화두를 오랫동안 해 왔고 잘 하고 있다면, 저는 그것을 계속하라고 말하겠지요. 사람들이 아미타불 염불에 익숙하면 그것을 계속하라고 하겠지만, 정토에 왕생하고 싶다는 마음으로 염불하지는 말라고 합니다.

선의 한 방법으로서의 염불이나 진언은 수식數息과 별반 다르지 않은데, 그 목적은 마음을 가라앉히기 위한 것입니다. 염불하는 사람이 나중에 마음이 고요하고 집중된 상태에 도달하면, "염불하는 것은 누구인가?"

하고 묻기 시작해도 됩니다. 본질적으로 염불법이 화두법으로 바뀝니다. 어떤 사람들은 염불을 화두로 바꾸면 그것은 화두법인 동시에 염불법이라고 했지만, 저는 동의하지 않습니다. 실은 그것은 선 수행입니다.

임제선 수행자들은 통상 마음을 한데 모으는 것부터 시작하며, 가장 흔히 쓰는 방법은 수식數息, 염불 혹은 화두 참구입니다. 그러나 처음에는 화두를 진언이나 염불처럼 염하게 됩니다. 그러다가 결국 화두를 성찰하여 의정을 일으킵니다. 일본 임제선 수행자들의 일반적 수행방식은 화두를 하나씩 바꾸어 가며 참구하는 것인데 반해, 중국 임제선 수행자들은 평생 동안 같은 화두를 참구할 수도 있습니다.

제 의견으로는, 화두 아닌 다른 방법으로 마음을 한데 모으기가 더 쉽습니다. 그래서 저는 초심 수행자들에게 화두로 시작하라고 하는 경우가 거의 없습니다. 화두의 목적은 의정을 일으키는 것입니다. 의정이 일어나지 않는다면 화두가 목적을 달성하지 못한 것입니다.

조동종 수행자들은 보통 수식이나 염불로 시작합니다. 그러나 그들은 그 방법을 화두로 바꾸지 않습니다. 이 수행자들은 마음이 안정되면 묵조默照를 수행하는데, 그것은 지관타좌와 유사합니다.

질문 정토 수행자들이 염불을 하여 통일심의 수준에 도달하면 그것은 선에서의 통일심 체험과 같은 것입니까?

스님 같지 않습니다. 왜냐하면 정토 수행자는 정토왕생을 추구하기 때문입니다. 추구하는 태도는 집착이 있음을 전제합니다. 만일 어떤 집착이 있는 것이라면 그것은 선의 체험이 아닙니다. 선 수행자가 염불을 할 때는 어떤 욕망의 요소도 없어야 합니다. 진정한 선 수행자는 어떤 부처님에게 도움을 청하지 않습니다.

질문 그러면 왜 어떤 선 수행자들은 관세음보살에게 도움을 청합니까?

스님 선의 불교의 일부이고 따라서 종교성이 아주 없지는 않습니다.

희망이 없거나 자신은 힘이 없다고 느끼는 상황에 있는 수행자들은 관세음보살에게 도움이나 힘을 달라고 청할 수도 있습니다. 때로는 자신이 약하다고 느끼거나 어찌 할 바를 모르기도 하는 것은 인지상정입니다. 문제는, 선사들도 관세음보살에게 도움을 청하겠는가 하는 것입니다. 선사들은 설사 자신에게 아무 집착이 없고 자신을 위해 아무것도 구하는 바가 없다 할지라도, 때로는 중생들을 위한 어떤 일을 자기 힘으로는 할 수 없다고 느낄 수 있습니다. 그런 상황에서는 선사들도 관세음보살의 성호를 부를 수 있습니다. 그러나 저는 중국불교사를 연구할 당시 당나라 때 선사들 가운데 불보살의 성호를 염한 분이 있다는 어떤 기록도 만나지 못했습니다. 현대의 선사들은 그 성취도가 과거의 조사들만큼 깊지 않을 가능성이 있습니다. 참으로 깨달은 선사라면 관세음보살에게 도움을 청할 필요가 없겠지요.

질문 만일 일본 조동선이 중국 조동선에서 나왔다면, 어째서 일본 조동종은 점수적漸修的 종파로 간주되고 중국 조동종은 돈법頓法을 쓰는 것으로 간주됩니까?

스님 그런 이야기는 어디서 들었습니까? 그런 구분은 없습니다. '온화한' 것과 '점수적' 인 것을 혼동하면 안 됩니다. 일본 조동종과 중국 조동종은 일본 임제종과 중국 임제종에 비해 수행 방식이 더 온화하지만, 모두 돈법입니다. 이것을 보는 두 가지 방식이 있습니다. 첫째, 저는 늘 수행이 과정이자 목표라고 강조합니다. 만일 목표가 수행하는 것이라면, 그것은 자동적으로 하나의 돈법입니다. 둘째, 여러분이 맹렬하게 수행하든 온화하게 수행하든—즉, 화두로써 환幻을 타파하든, 마음을 부드럽게 가라앉혀 자아가 사라지게 하든—깨달음은 늘 돌연히 찾아옵니다. 선의 깨달음은 결코 조금씩 나타나지 않습니다.

만일 중국 조동종을 꼭 점법이라고 불러야겠다면 임제종도 점법이라고 불러야 합니다. 조동종 수행자들은 여러 해 동안 꾸준히 묵조를 수행합니다. 임제종 수행자들은 화두를 참구합니다. 그들도 여러 해 동안 그렇게 할 수 있습니다. 무슨 차이가 있습니까?

질문 일본의 선승들은 결혼을 할 수 있습니다. 대처선승禪師(Zen priest)과 비구선승和尙(Zen monk)의 차이는 무엇이며, 중국선에는 왜 그런 구분이 없습니까? 다른 어떤 뚜렷한 차이점이 있습니까?

스님 일본에서는 메이지유신明治維新 때 선승禪和尙들에게 결혼을 권장하면서 독신 승려의 전통이 쇠퇴했습니다. 그렇게 결혼한 수행자들을 대처선승이라고 합니다. 그 차이는, 그들은 결혼을 하여 가족과 함께 사찰에서 살 수 있다는 것입니다. 그들도 비구승의 생활방식을 따를 수 있지만, 만일 결혼을 하면 비구승은 아닙니다. 대처승은 용어상의 모순입니다. 반면에 일본선의 비구니들은 결혼을 하지 않습니다. 현재 그들은 결혼할 권리를 얻기 위해 투쟁하고 있습니다.

질문 그러나 저는 스님이 되기 위한 첫 번째 계율은 독신의 서원을 세우는 것이라고 생각했습니다.

스님 일본의 대처선승들은 전통적인 불교 서원의 대부분을 발하지만, 독신의 서원은 거기에 포함되지 않습니다.

질문 중국에서는 스님이 되면 그냥 스님이지 특별히 선종이나 정토종의 스님은 아니지만, 평생 여러 가지 수행법들을 시도해 볼 수 있습니다. 일본에서도 그렇습니까?

스님 중국에서는 일단 스님이 되면 어떤 불교 전통도 수행할 수 있습니다. 심지어 중국불교에 국한되지도 않습니다. 상좌부 불교, 티베트 불교 혹은 다른 어떤 전통도 수행할 수 있습니다. 일본에서는 그렇지 않습니다. 일본에서 승단에 들어가면 선종의 일원이 되거나 아니면 정토종의 일원이 되어야 합니다. 이것은 좋은 방식일지도 모릅니다. 중국에서는 스님들이 여러 가지 수행법을 이것저것 해보기가 너무 쉬워 많은 사람이 어느 한 전통에서도 진보하지 못합니다. 그것은 제가 이야기하는, 좌선 방법을 계속 바꾸는 것과 비슷합니다. 아무 성과도 얻지 못하지요. 그것은 윈도쇼핑과 같습니다.

저는 일본에 살던 몇 년 간을 집중적으로 공부하고 수행하면서 보냈습니다. 일본선과 중국선의 유사점과 차이점을 굳이 비교해 보려고 하지는 않았습니다. 또한 저는 미국의 일본선 센터들과 미국에서 일본선 전통을 따르는 사람들과 접촉한 경험도 많지 않습니다. 그러니 제가 말한 모든 것은 그런 견지에서 고려해야 합니다.

더욱이 우리는 논의를 중국 · 일본 · 미국에 한정하고 있지만, 한국에도 강한 선(Son)의 전통이 있고 한국 선사들도 미국에 와 있습니다. 제가 추측하기로, 이들 각 나라의 선불교는 그 지역과 환경에 따른 특징을 가지고 있습니다. 불교의 기본 원리는 만물이 변한다는 것입니다. 선 전통이라고 해서 이러한 근본 원리가 적용되지 말란 법이 있습니까?

저는 우리가 (이 선 센터에서) 무엇을 하는지, 왜 그렇게 하는지 사람들에게 설명해 주는 것이 좋다고 봅니다. "중국선은 이렇게 하고 일본선은 이렇게 한다"고 말해 봐야 쓸데없습니다. 그러면 불가피하게 불공정한 비교, 의견 대립, 언쟁, 경쟁을 가져오게 됩니다. 만일 그런 논의가 어느 한 쪽이 다른 쪽보다 더 낫다고 믿고 싶은 사람들 사이에서 논란과 적대감을 촉발한다면, 그들은 좋은 수행자들이 아닙니다. 그런 행동은 어리석은 것입니다. 수행자들은 자기 자신의 수행과 남들을 돕는 일에 신경써야 합니다.

어떤 차이점이 존재하든 그것을 넘어서서 보면 중국선과 일본선 공히 대승의 전통 내에 있고, 대승 수행자들은 중생들을 돕기 위해서 좌선하고 수행합니다. 이것이 어떤 차이점보다 더 중요합니다.

미국불교는 일본의 선사들과 저자들에게 고마워해야 합니다. 그들은 처음으로 서양에 건너와 불법을 가르친 이들이었습니다. 그들의 개척 작업과 성공에 힘입어 다른 불교 전통들도 이곳에 자리 잡기가 수월했습니다.

23. 선禪과 부조리

질문 선종의 기록들은 스승과 제자들 간의 기이한 대화와 사건들로 가득 차 있습니다. 부조리한 위트나 유머를 내포한 것들도 흔히 있는 것 같습니다. 종교들 가운데서는 물론이고 불교 자체 내에서도 선에서만 볼 수 있는 이런 특색의 기원은 무엇입니까?

스님 선사들은 제자들을 훈련할 때 일상의 수행에 적합한 방법들을 채용하는 것은 물론이고 특수한 상황에서만 사용되는 방법들도 채용합니다. 서양인들은 처음 선 문헌들을 접하고 역사적 기록들을 공부할 때 공안들을 읽지만, 선사들은 공안을 일상적으로 사용하지는 않습니다. 공안들은 때로 우스꽝스럽게 보이기도 하나 대개는 특수한 경우에 사용되는 것입니다. 만일 선사들이 그런 기록들에 나오는 방식으로만 제자들을 훈련한다고 하면, 선종 사찰을 방문하는 외부인들은 자신이 어떤 정신병원에 와 있다고 생각할지도 모릅니다. 실은 선찰에서의 생활은 장엄한 것입니다. 여러분은 어떤 선사가 불상을 태우는 행동이, 제자들에게 어떤 점을 납득시키거나 불교의 특정한 원리를 강조하기 위한 것임을 결코 알아보지 못할 공산이 큽니다. 그러나 오히려 기록으로 전해지는 것은 바로 그런 이례적인 사건들입니다.

선찰에서의 생활은 평범합니다. 선사의 일상생활은 다른 승중僧衆의 그것과 동일합니다. 모두가 엄격하고 빠듯한 일과에 따라 생활하며, 선사가 다른 승중, 특히 새로 온 사람들과 대화를 나눌 기회는 거의 없습니다. 대중이 모이는 시간도 있지만 그것은 특별한 목적을 위해서입니다. 선임 제자들이 보통 앞쪽에, 선사 가까이 앉습니다. 선사가 질문을 하면 수행에서 어떤 성취를 이룬 사람들만이 감히 대답을 합니다. 때로는 외부인이 보기에 유머러스한 대화가 전개될 수도 있습니다.

어떤 때는 새로 온 사람들이 그런 모임의 뒤쪽에 앉기도 합니다. 만일 그들이 경험이 많고 자신이 있으면 나중에 질문에 답변을 하거나 자기 나름의 질문을 할 수도 있습니다. 그럴 때는 심지어 초학자들도 나서서 선사의 직접적인 지도를 청할 수 있습니다.

그런 상황의 대화에서 항상 어떤 결론이 나지는 않습니다. 늘 분명하게 '맞다' 나 '틀렸다' 로 매듭지어지는 것이 아닙니다. 만일 어떤 스님이 적절한 반응을 했고 지도가 더 필요하다면, 선사는 그와 소참을 할 수도 있습니다. 예외가 있다면 그것은 선사가 그 스님의 반응이 책에서 배운 지식에 지나지 않는다고 느낄 때인데, 그런 경우 그 스님은 문 밖으로 쫓겨날 것입니다.

선사와의 소참은 선당에서의 토론보다 훨씬 더 중요합니다. 소참에서 선사는 높거나 낮은 수준의 질문을 던질 수 있습니다. 만일 그 스님의 마음이 밝고 또렷하다면, 선사가 무슨 말을 하든 관계없이 그의 반응은 자연발생적일 것입니다. 이것은 그 스님의 마음이 선사와 상응한다는 것을 말해줍니다.

선사는 물고기가 산 위에서 헤엄친다거나 새가 바다 속에서 난다고 말할지도 모릅니다. 어떤 말을 사용하든, 선사가 관심을 두는 것은 한 가지입니다. 즉, 그 제자의 이해 수준을 판정하는 것입니다. 대화를 통해서는 선사가 그 제자를 지도한 기회를 발견할 수 있지만, 설명으로는 그렇게 되지 않습니다. 선사는 이른바 '기틀에 맞는 예리한 행동契時契機 直截了當的動作'을 사용하겠지만, 이것은 말로 설명하거나 겉모습으로 묘사할 수 없습니다. 그렇지만 선사는 제자를 지도하기 위해 언어를 사용하고, 때로는 동작도 사용합니다. 만일 제자가 선사의 뜻을 파악하지 못하면 즉시 방에서 쫓겨납니다.

아니면 선사가 이렇게 말할 수도 있습니다. "만법은 하나로 돌아가는데, 이 하나는 어디로 돌아가는가萬法歸一 一歸何處?" 제자는 이렇게 말할지 모릅니다. "소변을 봐야겠습니다." 이 문답 간에는 아무 관련성이 없어 보입니다. 그러나 선사는 그 문답에서 제자의 체험 수준을 인정할 수도 있습니다. 어쩌면 선사는 그 반응이 진짜가 아니라고 느낄지도 모릅니다. 그래서 이렇게 물을 수도 있습니다. "소변을 보고 싶어하는 것은 누구인가?" 여기에 대해 그 스님은 말이 없을 수도 있고, 즉시 일어나 소변을 볼 수도 있습니다. 일반적 관점에서 보자면 이것은 분명 미친 짓 같이 보입니다.

만약 제자가 거짓으로 꾸미는 것으로 보이면 선사가 향판으로 그를 때릴 수도 있습니다. 제자는 향판을 붙잡으며 이렇게 말할지 모릅니다. "때리시기 전에, 왜 저를 때리려고 하시는지 말씀해 주십시오." 아니면 선사가 이렇게 말할지 모릅니다. "좋다. 지금은 때리지 않겠지만 나중에 30대를 맞아야 한다." 여기에 대해 제자는 또 이렇게 말할지 모릅니다. "맞아야 할 사람은 스님이십니다."

제3자가 보기에 이런 문답 과정은 도무지 알 수 없는 것이지만, 눈 밝은 선사는 그 가운데서 드러나는 것을 즉시 압니다. 반면에 그보다 못한 선사는 바로 후려치거나 쓸데없는 말을 할 수 있고, 그리하여 안목이 밝은 제자에게 간파될 수도 있습니다. 그러나 그런 일은 흔치 않습니다. 만약 그런 일이 있다면 선사가 제자에게서 얼마든지 가르침을 받아야 합니다. 선종의 기록에는 그런 일이 있을 수 있음을 보여주는 일화가 있습니다.

백장선사의 한 제자는 원래 다른 스승 밑에서 공부하던 사람이었는데, 훗날 백장선사 밑에서 깨쳤습니다. 나중에 그 스님이 먼저 있던 절을 찾아가 보니 그 스승이 경전을 읽고 있었습니다. 이때 벌 한 마리가 방 안에서 밖으로 나가려고 문종이에 맹렬히 부딪치고 있었습니다. 이 스님이 말했습니다. "큰길은 놔두고 낡은 종이만 뚫으려고 하는구나." 그 스님이 벌을 보고 있는 것을 본 노스승은 그 말이 벌을 두고 하는 것인 줄 알았습니다. 나중에 그 스승이 목욕을 할 때 제자가 등을 밀어주었습니다. 그 스님이 말했습니다. "아깝군요. 법당은 좋은데 불상이 없으니 말입니다." 놀란 스승이 그 말이 무슨 뜻이냐고 물었습니다. 그 스님이 말했습니다. "스님, 저는 백장선사의 처소에서 들어갈 곳을 찾았습니다. 이제 스님께 은혜를 갚으러 돌아온 것입니다."

스승은 잔치를 열게 하고 자신의 이전 제자에게 선당에서 설법을 해 달라고 했습니다. 그 스님이 다시 말했습니다. "아깝군요. 법당은 좋은데 불상이 없습니다." 노스승이 이 말을 듣고 그 자리에서 깨쳤습니다. 그 스님은 노스승이 애당초 깨닫지 못했다고 말한 것입니까? 그 두 사람 말고는 누구도 알 수 없습니다. 그러나 우리는, 스승이 제자에게서 배울 수 있다고 인정할 때는 반드시 사제관계를 바꾸지 않더라도 배워야 한다고 말할 수 있습니다. 이것은 유머러스하고 위트가 있는 고사들 중 하나입니다.

선은 직접적인 방법이기 때문에, 언어 묘사로써는 사람의 마음이 명료한 정도를 보여줄 수 없습니다. 아무 말이나 행동도 하지 않는다는 것은 있을 수 없고, 그래서 노련한 선사들은 쓸 수 있는 어떤 수단도 직접적으로, 자연스럽게 사용할 것입니다. 그 말과 행동은 선사가 장악하고 있는 도구이며, 그 의미를 일반적 어법으로는 알 도리가 없습니다.

"동쪽 산에 비가 내리니 서쪽 산이 젖는다東山下雨西山濕"나 "이씨가 마시면 나씨가 취한다李生喝酒羅生醉" 같은 말들은 이해하기 쉽지 않습니다. 언어, 문자, 개념들은 모두 인위의 산물입니다. 만일 우리가 말의 일반적 의미를 고수하지 않는다면, '새'가 물고기일 수 없고 '물고기'가 새일 수 없을 이유가 없습니다. 더구나 통일심의 관점에서 보면 현상들의 오고감이란 것이 없고, 이것과 저것의 구분도 없습니다.

선사는 질문을 하고 그 반응을 보아 제자의 이해 수준을 판정합니다. "식사는 했는가?"라는 단순한 물음에도 무수한 답변이 있을 수 있습니다. 제자는 단순히 "예" 할 수도 있고 "배가 고팠던 적이 없습니다"고 할 수도 있습니다. 이것은 완전히 다른 반응이며, 그 체험의 수준이 다름을 나타낼 수 있습니다. 그럴 때 선사가 "접시는 씻었는가?" 하고 묻고 제자가 "방금 씻었습니다"라고 한다면, 그것은 그 제자가 실제로 접시를 씻었는지 여부와는 아무 상관이 없습니다. 중요한 것은 질문에 대한 답변입니다. 그 대화는 사실의 진위와는 무관합니다.

동산東山 스님(807~869)이 어느 날 쌀을 씻고 있을 때 스승이 다가와서 물었습니다. "물로 쌀을 씻나, 쌀로 물을 씻나? 다 씻고 나면 물을 버리나, 쌀을 버리나?" 그 대답이 이랬습니다. "둘 다 버립니다." 스승이 말했습니다. "그러면 스님들은 뭘 먹지?" 동산 스님은 "제 알 바 아닙니다" 하고는 저쪽으로 가 버렸습니다. 동산 스님이 미친 소리를 합니까? 실은 그 반응은 동산 스님이 주변의 모든 것에서 초연함을 보여줍니다. 그것은 특별히 깊은 수준은 아니라 하더라도 일정 수준의 성취를 드러냅니다. 이런 유의 대화는 모방할 수 없습니다. 왜냐하면 그것은 그 순간의 독특한 상황에서 나오기 때문입니다. 눈 밝은 선사는 어떨 때에 '기틀에 맞는 예리한 동작'으로 마치 칼처럼 제자의 마음을 베고 들어가 그 안에 있는 것을 드러낼 수 있는지를 압니다.

선사의 평생에 이런 상황은 드물게 일어납니다. 선은 돈오법문頓悟法門이고 순간에 깨치는데, 이때 선사들은 제자를 돕기 위해 논리와 분별에 의존할 수 없습니다. 그럴 때는 바로 동원할 수 있는 가장 직접적인 수단에 의지하여, 혀끝에서 나오는 어떤 말이든 사용해야 합니다. 선에 친숙하지 않은 사람들에게는 이런 고사들이 유머러스하게 보일지 모르지만, 그 유머는 피상적이고 우발적인 것입니다. 선은 실은 엄숙하고 실용적입니다. 진정한 선 수행은 일상생활 속의 수행입니다. 동산 스님의 고사는 쌀을 씻는 평범한 일상 활동 중에 일어났습니다. 일상생활에서 집착 없이 행동할 수 있다면 그것은 이미 선 수행입니다. 수행자들은 신이나 부처의 관념이 일상생활과 별개로 존재한다고 생각하지 않습니다. 이러한 의미에서 선은 공식적 종교보다 더 인간적인 철학입니다. 그러나 그 인간적 측면에서 선은 일시적인 기분과 감정의 우발적 변화에서 초연합니다. 그것은 하나의 순수한 삶입니다.

언젠가 한 조사 스님이 제자들에게 말했습니다. "40년 동안 나는 그대들을 속이는 말을 했다." 한 제자가 대답했습니다. "오래 전에 은퇴하셨어야 합니다." 다음날 그 조사가 시신을 묻을 수 있을 만큼 큰 구덩이를 하나 팠습니다. 그는 그 말을 한 스님을 불러서 말했습니다. "만일 내가 은퇴했어야 한다는 것이 사실이라면 나를 묻어라. 그렇지 않으면 너를 묻겠다." 그 스님은 도망쳤습니다. 스승이 문제입니까, 제자가 문제입니까? 이런 선의 고사는 미친 소리 같지만 거기에는 의미가 있습니다. 여러분이 잘 생각해 보기 바랍니다.

24. 선병禪病

질문 오랫동안 열심히 수행하고 난 사람들이 선병이라는 상태에 떨어진다는 이야기를 들었습니다. 선병이란 무엇입니까?

스님 우선 선병은 보기 드뭅니다. 하루에 한두 시간 좌선하는 사람들은 아주 치열하게 수행하는 것이 아니므로 문제가 발생하지 않습니다. 설사 여러분에게 심리적인 문제가 있거나 뭔가를 이루어야겠다는 조급함이 있다 해도 심각한 문제는 없을 것입니다. 열심히 그리고 오랫동안 지속적으로 수행할 때만 문제가 발생할 수 있습니다. 그러나 대부분의 시간 동안은 그런 문제가 발생하지 않을 것입니다. 만약 사람들이 자신이 이해하지 못하는 이상한 심적 환각을 자기가 잘 본다는 것을 알면, 너무 무리하게 수행하지 않는 것이 아마 최선이겠지요.

선병은 네 가지 원인에서 올 수 있습니다. 첫째는 생리적 원인, 둘째는 심리적 원인, 셋째는 업장, 넷째는 귀신과 같은 외부적 요인입니다. 원인 여하에 따라 선병은 여러 가지 방식으로 나타날 수 있습니다. 만일 그 원인이 생리적인 것이라면 그 사람이 좌선하지 않을 때도 우리가 그것을 관찰할 수 있습니다. 사실 그 문제는 그 사람이 좌선을 시작하기 전부터 존재했을 가능성이 있습니다. 좌선을 하면 그런 문제가 드러날 때도 있습니다.

몸의 선병은 많은 원인에서 일어날 수 있습니다. 하나는 수행에 대한 올바르지 못한 태도입니다. 예를 들어 여러분이 좌선을 통해 초능력을 계발하기를 원한다면 문제를 자초합니다. 어떤 사람들은 좌선을 통해 영원한 젊음을 유지하거나 막강한 정력을 계발하고 싶어합니다. 그런 태도를 극단으로 밀고 가면 건강에 문제가 오는 것은 물론 정신적인 문제도 올 수 있습니다.

생리적 문제가 생기는 다른 이유는 바르지 못한 자세와 부자연스러운 호흡입니다. 등을 구부정하게 하고 앉으면 등과 목에 통증을 경험할 수 있습니다. 그리고 억지로 호흡하거나 호흡을 통제하려고 들면 횡경막에 부담을 줄 수 있습니다. 음식 섭취를 조절하지 못할 때와 같이 부적절한 영양 공급도 문제를 야기할 수 있습니다. 어떤 사람들은 아무것도 먹거나 마시지 않고 장시간 좌선을 시도합니다. 선정에 들었을 때와 같이 좌선으로 시간의식이 없는 경계에 도달하면 영양 부족이 별 문제가 안 될지 모르지만, 여러분의 마음속에 여전히 시간이 존재한다면 식사를 걸러서는 안 됩니다.

수면 부족도 선병을 가져올 수 있습니다. 어떤 사람들은 좌선이 수면을 대체한다고 생각하고 아예 잠을 자지 않거나 수면 시간을 줄입니다. 그러면 특히 신경 계통에 심각한 문제가 올 수 있습니다. 적절한 움직임이나 운동 없이 너무 오래 앉아 있으면 몸의 기맥氣脈이 막힐 수 있습니다.

많은 사람들은 좌선을 하면 건강이 좋아지고, 질병이 경감 또는 치유되고, 막혔던 기맥이 뚫릴 거라는 말을 듣습니다. 그럴 수도 있지만 그것은 시간이 걸립니다. 좌선을 시작하기 전에 건강이 좋지 않은 사람들은 주의해야 합니다. 만일 사람들이 빠른 성과를 얻으려고, 좌선하는 법을 채 익히기도 전에 너무 많은 시간을 좌선에 쓰면 몸 상태가 악화될 수도 있습니다.

선병의 두 번째 원천인 심리적 문제들은 너무 조급하게 성과를 얻으려고 할 때 일어날 수 있습니다. 어떤 사람은 깨달음을 얻거나 신통력을 얻고 싶어 안달합니다. 이런 성질의 병은 과도한 욕심, 증오, 자만 또는 의심에서 비롯되는 번뇌에서 옵니다. 누구나 이런 감정과 욕망에 직면하지만, 우리들 대다수는 그것을 통제할 수 있습니다. 그런 집착이 과도할 때 적절한 지도가 없으면 선병이 올 수 있습니다.

만일 여러분이 수행에서 성과를 얻는 데 지나치게 안달하면 좋지 않은 심리적 상태를 경험하거나 신체적으로 병이 나기 쉽습니다. 만약 그런 문제가 생기면 자기 자신에게 이렇게 말하십시오. "무엇이 오든 나는 그런 것이 필요 없고 그것을 원치도 않는다. 무엇이 나타나든 나는 그것을 좋아하지도 싫어하지도 않겠다." 이런 조언을 따르기는 쉽지 않지만, 여러분은 그런 태도를 배양해야 합니다.

선병의 세 번째 원천은 업장입니다. 사람들이 치열하게 수행을 시작하기 전까지는 아무 문제가 없을지 모릅니다. 그러다가 두통, 가슴이 답답한 증세, 무서운 환각, 그 밖의 증상들을 겪게 됩니다. 그런 선병은 과거의 악업에서 오며, 의학적·심리적 치료도 도움이 되지 않을 것입니다. 그럴 때는 치열하게 좌선하는 것을 멈추는 것이 최선입니다. 좌선을 아예 그만둘 필요는 없지만, 그런 사람들은 더 가벼운 마음으로 좌선에 접근해야 합니다. 또한 좌선 전후에 참회게懺悔偈를 읊어야 합니다. 진심으로 참회 수행을 하면 그 병이 점차 사라질 수도 있습니다. 그러나 참회만으로는 충분치 않습니다. 서원도 세워야 합니다. 참회는 과거의 악업에 대한 것이고, 서원 세우기는 미래를 위한 것입니다. 자기 자신만을 위해서가 아니라 모든 중생의 이익을 위해 서원을 세워야 합니다.

질문 소위 스승이라고 하는 어떤 분들은 다른 사람의 악업을 대신 가져가 그 사람이 한결 부담이 적은 삶을 살게 할 수 있다고 합니다. 제가 생각할 때, 자기 업은 자기 것이지 남이 주거나 가져갈 수 있는 것이 아닌데 말입니다.

스님 공덕을 회향하면 남의 업을 덜어줄 수도 있겠지만, 잠시만 그럴 뿐입니다. 그것은 궁핍할 때 남에게 돈을 꾸는 것과 같습니다. 누군가가 대신 돈을 지불하여 일시적으로 여러분을 곤경에서 벗어나게 할 수는 있으나, 여러분은 여전히 그 빚을 지고 있습니다. 결국에는 자신의 업에 대해 책임을 져야 합니다. 여러분의 수행이 아주 깊고 마음과 세계관이 변할 때만 악업이 사라질 수 있겠지요. 여전히 고통을 겪을지는 모르지만, 더 이상 그것을 고통으로 보지는 않을 것입니다.

질문 네 번째 선병은 무엇입니까?

스님 선병의 네 번째 원천은 마장魔障인데, 극히 드문 것입니다. 마장은 외부의 힘을 가리킬 수도 있고 내면의 마음 상태를 가리킬 수도 있습니다. 제가 마장과 마경魔境을 이야기할 때, 그것은 통상 사람들이 자기 마음속에서 불러일으키는 것을 두고 하는 말입니다. 그것은 잘못된 생각을 하거나, 잘못된 길을 따르거나, 잘못된 견해나 태도를 가지고 있는 데서 옵니다. 대다수 사람들에게 외부 귀신에 의한 간섭은 전혀 일어나지 않습니다. 그러나 귀신들에 의한 외부적 간섭이 있는 드문 경우에, 그것은 잘못된 생각과 함께 발생합니다. 올바른 길을 따르고, 불법에 대한 바른 견해를 가지고 있고, 지나치게 안달하거나 욕심이 많지 않은 수행자들은 그런 힘의 방해를 받지 않을 것입니다.

외부의 영향에 의해 방해를 받는 사람들은 보통 귀신들이 접근하기 좋은 몸과 성격을 가지고 있습니다. 그들은 외물外物들을 위한 매체나 통로 역할을 합니다. 그들은 좌선을 하지 않아도 침범 당할 수 있지만, 좌선을 하면 더욱 더 침범 당할 수도 있습니다. 귀신들은 사람들에게 집착하면서 마치 그들이 꼭두각시인 양 그들의 생각과 행동을 지시할 수도 있습니다. 수행을 중단해도 아마 귀신들의 그 영향력에는 전혀 효과가 없을 것입니다.

외물들의 간섭은 그 수행자가 의식하든 못하든 관계없이 일어날 수 있습니다. 외부의 간섭을 의식하는 것이 의식하지 못하는 것보다 낫습니다. 사람들은 귀신, 신, 보살 혹은 부처가 있어서 그들의 몸을 이용하여 불법을 전파한다고 생각할지 모릅니다. 그들은 행동하는 주체가 자기가 아니라는 것을 압니다. 의식하지 못하는 두 번째 상황은 더 심각합니다. 그런 사람들은 자신이 깨달았다고 생각할 수 있습니다. 그들에게 그들의 체험과 행동은 부처님의 가르침에 부합하지 않는다고 말해주면, 그들은 그 말을 믿지 않을 것입니다. 그런 사람들은 자기 자신에 대해 엄청난 믿음을 가지고 있고, 통상 많은 사람들에게 영향을 줄 수 있습니다. 그런 사람들을 두고 마경에 빠졌다고 합니다.

가장 심각한 것은 자신이 성불했다고 느끼는 사람입니다. 미친 것도 그보다는 낫습니다. 미쳤을 경우에는 최소한 어떤 문제가 있다는 것은 분명하고, 그 사람이 도움을 받을 수도 있습니다. 자기가 부처나 보살이라고 생각하는 사람들은 자신이 도움을 필요로 한다는 것을 믿지 않고, 많은 사람들을 잘못된 길로 인도할 수 있습니다.

만일 문제가 외부의 귀신들로 인한 것이라면, 의사나 심리치료사의 도움을 구해 봐야 소용이 없습니다. 다른 방법이 필요합니다. 한 가지 방법은 진언이나 부적과 같은 다른 외부적 힘으로 그 귀신을 몰아내는 것입니다. 그러나 이 방법은 신뢰할 수 없습니다. [만일 그 진언이나 부적이 좋은 것이면 일시적으로 귀신을 몰아낼 수도 있겠지만, 별로 좋지 않은 것이라면 더 사악한 귀신을 불러들일 수도 있습니다.] 두 번째 방법은 그 방해 받는 사람이 참회 수행을 하는 것입니다. 만일 본인이 할 수 없다면 다른 사람들이 대신 참회할 수도 있지만, 본인이 할 때만큼의 효과는 없을 것입니다. 참회 수행의 효과는 사안의 중대성 여하에 달렸습니다.

우리가 앞서 말했듯이 선병은 아주 드물고, 대부분의 경우에 그것은 신체적·생리적 원인이나 업의 영향과 같은 현세적 원인에서 오는 것입니다. 만일 그 문제가 생리적인 것이라면 의사의 도움을 받는 것이 유용할 수 있습니다. 그 문제가 정신질환이라면, 적절한 치료사나 스승의 지도가 필요합니다. 그러나 수행자 본인이 그 요법이 이익이 될 거라는 믿음을 가져야 합니다.

만일 그 문제가 심리적인 것이라면, 잘못된 관념을 교정하는 한 좌선에서 발생하는 문제는 없을 것입니다. 어느 정도의 자기의심, 초조 혹은 분노는 심각한 심리적 문제가 아닙니다. 그 문제가 생리적인 것이라면 본인이 완전히 치유하지 못할 가능성이 있습니다. 단, 이것은 특별히 심각한 경우를 두고 하는 말이라는 것을 알아야 합니다. 대다수 사람들은 그런 문제를 전혀 겪지 않습니다. 다리 통증이나 기맥상의 문제는 심각한 생리적 문제가 아닙니다.

선병에서 회복되고 있는 사람이 집중적인 수행을 계속할 수 있느냐 여부는 그 사람과 상황에 달렸습니다. 모든 증상이 사라지면 수행을 계속해도 좋습니다. 만일 증상이 어느 정도라도 지속된다면, 증상이 완전히 사라질 때까지는 집중적 수행을 하지 않는 것이 최선입니다.

질문 사회에서는 어떤 사람을 미쳤다고 여기지만 실은 그는 선의 깨달음 상태에 들어 있는 것일 뿐인 경우도 가능합니까?

스님 예, 가능합니다. 그런 사람들은 미친 것도 아니고 선병에 걸린 것도 아닙니다. 다만 그들은 일시적으로 세계를 워낙 다르게 보기 때문에, 그들의 말과 행동은 이상하게 보일 수 있습니다. 다른 사람들은 그들이 미쳤다고 생각할지 모르지만, 실은 그들은 아무 문제가 없습니다. 이 단계가 지나가면 일반인들이 정상적인 행동으로 간주하는 상태로 돌아갈 것입니다.

질문 적절한 지도를 받지 못하는 수행자가 무아의 체험을 얻으면 선병에 걸릴 수도 있습니까?

스님 가능합니다. 만일 스승이 없는 어떤 사람이 반드시 깨달음은 아닐지라도 공의 체험을 얻는다면, 그는 정신적인 문제가 생기거나 깊이 혼란에 빠질 수도 있습니다. 그래서 중국선, 일본선, 티베트 불교와 같은 수행 전통에서 자격 있는 스승의 필요성을 강조하는 것입니다. 그래서 스승이 제자에게 법을 전하는 전통이 있습니다. 영적인 길을 걸을 때는 우리가 통과해야 할 어떤 과정이 있습니다. 깨달았다고 주장하면서 여러분을 가르치려 들지만 자격 있는 스승에게서 전법을 받지 못했거나 인가받지 못한 그런 사람을 조심하십시오.

질문 스님께서는 우리가 어떤 이상한 것을 체험할 때는 늘 그것을 무시해 버려야 한다고 말씀하셨습니다. 또한 우리에게 도움이 되는 것은 무엇이든 보살의 은사恩賜(선물)로 간주하라고 말씀하셨습니다.

스님 수행자들이 외물―사람이든, 상황이든, 기타 존재이든―의 간섭을 만났는데 그것이 수행을 방해하지 않고 실은 더 열심히 수행하게 해 줄 때는, 외부의 장애도 이익이 됩니다. 따라서 그런 것은 보살님들의 은사라고 생각해야 합니다.

25. 선禪과 심리치료

질문 선과 심리치료는 어떻게 비슷하고 어떻게 다릅니까? 제자와 스승의 관계는 환자와 치료사의 관계와 비슷합니까?

스님 비슷한 점도 있고 다른 점도 있습니다. 선의 목표는 무명無明과 번뇌를 제거하고, 자신의 본래 성품을 보며, 보리菩提를 깨닫는 것입니다. 심리치료의 목표는 사람의 내면적 갈등, 혼란, 모순, 무력감 등을 제거하거나 경감하는 것입니다. 그래서 선과 심리치료는 그것이 마음의 문제들을 해결하려 든다는 점과, 그 목표가 사람들로 하여금 더 명료해지고 더 안정되도록 돕는다는 점에서 비슷합니다. 차이가 있다면 명료한 정도입니다.

심리학은 본래 성품과 영적인 깨달음을 이야기하지 않습니다. 그것은 사람이 더 안정되어 자신의 문제를 이해하고 거기에 대처할 수 있도록 도우려고 합니다. 그 요법이 성공하면 그 사람은 조금 더 현명해지고 행복해질 수 있습니다. 저는 서양 심리학과 정신분석을 깊이 공부해 보지 않아서 치료사들이 어떻게 하는지 잘 모릅니다. 요법에 대해서는 심리학자들과 이야기해 보는 것이 더 낫겠지요. 그러나 저는 선에 대해서는 말할 자격이 있습니다. 그것을 염두에 두고 여러분이 던지는 질문에 대답해 보겠습니다.

질문 선에서는 개인적인 문제들을 어떻게 처리합니까? 그냥 그 증상을 치료합니까, 아니면 거기에 전혀 신경 쓰지 않습니까? 제가 보통 얻는 조언은 좌선할 때 마음속에서 무엇이 일어나든 그것을 무시해 버리라는 것입니다. 인연과 인과는 많고 복잡합니다. 그래서 어떤 문제의 직접 원인을 발견하기가 어렵습니다. 선의 태도는, 만일 원인을 찾지 못하면 그에 신경 쓰지 않는 것이라고 말할 수 있겠습니까?

스님 선은 특정한 심리적 문제와 그 원인에 대처하지 않습니다. 선사들이 개인의 상황을 분석하는 일은 드물 것이고, 그보다는 사람들이 자신의 문제를 제출하도록 이끕니다. 사람들이 번뇌에 시달리거나, 이러지도 저러지도 못하거나, 불안할 때는 자신이 그 문제와 답변을 찾아내야 합니다. 여하튼 문제가 존재하는 것은 자신이 특정한 자아관념에 집착하기 때문이라는 것을 공부인들은 깨달아야 합니다. 사람들은 스스로 문제를 야기합니다. 따라서 스스로 문제를 깨닫고 해결해야 합니다.

수행에는 두 가지 범주가 있습니다. 하나는 방법이 없는 수행이고, 또 하나는 방법이 있는 수행입니다. 무방법의 수행은 육조혜능의 이 말로 요약될 수 있습니다. "선도 악도 생각하지 않을 때, 바로 지금 그대의 마음은 어디에 있는가?" 이러한 무방법의 접근법無法之法은 궁극적으로 조동종의 묵조默照에 이릅니다. 이 수행에서 여러분은 일어나는 생각에 반응하지도 않고 그것을 억누르지도 않습니다. 좌선하는 사람은 그저 그 생각들에 대한 자각을 유지하면서 그것들이 지나가게 내버려둡니다. 결국 생각들이 줄어들고 나중에는 지혜가 나타납니다.

방법이 있는 수행은 호흡 헤아리기나 주시하기, 혹은 공안과 화두법에 기초할 수 있습니다. 방법이 있는 수행을 할 때도 공부인은 번뇌인 생각들을 무시하지만, 한 가지 방법에 집중하면 마음이 일념이 됩니다. 결국은 그 방법 자체가 사라지고 지혜가 나타납니다. (어떤 방법이든) 목표는 동일합니다. 좌선하는 사람은 번뇌, 초조, 불안정을 야기하는 문제들이 허망한 자아 안에 뿌리를 두고 있고 그 자아에 의해 창조된다는 것을 깨닫습니다. 선에서는 분석과 설명이 불필요합니다.

어떤 심리치료 형태에서는 치료사가 환자와 대화를 하여 환자의 마음속에서 어떤 일이 일어났는지를 알아내려고 합니다. 두 사람 다 문제에 대한 어떤 이해에 도달하고 싶어합니다. 치료사들은 증상을 그들이 배웠거나 잘 아는 체계나 이론과 연관시켜 환자의 문제를 판정하려고 노력할 수 있습니다. 그러나 그것이 늘 신뢰할 만한 것은 아닙니다. 왜냐하면 사람마다 살아온 내력이 다르고 경험한 바가 다르기 때문입니다. 치료사들은 자신의 분석과 접근방법이 객관적이라고 믿을지 모르지만, 그들이 틀릴 수도 있습니다.

사람들이 심리치료를 받고 나면 편안하거나 위안을 받았다는 느낌을 가지고 돌아갈지 모르지만, 문제가 해결된 것이 아니라 일시적으로 경감된 것일 수도 있습니다. 이것은 그 치료가 궁극적으로 문제를 해결하는 데 쓸모가 없다는 것이 아니라, 많은 환자들에게는 그것이 그날 하루 또는 일주일을 견뎌내게 하는 목발에 그칠 수 있다는 것입니다. 더욱이 과학에 전적으로 의존하는 것은 한계가 있습니다. 측정할 수 없거나 관찰할 수 없는 것들도 존재합니다. 예를 들어, 만일 치료사들이 업력이나 마장에서 오는 문제들에 대처하려고 하면 그들의 이론으로는 그 문제를 해결하지 못할 수 있습니다.

선사는 개인의 성격 문제를 해결하려 들지 않고, 불법의 가르침, 수행 방법, 그리고 하나의 모범으로써 제자를 지도합니다. 누구나 선의 방법들을 사용할 수 있어야 하지만, 관심이 없는 사람, 확신이 없는 사람, 또는 노력할 마음이 없는 사람들도 있습니다. 이런 사람들은 자신이 변하기 전까지는 선의 방법과 가르침을 통해서 자기 문제를 전혀 해결할 수 없고, 계속 그럴 것입니다. 우리는 또한 선으로 도와줄 수 없는 심리적 문제를 가진 사람들도 있다는 것을 인정해야 합니다.

저는 제자들의 수행을 지도합니다. 저는 치료사의 직함을 가질 필요가 없지만, 선칠을 몇 번 했는데도 해결이 되지 않는 고질적 문제를 가진 사람들이 있습니다. 그래서 저는 선칠 소참 중에 질문을 던져 치료사 역할을 할 수도 있습니다. 정식으로 훈련받지는 않았지만 말입니다. 저의 가르침과 지도는 인간 마음과 불법에 대한 저 자신의 이해에 기초합니다. 그래서 어떤 선칠 참가자들은 심리치료에서 얻을 수 있는 것과 비슷한 이익을 얻었다고 느낄 수도 있습니다.

그러나 제가 하는 일은 전형적인 선종의 방식은 아닙니다. 선사의 전형적 임무는 그저 계속 수행하라고 조언하면서 문제를 그 수행자에게 도로 던져주는 것입니다. 여기 한 가지 비유가 있습니다. 몸에 들러붙어 피를 빠는 거머리가 있습니다. 만일 여러분의 몸에 이런 기생충들이 뒤덮여 있다면, 거기서 벗어나는 한 가지 방법은 거머리들을 하나씩 떼어내는 것입니다. 그것은 시간이 오래 걸리고 많은 노력을 요할 것입니다. 피를 상당히 많이 잃을 것은 말할 것도 없지요. 더 간단한 해법은 몸에 소금을 발라 그 기생충들이 일시에 떨어지게 하는 것입니다. 선의 방법들은 기생충들에 대한 소금 요법과 같습니다. 그것은 그 사람 전체를 치료하지 문제 하나하나를 해결하지 않습니다.

개별 사안의 문제들에 대처하는 것은 기생충을 하나하나 떼어내려고 하는 것입니다. 그것은 번잡하고 때로는 위험하기까지 합니다. 하나씩 떼어내고 있을 때 나머지 것들이 더 깊이 침투할 시간이 있습니다. 아니면 그것들을 놀라게 할 뿐이거나, 더 심할 경우 여러분이 그것을 세 토막 내면 그것이 새로운 기생충 세 마리가 될지도 모릅니다. 심리적인 문제들은 그와 같습니다. 한 가지 문제를 해결했다고 생각할 때 그것은 다른 어떤 형태나 많은 형태로 다시 나타납니다. 또한 기생충들이 치료사를 감염시킬 위험도 있습니다. 몸에다 소금을 끼얹는 것이 더 낫고 더 쉽습니다. 이것은 근본 문제에 이르는 것이고, 그 근본은 자아감에 대한 집착입니다.

그래서 많은 치료사들이 선과 불교에 대한 관심을 보여주고 있습니다. 무수한 분석가들과 치료사들이 여기 와서 수행하고 더 많은 통찰을 얻었습니다. 그들이 저에게 말하기를, 선이 그들의 방법을 보강하거나 보충해 준다고 합니다. 불교적 가르침을 수용하는 치료사는 호랑이가 날개를 단 것과 같습니다.

질문 저는 10년간 치료를 받고 있습니다. 정신분석에서는 부인否認이라는 개념이 있습니다. 예를 들어, 사무실의 어떤 사람이 모두에게 고함을 친 다음 아무도 자기를 좋아하지 않는다고 생각합니다. 그는 자신이 사람들로 하여금 자기를 싫어하게 만든다는 것은 모릅니다. 그는 자신의 문제를 전혀 자각하지 못합니다. 그것이 부인입니다. 이것은 선禪에서 자신의 문제를 무시하는 것과 같습니까?

스님 같지 않지요. 선에서는 자신이 하고 있는 것, 생각하는 것, 말하는 것을 자각합니다. 그것은 그냥 자신의 문제에서 초연해지는 것입니다. 대부분의 문제들은 어떤 자아관념, 혹은 계속 반복되는 생각이나 행동양식에 기인합니다. 그 생각을 인식하되 거기에 반응하지 않으면 결국 그것은 더 이상 일어나서 여러분을 방해하지 않을 것입니다. 좌선 중에 발생하는 대부분의 문제들에 대해서는 그것을 무시하는 것이 최선의 방법입니다. 만일 문제들에 성공적으로 대처하는 다른 방법이 있다면 그 방법을 쓰십시오.

선칠 중에 문제들에 봉착하여 그에 대처하는 법을 모른다면, 아마 그것을 무시하는 것이 최선일 것입니다. 아니면 저에게 조언을 구하십시오. 저도 여러분에게 그 문제를 무시해 버리라고 하거나, 아니면 그에 대처하는 어떤 방법을 일러드릴지 모릅니다.

질문 좌선할 때의 문제들에 대처하는 이 방식을 일상생활에도 적용해야 합니까?

스님 정기적으로 좌선을 한다면, 그렇지요. 저는 사람들이 자신의 문제와 어려움을 무시하고 부인하면서 살아가야 한다고 말하는 것은 아니지만, 대다수 문제들은 아주 심각하지는 않습니다. 그런 것들을 계속 생각하면 그것들을 과도하게 부풀리게 됩니다. 이런 사소한 문제들은 무시하는 것이 상책입니다. 오랫동안 존재해 왔고 여러 가지 형태로 나타나는 문제들은 해결할 필요가 있습니다. 그런 문제들은 특별한 주의가 필요합니다. 여러분이 도움을 필요로 하면 제가 경청하고, 어쩌면 조언도 해 드릴 것입니다. 아니면 치료사를 찾아가도 됩니다.

질문 심리치료는 통상 신경증을 다루지 정신병을 다루지 않습니다. 그래서 마장 같은 것은 보통 일어나지 않습니다. 물론 사람들의 과거 업에서 많은 것들이 일어나 문제에 영향을 준다고 저는 확신합니다만.

심리치료는 동기를 다룹니다. 만일 친구에게 편지를 써야 하는데 뚜렷한 이유 없이 차일피일 미룬다면, 우리의 동기를 가로막는 뭔가가 있을 수 있고, 그것은 하나의 신경증으로 분류될 수 있을 것입니다. 정신병은 우리로 하여금 현실 문제에 대처하지 못하게 하는 것입니다. 심지어 간단한 수준에서조차도 말입니다.

좋은 치료사들은 무엇이 문제라고 밝히지 않습니다. 그들은 환자 본인에게 자신의 문제가 무엇인지 깨닫도록 합니다. 그들은 또한 환자의 어릴 때 경험을 다룰 때가 많습니다. 부모를 상대하는 데 어려움을 겪은 아이가 어른이 되면, 비슷한 문제가 더 확장된 형태로 발생한다는 것을 발견할 수도 있습니다.

마지막으로, 심리치료는 소아 곧 에고의 영역 안에 있습니다. 저에게는 그것이 도움이 됩니다. 제가 일상의 문제들을 헤쳐 나갈 수 있게 도와줍니다. 그러나 제가 심리치료만 받으면서 살아갈 수는 없습니다. 그것은 어두운 방 안에서 사물에 계속 부딪치며 뛰어다니는 것과 같습니다. 심리치료가 어떤 방향감을 줄지는 모르지만, 저는 여전히 사물들이 있는 어두운 방 안에 있는 것입니다.

스님 심리치료의 역할을 이해할 수 있게 해 주어서 고맙습니다. 저는 심리치료사들이 환자들 스스로 자신의 문제를 파악할 수 있게 도와주면 좋겠군요. 저를 교정해 줘서 기쁩니다. 또 그대가 한 마지막 말이 좋습니다. 심리치료에서 사람들이 많은 이익을 얻을 수 있지만, 거기에만 전적으로 의존하면 어두운 방 안에서 계속 뛰어 다니는 것과 같습니다.

심리치료는 나름대로 쓸모가 있지만 그것으로 충분하지는 않습니다. 심리치료의 모델들은 개인이 개발하는 경우가 많습니다. 그 사람의 삶, 경험, 업력이 그 사람이 생각하고 느끼는 것에 영향을 줍니다. 따라서 하나의 심리적 모델은 그것을 창안한 사람의 마음에 대한 한 연구일 수도 있고, 반드시 일반 사람들에 대한 정확한 묘사는 아닐 수 있습니다. 또한 심리치료는 종종 과학적인 방법에 기초를 둡니다. 따라서 그것은 관찰할 수 있고, 계량할 수 있고, 증명할 수 있는 것들과 관계됩니다. 만일 증명할 수 없다면 그것은 과학이 아닙니다. 그래서 분석가들은 마장이나 업력 같은 것을 받아들이기 어렵습니다. 반면에 무슨 소리가 들리는 증상 같은 것들은 꼭 마장에 의해 야기되는 것만은 아닙니다.

우리가 심리치료에 대해서 뭔가를 아는 것은 유용합니다. 선 수행에서 이익을 얻지 못하는 분들은 심리치료에서 도움을 구하는 것이 현명하겠지요. 저는 가끔 사람들에게 집중적인 수행을 하기 전에 심리치료를 받아 보라고 조언한 적이 있습니다. 여러분의 문제가 무엇이든, 하루에 한두 시간씩 좌선하는 데는 아무 해가 없습니다. 그러나 집중적인 선칠은 별개의 문제입니다. 선과 심리치료는 손잡고 일해 나갈 수 있습니다.

질문 저는 한 가지 문제가 아직 분명하게 이해되지 않습니다. 문제를 무시해 버리는 선의 방식은 문제를 부인하거나 억압하는 것과 어떻게 다릅니까?

스님 보통의 의미에서 문제들을 무시해 버리는 것은 아닙니다. 자신의 생각과 욕망을 억압하지는 않습니다. 그것들을 마음에서 억지로 몰아내지 않습니다. 생각들이 마음속으로 들어왔다가 마음을 떠나도록 내버려 두는 것입니다. 그것들을 지켜보되 따라가지는 마십시오. 그러기는 쉽지 않고, 규칙적으로 부지런히 수행하는 사람들만이 그럴 정도의 명료함과 의지력을 계발할 수 있습니다.

생각과 욕망을 사라지게 만들 수는 없습니다. 그것들은 이런 저런 형태로—다른 것으로 가장하여, 꿈속에서, 간헐적으로, 홍수처럼—찾아올 것입니다. 좌선하는 사람들은 자신의 체험과 불법에 대한 지식을 이용하여 자기 문제를 확인하고 거기에 대처해야 합니다. 또한 자아중심을 경감하는 데 도움이 되게 하려면 절하기와 같은 참회 수행을 하는 것이 최선입니다. 이런 것들은 유용한 기법이지만, 그것이 늘 효과가 있으리라는 보장은 없습니다.

좌선을 하면 생각과 감정들이 언제 일어나는지는 물론 그 이면의 동기들까지 더 또렷이 알아차리게 됩니다. 자기 내면에 있는 번뇌의 뿌리와 씨앗을 보기 시작하고, 그런 또렷함과 함께 그런 것들에 더 잘 대처하는 능력이 옵니다. 그런 생각과 감정에 따라 행동하지 않으면 됩니다. 잡초에 물을 주지 않으면 잡초는 자라지 않겠지요. 만일 물을 주면 여러분의 화원이 잡초로 뒤덮일 것입니다. 어떤 사람들은 여기에 신경 쓰지 않습니다. 그러면 많은 잡초들이 아름다운 꽃을 피웁니다. 그러나 그럴 경우 여러분은 최소한 그 결과에 대해 누가 책임을 져야 할지 알 것입니다.

자각이 여러분의 번뇌를 제어하고 그에 대처할 힘을 줍니다. 그래도 번뇌에 굴복할지 모르지만, 그건 아마 달리 도리가 없기 때문이겠지요. 모르는 게 약이라는 말이 있습니다. 자신의 생각과 욕망에 완전히 지배되는 사람들은 자신이 어떤 일을 왜 하는지 전혀 모릅니다. 그들은 "나는 이런 사람이야" 하면서, 몇 번이고 그 과보를 받습니다. 어떤 사람들은 남을 탓하고, 어떤 사람들은 괴로움의 삶에 체념해 버립니다.

다행히 수행자들은 다릅니다. 다행히 좌선, 참회, 그리고 불법은 우리에게 더 큰 자각, 자기통제, 겸허함을 가져다줄 수 있습니다. 그러나 불교도들은 완전하지 않고, 수행의 길도 늘 순조롭고 곧고 뚜렷한 표지가 있는 것은 아닙니다. 그래서 그것을 수행이라고 부르는 것입니다. 우리 모두에게는 파도가 몰아닥칠 때가 있을 것입니다. 그럴 때를 위해 제가 여러분에게 드릴 수 있는 최선의 조언은 자기 수행을 고수하라는 것입니다. 헤엄치는 법을 배워 머리를 수면 위에 유지하고, 고지대에 도달하십시오. 자기 자신의 격랑에 휩쓸리지 않고 살아남는 법을 배우십시오.

26. 왜 경經을 읽는가?

질문 스님께서는 선 수행의 일환으로 경經 읽기를 권장하십니까?

스님 경(sutras)을 읽는 데는 두 가지 방식이 있습니다. 하나는 다른 책을 읽듯이 경을 읽는 것입니다. 그러한 의미에서 추리와 지성이 사용되고, 읽는 사람의 의도는 경에서 말하는 의미를 이해하려는 것입니다. 두 번째 방식은 송경誦經을 하는 것입니다. 이 방식에서는 경의 내용을 이해하려는 것이 아니라 경의 문자가 가진 힘을 이용하여 선정력을 배양합니다.

만일 지적인 이해를 위해 경을 읽는다면, 자연히 여러분이 이해하지 못하는 대목을 만나게 될 것입니다. 용어나 철학적 관념이 문제라면 참고서를 찾아볼 수 있습니다. 참고서를 찾아본 뒤에도 이해가 되지 않는다면, 그 부분을 건너뛰고 계속 읽어야 합니다. 어느 경이나 여러분의 이해가 미치지 못하는 대목들이 있을 겁니다. 송경을 하는 목적은 그 내용을 지적으로 이해하려는 것은 아니지만, 어떤 개념이 이해된다면 그것도 좋습니다. 그런 것에 마음을 닫아둘 필요는 없습니다.

여러분이 경을 읽는 목적이 불법에 대한 지적 이해를 얻는 것이라면, 아마 논論(sastras)을 읽는 것이 더 나을 것입니다. 깨달은 조사들이 쓴 논서들은 불교적 개념들을 경보다 더 엄밀하게, 체계적으로 그리고 논리적으로 제시합니다. 경들은 아무리 길어도 보통 한두 가지 관념을 표현할 뿐입니다. 『대반야경大般若經』6백 권 전체가 설하는 것은 공空이라는 단 하나의 개념입니다. 대다수 다른 경들도 마찬가지입니다. 누구나 예상할 수 있듯이, 같은 관념이 반복되면 지루해질 수 있습니다. 그러나 그 반복은 일정한 목적이 있습니다. 즉, 불법의 개념들이 경을 읽는 사람의 마음속에 더 깊숙이 박힐 수 있게 하려는 것입니다. 경은 그 관념을 무수한 각도에서 제시하고 많은 예시例示와 비유를 사용합니다. 그러나 핵심은 늘 같은 개념입니다. 경들은 단 한두 가지 관념에 초점을 맞추기 때문에 송경하기에는 아주 그만입니다. 그러나 지적인 이유로 경 읽기를 원한다 해도 거기서 많은 이익을 얻게 될 것입니다.

이런 논의에서는 거론할 만한 경이 너무 많습니다. 선 수행자들에게는 제가 『심경心經』을 권합니다. 이 경은 짧고 간결하지만 그걸로 충분합니다. 저는 또 『금강경』을 권합니다. 독경(경 읽기)의 목적에서는 『심경』이 더 낫습니다. 왜냐하면 『금강경』보다 더 많은 개념을 제시하기 때문입니다. 반면에, 송경을 하기에는 『금강경』이 더 낫습니다. 왜냐하면 들어 있는 개념이 적고 더 많이 반복하기 때문입니다.

저는 『원각경』과 『능엄경』도 추천합니다. 이 경들은 염송하기에 더 적합하지만, 불법의 원리들에 대한 탁월한 원천이기도 합니다. 그리고 사실 형식면에서 논論에 가깝습니다. 지나치게 많은 반복 없이 많은 개념들을 제시하기 때문입니다. 이 두 경은 수행을 강조하고, 좌선의 수준에 대해 이야기하며, 수행과 관련되는 체험들을 논의합니다. 또한 범부 중생과 세계의 성품을 분석합니다. 만일 여러분의 진도를 점검해 줄 스승이 없다면, 『능엄경』을 열람하여 자신이 체험하고 있는 것을 확인하고 자신이 올바른 방향으로 나아가고 있는지 판정해야 합니다.

『유마힐경維摩詰經』도 좋습니다. 왜냐하면 이 경은 두 가지 중요한 관념을 논의하기 때문입니다. 이 경은 자성정토自性淨土(정토는 우리의 내면에 있음)를 말하며, 불이不二를 설합니다. '불이'란, 이것과 저것 혹은 어떤 것과 그 상대물을 구분하지 않는다는 뜻입니다. 『심경』에서 "불구부정不 垢不淨"이라고 할 때 그것은 깨끗함과 더러움이 별개가 아니라는 의미입니다. 깨달은 사람에게는 그 둘이 동일합니다. 마찬가지로, 정토와 범부 중생들의 세계는 동일합니다.

질문 『화엄경』의 독경이나 송경도 추천하시겠습니까?

스님 『화엄경』은 독경이나 송경을 하기에 좋습니다. 이 경은 불교의 '유심唯心'적 관점을 취합니다. 또한 보살의 가장 깊은 마지막 단계들인 초지初地부터 십지十地까지를 설합니다. 인간계에 대해서나 범부 중생들이 어떻게 수행하여 깨달음을 이룰 수 있는지에 대해서는 많이 이야기하지 않습니다. 그래서 이것은 어려운 경으로 간주됩니다. 그래도 읽어 볼 가치는 있습니다.

질문 제가 알기로 경은 모두 석가모니 부처님이 말씀하신 것이고, 육조혜능이 설한 『육조단경』만 예외입니다. 반면에 논論은 경에 대해 조사들이 쓴 주석서입니다. 맞습니까?

스님 논은 조사와 학자들이 쓴 것인데, 두 가지 유형이 있습니다. 한 유형에서는, 어떤 조사가 비슷한 개념들을 담고 있는 몇 개의 경을 취하여 더 포괄적인 체계로 종합합니다. 두 번째 유형의 논은 특정한 경에 대한 주석입니다. 원칙적으로 경은 모두 석가모니 부처님이 설하신 것이지만, 반드시 그런 것은 아닙니다. 예를 들어, 『유마힐경』과 『화엄경』은 다른 불보살의 화신들이 설한 것일 수 있습니다. 이런 경들을 경으로 간주하는 이유는, 그것이 불법에서 벗어나지 않기 때문입니다.

질문 『선심초심』과 같은 현대의 저작들에 대한 스님의 견해는 어떻습니까?

스님 그런 저작들은 훌륭합니다. 만일 앞으로 여러 해가 지난 뒤에도 이런 저작들이 여전히 중요하고 가치 있는 것으로 여겨진다면, 조사들의 저작으로 간주될 것입니다.

질문 경전을 묵송默誦해도 됩니까?

스님 만일 묵송을 한다면 마음속으로 여전히 그 소리를 내야 합니다. 그렇지 않으면 집중을 놓칠 것이고, 황홀경에 떨어질지도 모릅니다.

질문 송경을 할 때는 원래의 산스크리트나 중국어로 해야 합니까? 아니면 영어로 해도 됩니까?

스님 경의 의미를 아는 데 전혀 상관하지 않는다면 송경을 하는 것보다 진언을 외는 것이 더 낫겠지요. 진언도 원어로는 의미가 있지만, 그 의미를 알 필요는 없습니다. 경을 읽는 것은 다릅니다. 그 개념들을 의도적으로 분석하려고 하지 않아도 그 의미가 자연히 그리고 자동적으로 마음속에 내려앉을 것입니다. 송경을 하면 그와 동시에 여러분의 마음이 가라앉고, 불법에 대한 이해가 교정되고 세밀히 다듬어집니다. 따라서 자신이 가장 잘 이해하는 언어로 송경하는 것이 최선입니다.

천태종天台宗의 한 조사(천태지의 대사)가 『법화경』의 '약왕보살품藥王菩薩品'을 송경하고 있을 때, 갑자기 석가모니 부처님이 주재하는 바로 그 법회를 보게 되었습니다. 마치 그 법회가 아직도 열리고 있는 것 같았습니다. 심지어 자신의 스승도 그곳에 앉아 있었습니다. 그 이후 그의 지혜는 엄청나게 증가했고, 사실 그는 중국의 소석가小釋迦로 알려졌습니다.

근대의 태허대사太虛大師(1890~1947)는 폐관 중에 『대반야경』을 송경하다가 문득 일체의 시간 감각을 잃어 버렸습니다. 얼마 후 정상 상태로 돌아왔습니다. 그 체험 이후 그의 지혜가 샘솟듯이 솟아올랐습니다. 이런 것은 깨달음의 사례인데, 이 두 사례에서 그 스님들은 경전을 분석하고 있지 않았습니다. 계속 반복해서 송경했을 뿐입니다.

명나라 후기의 우익대사蕅益大師(1561~1626)도 경을 읽으면서 많은 체험을 했지만, 어느 것도 좌선에서 얻은 체험은 아니었습니다. 한번은 어떤 경에 대한 주석을 하고 있을 때 갑자기 내면에서 지혜가 솟아올랐습니다. 그래서 원래 의도하지 않았던 내용을 썼고, 그것은 모두 자연발생적으로 나온 것이었습니다.

독경은 물론 글쓰기도 깨달음을 가져올 수 있지만, 물론 그것은 여러분이 무엇을 읽고 무엇을 쓰느냐에 달렸습니다. 마음속에 생각이 없이, 그 의미를 분석함이 없이 경을 읽으면 깨달음에 이를 수 있습니다. 여러분은 베스트셀러를 읽어도 비슷한 체험을 할 수 있을 거라고 생각합니까? 그것은 아마 불가능하겠지요. 그럴 때는 여러분이 올바른 마음 상태에 있지 않습니다. 또한 경을 읽을 때는 단어 하나, 구절 하나가 여러분이 수행 속으로 더 깊이 가라앉을 수 있게 문을 열어 주는 열쇠와 같습니다.

진언은 다릅니다. 진언을 염하는 것은 마음을 가라앉히고 집중하는 데 도움이 됩니다. 진언을 염하는 것도 경을 읽는 것과 마찬가지로 어느 정도의 힘을 산출할 수 있습니다. 그러나 오로지 진언을 염하는 것만으로 깨달음에 이를 수 있습니까? 선에서는 그런 견해를 지지하지 않습니다.

질문 진언의 그 힘은 어디서 옵니까? 실제의 말이 힘을 가지고 있습니까, 아니면 그 진언을 거듭거듭 염하는 데서 힘이 나타납니까?

스님 둘 다입니다. 진언은 하나의 상징입니다. 그것은 불보살의 힘을 대표하고, 따라서 진언 자체가 힘을 가지고 있습니다. 그러한 의미에서, 그 힘은 진언의 소리에서 나옵니다. 또한 일념으로 그 진언을 염하는 사람들은 내면에서 힘을 산출할 수 있습니다. 그럴 의도가 없었다고 해도 말입니다.

질문 진언은 산스크리트로 염해야 합니까?

스님 진언은 그 원래의 언어로 염해야 합니다. 그러나 산스크리트 진언과 마찬가지로 중국 도교의 진언들도 있습니다.

질문 진언은 석가모니 부처님에게서 유래합니까?

스님 석가모니 부처님은 진언을 가르치지 않았습니다. 진언들은 깨달은 분들의 화신들이 가르친 것입니다.

27. 선과 민족문화

질문 왜 고대 중국에는 많은 선사들과 진보된 수행자들이 있었는데, 지금 우리 시대에는 적은 것처럼 보입니까? 옛날에는 수행하는 것이 지금과 달랐거나 더 쉬웠습니까? 동양문화가 불교를 신행하기에 더 적합합니까?

스님 물론 문화와 역사는 선에 대해 큰 영향력을 가지고 있었습니다. 당나라 시대에 선이 출현했을 때 중국은 변화할 만큼 성숙되어 있었습니다. 중국 고유의 철학적 전통인 유교와 도교는 이미 포화점에 도달해 있었습니다. 이들 전통에서는 재능 있는 수행자와 학자들이 더 이상 한계를 돌파하기 어려웠습니다. 유교와 도교의 친숙한 전통적 교의에 비해 선종은 참신하고 직접적인 관점을 제공했습니다. 선종으로 전향한 사람들은 지성이나 수행 면에서 이미 잘 준비되어 있었습니다. 그래서 그 가르침과 수행법을 확고히 그리고 결연히 받아들였고, 따라서 빠르고 안정되게 진보할 수 있었습니다.

그렇지만 조건이 이상적이었음에도 불구하고 많은 큰 사찰에서도 소수의 사람들만이 선을 통해 심오한 통찰을 얻었습니다. 송나라 때에 이르면 수행자들이 훨씬 적었고, 따라서 도를 이룬 선사들도 훨씬 적었습니다. 이렇게 된 데는 유교가 선의 특색 중 일부를 채용하여 많은 사람들을 다시 끌어들인 데도 일부 원인이 있었습니다. 그러나 송나라 때는 몇 분의 큰 스승들이 있었습니다. 그 중에는 도겐道元(1200~1253) 선사의 스승인 여정如淨(1163~1228) 선사도 있습니다. 도겐 선사는 일본에서 조동종을 창설하고 전파하는 데 핵심적인 역할을 했습니다.

문화적 환경도 선종의 성공에 영향을 주었습니다. 당나라와 송나라 때 수행자들은 사회에서 벗어나 산중에서 수행할 수 있었습니다. 정부의 간섭을 받지 않았고, 신도들의 공양물이나 추종자들에 의지하여 생계를 해결하지 않았습니다. 그들의 생활방식은 안정되고 단순했습니다. 뿐만 아니라 그들은 태도가 진지했고, 수행에 전력투구했습니다. 지혜를 계발하기 위해 산으로 들어간 많은 사람들은 평생 그렇게 살았습니다. 그들의 결심은 변치 않고 오래 갔습니다.

이제 서양의 선에 대해 이야기해 봅시다. 미국은 중국과 비슷한 점이 몇 가지 있습니다. 우선 많은 서양인들이 기존의 종교와 철학에 만족하지 못하고 선으로 전향했습니다. 이는 당나라 때 유가와 도가 사람들이 그랬던 것과 같습니다. 선의 가르침은 지성적이고 마음이 열린 사람들을 끌어당깁니다. 뭔가 다른 영적인 길을 찾고 있는 사람들에게 선의 가르침에 대한 이해는 긍정적인 효과가 있고 유익합니다.

반면에 선의 가르침을 별 어려움 없이 받아들인 서양인들도 수행을 그만큼 잘하지는 못했습니다. 미국인들에게는 태도, 환경, 자발성의 견지에서 진지한 수행이 쉽지 않은 것입니다. 수행에 대한 자발성과 태도의 면에서 서양인들은 당나라 때의 중국인들과 다릅니다. 중국 문화에서는 도를 닦는다는 개념이 이미 깊이 뿌리 내리고 있었고, 그래서 선 수행으로의 이행이 순조로웠습니다. 미국인들에게는 그런 행운이 따르지 않습니다. 대체로 서양문화는 치열한 개인 수행을 통해 인간 실존의 문제를 발견하고 해결한다는 관념에 접해 보지 못했습니다. 서양의 종교에서는 사람들이 하느님의 권능이나 하느님의 사랑에 의지하여 자신의 문제를 해결하려는 경향이 있습니다. 다만 지금은 이런 상황이 변하고 있는지도 모릅니다.

선을 수행하는 미국인들은 개인적 수행이 무엇을 가져오는지 분명하게 이해하지 못하는 경우가 많습니다. 예를 들어 '돈오頓悟'의 관념이 매력적이기는 하나, 많은 서양인들은 그런 체험이 일어나기 위해서는 여러 해, 어쩌면 한 평생의 수행이 필요할 수도 있다는 것을 충분히 납득하지 못합니다. 개인 수행의 개념이 서양문화에 뿌리 내려져 있지 않기 때문에, 서양인들은 장기적인 선 수행에 자신을 투입할 마음이 덜 한 것같이 보입니다.

수행에 전념하려면 얼마나 많은 시간이 필요합니까? 그것은 여러분이 무엇을 성취하고 싶은가에 달렸습니다. 진보하고 싶다면 여러 해를 오로지 선 수행에 바치는 것이 최선입니다. 아직 젊을 때 그렇게 하는 것이 제일 좋습니다. 왜냐하면 많은 에너지가 필요하기 때문입니다.

하루에 두어 시간 수행하는 것도 일상생활에는 유익하겠지만, 깊은 깨달음을 얻기는 좀처럼 어려울 것입니다. 불가능하지는 않겠지만 말입니다. 하루에 두어 시간 수행하기보다는 일년에 몇 달을 떼어서 수행하는 것이 더 낫습니다. 그러나 재가자인 것이 문제입니다. 어떤 사람이 깨달음의 체험을 얻었지만 가정으로 돌아가서 정상적인 일상생활을 해야 한다면, 그 깨달은 상태에서 얻은 힘과 안목을 유지하기가 거의 불가능할 것입니다.

당나라 때의 수행자들 대다수는 출가인이었습니다. 미국의 수행자들이 출가하고 싶어합니까? 오늘날 일본에서는 대다수 수행자가 재가자들입니다. 그러나 일본에서는 전 가족이 절에서 살 수도 있고, 아니면 그 수행자는 절에 살고 나머지 가족은 일반 사회에서 삽니다. 서양에서도 비슷한 환경이 만들어질 수 있을지 저는 확신하지 못합니다.

미국에서는 주로 재가자들이 선을 수행하고 가르치게 될 거라는 느낌이 듭니다. 왜냐하면 출가인이 되려는 사람이 거의 없어 보이기 때문입니다. 재가자들이 깨달음의 체험을 얻고, 선사가 되고, 다른 사람들을 지도하게 될 것입니다. 그렇게 된다면 수행과 성취의 수준은 어느 정도가 될까요? 재가자들은 높은 수준의 깨달음을 이루지 못한다고 말하면 잘못이겠지만, 만일 그들이 수행하면서 가족과 함께 산다면 수행에 얼마나 많은 시간과 노력을 기울일 수 있겠습니까?

문화적 환경도 대다수 미국인들에게는 문제가 됩니다. 선 수행자들이 큰 진보를 이루려면 너무 바쁘고 번잡하지 않은, 안정된 생활방식을 영위해야 합니다. 단순한 생활이 필요합니다. 예전에 향엄지한香嚴智閑(?~898)이라는 학식이 깊은 수행자에게 스승이 문제를 하나 냈습니다. 향엄은 모든 지식을 동원하고 수행을 했지만 그 문제에 대답하지 못했습니다. 그래서 불교를 버리고 산중에 들어가 혼자 살면서 다른 아무것도 하지 않았습니다. 하루는 오두막을 쓸다가 자신이 쓸어낸 조약돌이 날아가 대나무 줄기를 맞히는 소리에 깨달았습니다. 그는 선의 정식 가르침을 버렸음에도 스승이 내준 문제가 늘 그의 마음속에 있었던 것입니다. 그 깨달음이 가능했던 것은 그의 심경이 단순했고, 그가 단순한 환경에서 단순한 삶을 살았기 때문입니다.

우리의 이 시대에는 그런 상황을 만나기가 어려울 것입니다. 자신을 고립시키기가 어렵습니다. 하지만 우리가 방해 받지 않고 살면서 수행할 수 있는 장소들이 있습니다. 실제로 물리적 환경의 면에서 미국은 수행하기 좋은 곳입니다. 땅이 너르고 물자가 풍부하며, 정부가 안정되어 있어 다양한 관심을 가진 사람들을 수용합니다. 필요한 것은 수행에 대한 올바른 태도입니다. 만일 방해 받지 않고 살면서 수행할 수 있는 기회가 주어진다면, 여러분은 끝까지 해낼 마음이 있습니까, 아니면 몇 달 안 가서 그것을 버리겠습니까?

미국인들이 가지고 있는 또 하나의 문제는 일관성이 없는 것입니다. 여기 사람들은 늘 새로운 스승과 새로운 가르침을 찾고, 만일 한 계통에서 단기간에 성공을 얻지 못하면 다른 계통으로 옮겨가 버립니다. 이 스승 저 스승 옮겨 다니다 보면, 아무리 열심히 수행해도 진보하기 어려울 것입니다. 선에서 진보하는 데 기본 조건은 한 스승의 지도 하에서 수행하는 것입니다. 대혜종고大慧宗杲(1089~1163) 선사는 깊이 깨달은 사람으로 여겨졌지만, 그래도 원오극근圓悟克勤(1063~1135) 선사를 찾아가 보라는 조언을 들었습니다. 대혜 스님은 다행히도 그런 큰 스승을 만날 수 있었고, 1년 안에 두 번의 깊은 체험을 더 했습니다. 대혜 선사의 수행에서 원오 선사는 필요한 인연이었습니다.

현재 서양에서 큰 스승들이 출현하기는 상당히 어렵습니다. 그렇다고 해서 미래에도 희망이 없다는 것은 아닙니다. 서양에서 불교는 아직 유아기 상태입니다. 사람들이 먼저 올바른 마음자세를 가져야 합니다. 선 수행과 지혜를 배양하는 일의 중요성을 제대로 이해해야 합니다. 그렇게 될 때 큰 스승들이 출현할 것입니다.

당나라 때 중국은 육조혜능의 출현을 맞이할 준비가 되어 있었습니다. 그러나 오조홍인五祖弘忍의 노력이 없었다면 상황이 많이 달라졌겠지요. 당시는 토양이 비옥했고, 혜능과 같은 씨앗을 발아시킬 준비가 되어 있었습니다. 서양에서도 토양이 충분히 비옥해지면 큰 스승들이 출현할 것입니다.

질문 서양인들의 업이 충분히 성숙하지 않았기 때문에 서양에서 아직 훌륭한 스승들이 출현하지 않고 있다는 말씀이십니까?

스님 그렇지요. 하지만 저는 제 견해를 서양에 국한하지 않습니다. 어떤 문화는 본래 선에 더 적합하다는 그런 것은 없습니다. 선은 보편적입니다. 만일 어떤 사람이나 전체 문화가 훌륭한 스승을 만날 좋은 업을 가지고 있으면, 그런 일이 일어날 것입니다. 당나라 때의 중국문화는 전체적으로 훌륭한 선사들을 맞이할 준비가 되어 있었습니다. 만일 중국문화가 선에 적합한 상태를 계속 유지했다면, 지금까지도 훌륭한 스승들이 계속 배출되었겠지요. 그러나 그렇지 못합니다. 아마 서양이 그 뒤를 잇는 비옥한 토양이겠지요. 어쩌면 우리는 가까운 장래에 그런 일이 일어나도록 적절한 씨앗을 뿌리고 있는지도 모릅니다. 서양은 동양의 관념과 행법을 받아들이는 반면, 동양은 그 반대로 하고 있는 것처럼 보입니다. 아마 이 다음에 선이 흥성할 곳은 서양일 것입니다. 저는 그것을 고대하고 있습니다.

28. 오락과 함께 살아가기

질문 출가인들의 계율 중 하나는 어떤 종류의 오락, 예컨대 영화를 보러 가거나 연주회에 가고, 음악을 듣고, 소설책을 보는 것 등을 하지 않는 것입니다. 재가 수행자들도 오락을 피해야 합니까? 오락을 통해서 불법을 전파하는 것은 불교 계율에 위반됩니까? 저는 많은 비불교적 예술—음악, 영화, 문학—속에서 불법을 본다고 느낍니다. 이것은 도움이 됩니까, 아니면 저의 욕망을 합리화하는 것일 뿐입니까?

스님 출가인들이 지켜야 할 계율이 많은데, 그 중의 하나는 오락을 멀리하는 것입니다. 어떤 형태의 오락들은 사람들이 감정이나 기분을 푸는 기회가 됩니다. 분명히 배우들은 연기할 때 감정이나 정서를 풀고, 관객들도 그들의 연기에 몰입할 때는 마찬가지입니다. 그것이 오락의 1차적 기능입니다.

출가인들은 연기자나 관객이 되는 것을 피해야 합니다. 이것은 지나치게 엄격한 것처럼 보일지 모르지만, 그런 활동을 경험하면 할수록 그런 것과 연관된 집착이 더 오래 갈 것입니다. 사람이 어떤 공연을 보고 나면 잠시 카타르시스를 경험할지 모르지만, 그 과정을 다시 반복하고 싶은 강한 욕망이 일어날 것입니다. 그런 의미에서 이런 활동들은 중독성이 있습니다.

출가인들은 모든 욕망을 뒤로하려고 해야 합니다. 오락 활동에 참가하면 욕망을 단절하기가 어렵거나 불가능합니다. 출가인들은 수행과 불법의 가르침을 통해 욕망을 줄여나가 결국 그것을 제거해야 합니다. 계율은 출가인들을 위한 하나의 지침이자 주의 환기물입니다.

출가인들이 열심히 욕망을 뒤로하지 않는다면, 출가해야 할 이유가 없습니다. 그러나 오늘날 모든 형태의 오락을 피하기는 쉽지 않습니다. 그러려면 은둔을 해야겠지요. 선 센터의 벽은 거리의 음악소리를 막아주지 못합니다. 스님들은 여러 가지 오락에 참가하지 않지만, 다른 사람들이 그런 활동에 가담하는 것에 반대하지는 않습니다.

만약 오락에 참가하는 것을 피할 수 없다면 출가인들은 방편법을 써야 합니다. 시각적 오락의 경우 해법은 간단합니다. 보지 마십시오. 소리의 경우에는 해법이 간단하지 않습니다. 그것은 개인의 수행 정도에 달렸습니다. 진보된 수행자들은 소리가 들려도 듣지 않을 수 있습니다. 이와 같은 상황에 있는 출가인들은 자신이 할 수 있는 최선을 다해야 합니다.

대만에 젊은 스님이 두 명 있었는데, 원래는 우리 절에 와서 승가 생활이 어떤지 시험적으로 살아보려고 했습니다. 첫해에는 그들이 들뜰 때가 있었습니다. 그들은 절하기와 좌선이 도움이 되지 않을 거라고 느끼고, 마침내 영화를 한 편 보기로 했습니다. 그것이 출가인의 계율에 위반된다는 것을 알면서도 말입니다. 제가 그것을 알게 되었고, 그들이 돌아오자 물었습니다. "어떻게 하려고 그러나?" 그들이 말했습니다. "저희는 계율을 위반한다는 것을 알았지만 그래도 영화를 보러 갔습니다." 그 이후로 그들은 좋은 스님이 되었습니다. 들뜬 마음에 휘둘리지 않았고, 더 이상은 영화를 보러 갈 욕망이 없었습니다.

재가 수행자들은 반드시 오락을 멀리할 것까지는 없습니다. 영화를 본다든가 그와 비슷한 다른 활동을 하는 것도 들뜬 마음이나 어떤 기분을 해소하는 데 도움이 될 수 있습니다. 설사 팔관재계八關齋戒를 수지受持한다 하더라도, 한 달 중에 6일만 오락을 멀리하면 됩니다. 이것은 재가 수행자들이 출가생활이 어떤 것인지 맛볼 수 있게 해 줍니다. 그러나 재가 불자들은 노래하기, 춤추기, 영화 보기나 비디오 시청을 한다 해도 계율을 파했다고 겁낼 필요가 없습니다.

그렇지만 출가자들도 때로는 원칙을 수정합니다. 한번은 제가 대만에서 한 스님이 큰 소리로 창송唱誦을 하는 것을 보았습니다. 제가 물었습니다. "수행을 하고 있나?" 그가 대답했습니다. "아닙니다. 실은 마음이 불편하고 불안해서요. 노래를 부르고 싶은데 부를 수 없고, 그래서 이런 식으로 좌절감을 해소하고 있습니다." 제가 말했습니다. "그것은 창송을 하는 올바른 방법이 아니다. 창송할 때는 경건하게 해야지 큰 소리로 하면 안 돼." 이 스님은 계율을 파한 것은 아니지만 스님에게 어울리는 방식으로 행동하지 않은 것입니다. 그가 말했습니다. "요즘은 라디오에서 큰 소리로 창송하는 것을 들을 수 있습니다. 그것은 정상적인 것입니까?" 제가 말했습니다. "그들은 가능한 한 많은 사람들에게 불법을 전파하기 위해 그러는 거지. 자네는 누구에게 창송을 해주나?" "저는 제 내면의 불편한 마음을 없애려고 하는 것입니다. 제가 귀신들에게 노래를 불러준다고 말씀하셔도 될 것 같습니다."

불교적 관점에서 말하면, 저는 사람들이 노래하고 춤추고 공연하는 것에 반대하지 않습니다. 사실 우리 센터에서는 부처님 오신 날 경축 때 사람들이 공연을 하고, 저도 관람을 합니다. 제가 오락을 갈망하지는 않지만 그것은 경축 행사고, 저는 다른 사람들이 즐거워하기를 바랍니다.

만일 오락이 스님들이 하는 일 중의 일부라면 어떤 형태의 오락에는 참가하는 것도 무방합니다. 예를 들어 대만에서 영화가 두 편 만들어졌는데, 하나는 부처님의 생애에 관한 것이고 다른 하나는 관세음보살에 대한 것이었습니다. 그 영화들이 완성된 뒤 제작자들이 저를 시사회에 초청했습니다. 영화가 불법의 정신에 부합하는지 살펴봐 달라고 말입니다. 저는 당연히 갔습니다. 반면에 출가자가 저녁에 그것을 보러 영화관에 간다면 그것은 받아들일 수 없겠지요. 왜냐하면 그것은 개인적인 만족을 위한 것이기 때문입니다.

저는 노래, 춤, 연기 기타 형식의 예술을 사용하여 불법을 전파하는 것은 좋다고 봅니다. 저는 사람들에게 현대의 언어를 사용하여 불교적 관점에서 이야기를 들려주라고 권합니다. 그런 이야기들을 반드시 경전에서 가져올 필요는 없습니다. 인도의 유명한 대사大師인 마명馬鳴은 부처님의 생애에 기초한 시와 노래를 지어 사람들에게 부르게 했습니다. 송·원대宋元代에는 대사들이 비슷한 노래를 지어 다른 사람들이 그것을 부르며 불법을 전파할 수 있게 했습니다.

문학으로 불법을 전파한 사례도 무수히 많습니다. 『화엄경』 '입법계품'에서는 어떤 보살이 각지에서 53선지식을 참방하며 수행을 배우는데, 마치 재미있는 장편소설처럼 읽힙니다. 『법화경』에 나오는 어떤 이야기들도 아름답게 쓰여져 있습니다. 그리고 많은 불경이 아주 문학적인 방식으로 불법을 전달하고 있습니다.

현대의 중국 소설들은 명·청대明淸代의 역사소설에 뿌리를 두고 있고, 명·청대 소설들은 불경의 문학 형태를 채용하고 있습니다. 불경은 흔히 긴 가르침 뒤에 운문이 따르는 방식인데, 많은 중국 역사소설에서는 순서가 거꾸로 되어 시가 한 수 나온 다음 이야기가 나옵니다.

질문 음악, 연극, 미술, 문학에서도 우리가 수행에서 얻는 것과 비슷한 결과나 이익을 얻을 수 있습니까?

스님 음악에서는 그것이 가능하리라고 봅니다. 예를 들어, 선칠 때 우리는 조석 예불을 합니다. 창송唱誦은 사실 음악입니다. 저는 사람들을 흥분시키는 음악을 이야기하는 것이 아닙니다. 수행에 유익한 음악은 사람들의 마음을 가라앉히는 데 도움이 되어야 합니다. 그것은 마음을 혼란스럽고 산란한 상태에서 차분하고 집중된 상태로 들어가게 하는 데 도움이 될 수 있습니다.

제가 들으니 한 한국 여성이 선무禪舞를 만들었다고 하는데, 그것을 보면 사람이 안정되고 또렷해지고 차분해질 수 있겠지요. 그 목표를 이룰 수 있다면, 사람들에게 그 춤 공연을 보라고 권해야 할 것입니다.

마찬가지로, 어떤 문학작품의 의도가 불교적 관념을 전달하기 위한 것이라면 그것은 유용합니다. 저는 사람들이 소설을 읽는 것만으로 깨달을 수 있다고는 보지 않지만, 만약 소설을 읽어서 선의 가르침과 태도에 대해 더 나은 이해를 배양할 수 있다면 그것은 좋습니다.

이런 사례들을 우리는 예술의 관점이나 수행의 관점에서 볼 수 있습니다. 예술적 관점에서 보면 사람들은 자신이 즐기기 위해 그런 것을 듣고, 보고, 춤추고, 노래하거나 읽겠지요. 수행의 관점에서 보면, 사람들이 그런 활동에 참여하는 것은 일상적인 마음의 혼란과 들뜸을 넘어서는 데 도움이 되도록 하기 위해서일 것입니다.

질문 어떤 때는 제가 어려운 시를 읽고 있을 때 워낙 거기에 집중되어 나중에 제 마음이 맑고 가벼움을 느낀 적이 있었습니다. 그런 느낌은 제가 한 시간 좌선을 잘 한 뒤에 경험하는 것과 비슷합니다.

스님 마음이 집중되어 있으면 그런 느낌을 경험하겠지요. 그러나 시나 소설을 읽을 때 얻을 수 있는 것은 거기까지입니다. 그런 것은 집중의 어떤 수준을 넘어서게 해 주지 못합니다. 얼마 후 마음이 초점을 벗어나거나, 읽고 있던 소재가 사람을 딴 길로 가게 할 것입니다.

질문 성찰은 수행의 일부 아닙니까? 가끔 선칠 도중 스님께서는 저희들에게 마음속에서 일어나는 생각들을 성찰해 보라고 하십니다. 왜 이야기, 시 혹은 그림은 성찰하면 안 됩니까?

스님 제가 여러분에게 권하는 성찰은 논리적 사고가 개입되면 안 됩니다. 그보다는 마음을 한 점 위에 두고 사물을 직접 들여다보아야 합니다. 그것은 설명하기 어렵지만, 논리를 사용하거나 일련의 생각을 따라가서 어떤 결론에 이르는 것과는 다릅니다.

음악, 무용, 문학을 통해서 수행에서 얻는 것과 비슷한 것을 체험할 수는 있습니다. 우리는 수행을, 수행자가 산란심에서 집중심으로, 집중심에서 통일심으로, 통일심에서 무심으로 옮겨가게 돕는 과정으로 이해할 수 있습니다. 예술 형식을 통해 집중심에 도달할 수는 있습니다. 그러나 그런 활동을 통해서 통일심을 체험하기는 상당히 어렵고, 무심은 더 말할 나위가 없습니다.

질문 유구한 역사를 가진 대다수 전통들은 변화를 거부하는 것 같습니다만, 제가 느끼기에 만일 부처님이 오늘날 살아 계시다면 비디오, 라디오, 텔레비전 같은 현대의 과학기술을 아마 사용하실 것 같습니다. 그것은 특히 영적인 것을 전혀 모르는 사람들에게 유용할 것입니다. 그런 것을 이용해 많은 사람들에게 다가갈 수 있으니 말입니다.

스님 우리 조직은 사실 CD, 테이프, 비디오에 담은 법문을 배포합니다. 그러나 이것은 오락을 위한 것이 아니라 홍법弘法을 위한 것입니다.

질문 스승의 가르침을 접할 수 없는 출가인들은 어떻게 합니까? 많은 절에는 스승이 없습니다.

스님 오락 비디오들은 절대 불가하지만 교육적 비디오들은 괜찮습니다. 특히 절이나 불교 교육센터에서 보여준다면 말입니다. 극장에는 잡다한 군중이 모일 수 있고, 사람의 마음이 산란해질 수 있습니다.

질문 이미 많은 좌선 테이프가 나와 있는데 어떤 것은 음악을, 어떤 것은 말을 곁들이고 있습니다. 제가 느끼기에 이런 것들은 일정 수준까지만 가르칠 수 있습니다. 아마 집중심 정도까지겠지만, 그것은 얕습니다. 좌선 수행 테이프는 선을 가르치는 목적에 반하지 않습니까? 선에서는 스승과 함께 수행하는 것을 강조합니다. 사람들은 비디오가 스승이나 선칠을 대신할 수 있다고 생각할지 모릅니다. 이와 같은 비디오는 사람들을 오도할 수 있습니다. 특히 불교단체가 그런 것을 지지한다면 말입니다.

스님 여러 수준의 좌선 테이프를 만들 수 있겠지만, 높은 수행 단계는 그런 식으로 전달할 수 없습니다. 어느 수준에서는 스승과 함께 공부해야 합니다. 그러나 초학자용 학습 테이프에는 저도 찬동합니다.

질문 서예나 그림은 어떻습니까?

스님 그런 것도 예술에 포함되고, 앞에서 말한 것이 똑같이 해당됩니다. 그런 예술 형식을 통해 어떤 집중의 수준까지는 도달할 수 있겠지만, 선의 깨달음을 체험하기는 극히 어려울 것입니다. 출가인의 계율은 그림, 서예, 시, 심지어 사진 촬영도 금지하지 않습니다. 그러나 일반적으로 출가인들은 그런 것에 너무 많은 시간을 소비하면 안 됩니다. 자신의 예술에 시간을 많이 쓰는 출가인은 수행에 충분한 시간과 기력을 투입하지 못할 것입니다.

서예, 그림, 시로 잘 알려진 스님들이 많지만, 소수의 예외를 제외하면 중국 불교사에서 비중 있는 인물은 없습니다. 왜냐하면 그들은 뛰어난 수행자는 아니었기 때문입니다.

질문 한산寒山은 어떻습니까?

스님 한산은 어쩌다 보니 시를 짓기는 했지만 자신을 시인으로 여기지 않았습니다.

질문 앞서 스님께서 오락이 사람들의 감정을 해소하는 데 도움이 된다고 말씀하셨습니다. 예를 들어 오케스트라가 교향악을 연주하는 것을 들으면 사람이 감동하여 울 수도 있습니다. 이것과 우리가 이따금 선칠 중에 감정이 북받쳐 우는 것의 차이는 무엇입니까?

스님 비슷한 점이 있기는 하지만 같지는 않습니다. 사람들이 선칠 중에 울거나 웃을 때는 자기가 왜 그러는지 모를 경우가 많습니다. 그것은 감정의 해소라기보다는 몸 안에서 일어나는 하나의 조정 현상입니다. 교향곡을 듣고 우는 사람들은 자신이 왜 우는지 압니다.

또한 선칠을 하는 사람들이 어떤 일을 생각하다 보면 그로 인해 자신의 감정을 특정한 방식으로 해소하게 될 수도 있지만, 나중에는 보통 안도감과 평화로움을 느낍니다. 교향곡을 듣고 우는 사람들도 나중에는 안도감과 평화로움을 느낄 수 있겠지만, 대부분의 경우는 아마 그렇지 않을 것입니다. 게다가 선칠에서 평화로움을 느끼는 것은 수행에 도움이 됩니다. 교향곡을 듣고 운 뒤에 평화로움을 느끼는 사람들은 아마 그 고요한 상태를 활용하지 못하겠지요. 그대는 교향곡을 듣고 울어본 적이 있습니까?

질문 아뇨, 하지만 선칠에서는 운 적이 있습니다. 나중에 평화로움을 느끼지는 못했는데, 왜냐하면 다 쏟아내지 못했기 때문입니다.

스님 맞습니다. 그대가 그것을 다 나오게 하지 않았기 때문입니다. 만약 그랬다면 훨씬 기분이 좋았을 테고 더 편안했겠지요. 그것을 배출하지 않으면 불편한 느낌이 들고, 거의 숨이 막히는 듯했을 것입니다.

29. 시詩와 왕유王維

질문 중국의 가장 유명한 시인 중 한 사람인 왕유王維(701~761)는 당나라 때 사람입니다. 그는 정부 관리였고, 독실한 불교 수행자였으며, 불법과 승단의 강력한 외호자였습니다. 스님께서는 그의 시를 통해 그가 높은 경지에 이른 수행자였는지 판단하실 수 있습니까? 그의 시에서 우리가 불법과 관계되는 중요한 것을 배울 수 있습니까?

스님 우선 저는 왕유의 시를 연구해 본 적이 없다는 것을 시인해야겠습니다. 다만 그의 시를 몇 수 읽어 본 적이 있습니다. 사실 중국 문학과 시의 다수에 걸쳐 선의 풍미를 지닌 작품들이 존재했습니다. 왕유는 유명한 시인이고, 그래서 사람들은 다른 시인들보다 그를 더 잘 기억할 것입니다. 그는 서예와 시로 잘 알려져 있고, 불교에 관심이 있었기 때문에 '시불詩佛'로 불렸습니다. 우리는 그가 시인들 중의 최고였다거나 그가 깨달았다고 주장하면 안 되고, 다만 한 사람의 불자 시인이었다고 해야겠지요.

왕유의 많은 시들은 자연을 이야기한 것이고, 이런 시들은 고요함, 자유자재함의 분위기를 표현합니다. 그러나 그런 시를 쓴 다른 시인들도 있습니다. 그 중 어떤 이들은 왕유 이전이었고, 도교와 같은 다른 사상의 영향을 받기도 했습니다. 우리는 자연에 대한 중국시들이 불교의 영향을 받았다고 바로 추측하면 안 됩니다. 참으로 불교의 영향을 받은 시들은 무아, 무집착, 텅 비었으되 신령스러움空靈의 특징을 지녀야 합니다.

우리는 왕유의 시에서 많은 불교적 주제를 만납니다. 우리는 또한 승려들의 생활방식과 언행거지言行擧止가 그에게 좋은 인상을 주었다는 것도 압니다. 그의 시들은 때로는 승려들과 재가자들의 생활방식을 비교하기도 하고, 승가에 대한 깊은 존경심을 드러내기도 합니다. 우리는 그가 불교를 경앙景仰하는 사람이었다고 추단할 수 있지만, 그가 높은 경지에 이른 수행자였는지는 확실하게 말할 수 없습니다. 제가 읽어 본 그의 작품 중에서는 그런 점을 볼 수 없었지만, 그는 분명히 수행방법들에 대해 알고 있었습니다.

왕유의 시를 가지고 그의 성취도를 판정할 수 있다 없다고 하기는 어렵고, 또 그것은 매우 주관적인 판단일 것입니다. 마찬가지로, 우리가 그의 시를 통해서 깊은 불교적 견해를 얻을 수 있을지 여부도 말하기 어려울 것입니다.

질문 왕유는 「호거사가 병들어 쌀을 보내면서 시를 드림胡居士臥病遺米因贈」이라는 시에서 불교 용어들을 사용합니다. 그것은 진짜 느낌입니까, 아니면 예술적인 수법입니까?

스님 이 시에는 『유마힐경』에서 가져온 내용이 많이 들어 있고, 선미禪味가 느껴지는 태도를 묘사하고 있습니다. 그렇지만 저는, 불교 수행을 전혀 해 보지 않았는데도 높은 수준의 선의禪意를 전달할 수 있는 지식인들이 쓴 시들도 읽어 보았습니다. 이 시는 어떤 것도 증명해 주지 못합니다. 예를 들어, 이 시에 이런 구절이 있습니다.

어느 한 법도 참인 것이 없고,　　　　　　　　無有一法眞
어느 한 법도 때인 것이 없네.　　　　　　　　無有一法垢

이 두 구절은 실은 불경에서 바로 가져온 것입니다. 이 구절들이 왕유의 수행 체험에서 직접 나온 것이라고 말할 수 있겠습니까?

질문 여기 이 시는 모종의 성취를 전달하는 것 같습니다. 여기에 대해 평을 해 주시겠습니까?

향적사를 찾아서	過香積寺
향적사가 어디 있는지도 모른 채	不知香積寺
몇 리를 걸어 구름 낀 봉우리들 속으로 드니	數里入雲峰
고목이 늘어선 길에 사람은 없고	古木無人徑
깊은 산속 어디서 종이 울리나?	深山何處鐘
샘물소리는 깎아지른 바위를 삼키고	泉聲咽危石
햇살은 푸른 소나무들을 식히는데,	日色冷青松
어스름 깃드는 빈 못의 굽이에서	薄暮空潭曲
평안한 선정으로 독룡들(번뇌)을 제어하네.	安禪制毒龍

스님 시인들은 예술적 시선을 통해 세계를 바라보고, 그것이 그들의 내면에서 고취하는 느낌을 전달하려고 합니다. 독자들은 시인들의 언어를 통해 그들이 묘사하는 세계 속으로 들어갈 수 있습니다. 시인들이 그것을 성공적으로 해 내면 그것은 좋습니다. 그것이 예술의 기능입니다. 그것도 번뇌이기는 하지만 번뇌에는 여러 수준이 있습니다.

불교에서는 때때로 감정의 세 가지 수준을 이야기합니다. 첫 번째 가장 낮은 수준은 거칠고 돌발적이며 왕왕 격렬한 기분을 포함합니다. 이런 정서는 사람들의 마음속에서 마구 솟아나며, 여러 가지 자극에 대한 즉각적인 반응이기 때문에 돌발적이고 불안정합니다. 두 번째 수준은 더 안정되고 세련된 감정들을 포함하는데, 보통은 한결 긍정적인 감정들을 가리킵니다. 예컨대 지속적인 사랑 같은 것입니다. 그러나 이 수준에서는 아직 기복을 겪습니다. 세 번째의 가장 높은 수준은 집착이 거의 없는 아주 세련된 감정입니다. 그것은 일종의 선하고, 아름답고, 고상한 어떤 것을 향한 열망입니다. 그것을 때로는 예술가의 깨달음 혹은 예술가의 경계境界라고 부르기도 합니다. 그런 수준을 성취하는 것은 실로 아주 좋은 일입니다.

시와 그림은, 그것이 훌륭하면 독자나 감상자가 그 세계 속으로 들어가 예술가가 전달하고자 했던 감정을 느낄 수 있다는 점에서 서로 비슷합니다. 왕유는 그런 유의 시인입니다. 예술에 친화성을 가진 사람들에게는 그런 것이 도움이 될 수 있습니다. 또한 그것은 좌선 수행을 할 수 없는 사람들에게도 도움이 될 수 있습니다. 그들이 일에 몰두해 있는 동안 그것이 그들의 번뇌를 경감시켜 줄 수 있기 때문입니다.

질문 여기 이 시는 아마 왕유의 가장 유명한 시일 것입니다.

녹채	鹿柴*
빈 산에 사람은 보이지 않고	空山不見人
어디선가 사람 말소리만 들리는데	但聞人語響
반사된 빛이 깊은 숲으로 들더니	返影入深林
다시 푸른 이끼 위에 비치네.	復照靑苔上

---

* (역주) '녹채鹿柴'란 나무나 대나무를 깎아 땅에 박아 사람이나 짐승들이 들어오지 못하게 들러친 울짱을 말한다.

이 시의 끝에 이르면 사람은 다 사라지고 남은 것은 빛뿐입니다. 스님께서 이 시를 좀 평해 주시겠습니까?

스님 이것은 시이니 어떤 식으로 해석해도 무방합니다. 예컨대 많은 선사들은 일체가 완전하다거나 최고라고 인정합니다. 이 시를 그런 관점에서 해석하면, 이것도 선의 상태를 묘사한다고 말할 수 있습니다. 그러나 설사 그렇다 하더라도 높은 수준의 선은 아닙니다. 시에서는 사람이 없다는 의미에서 빈 산을 이야기하지만, 그런 다음 사람 목소리를 언급합니다. 마지막에는 푸른 이끼 위에 비치는 빛에 이릅니다. 이 모든 것을 보는 것은 누구입니까? 여전히 어떤 관찰자가 있습니다. 자아가 남아 있는 한 그것은 높은 수준의 선일 수 없습니다.

질문 도교와 불교는 공유하거나 상통하는 면이 있는 것 같습니다. 사실 노자가 인도로 가서 부처가 되었다는 이야기도 있습니다. 선禪은 초기의 상좌부 불교와 다릅니다. 그 차이점의 많은 부분은 도교의 영향인 것 같습니다. 도교는 성품을 지향하고, 고요함과 늘 변하지만 영원한 자연의 본질을 이야기합니다. 『화엄경』에서는 공상共相과 자상自相이 서로 스며드는交相 작용을 이야기합니다.* 마찬가지로, 선 수행의 목표 중 하나는 마음을 통일하여 자연과 하나가 되는 것입니다. 저의 이 마지막 말이 맞습니까? 그리고 도교가 불교에 영향을 주었습니까?

스님 늘 다른 문화와 전통의 영향은 있게 마련입니다. 노자와 공자는 석가모니 부처님과 동시대인이었습니다. 그래서 불교가 중국에 들어왔을 때는 도교와 유교 둘 다 잘 확립되어 있었습니다. 사람들은 자연히 불교를 그들이 아는 것에 비추어 해석했습니다. 선禪, 특히 남종南宗은 도

---

* (역주) 제법諸法에 두 가지 상相이 있으니, 그 자체의 개별적인 상(모습, 특성)을 自相, 다른 법들과 서로 통하는 상을 共相이라고 한다. 예컨대 오온 중의 각 온은 자상이고, 각 온에 공통되는 무상·공空·무아 등의 도리는 공상이다. 자상과 공상은 서로 끝없이 연관된다.

가의 자연주의 경향의 영향을 받았습니다. 예를 들어 유정有情 · 무정無情을 막론하고 일체중생이 성불할 수 있다는 관념은 원시 인도경전에서는 찾아볼 수 없습니다. 전설에 따르면 도생대사道生大師(355~434)가 그런 설법을 할 때 듣는 사람은 아무도 없었으나, 바위들을 포함한 일체가 고개를 끄덕여 긍정했다고 합니다. 이런 것이 도가의 영향입니다. 그런 관념들은 육조 이후 스님들의 저작에서 나타납니다.

왕유도 아마 도가의 영향을 받았을 것입니다. 동시에 스님들은 선시禪詩와 선화禪畵를 산출했는데, 이런 시화들은 텅 비었으면서도 신령스러운 경계를 전달합니다. 이 예술 작품들이 전달하는 관념은 어떤 법도 전체를 포함한다는 것입니다. 그런 그림들은 인상주의나 추상주의의 경향을 보이겠지요. 이 작품들은 자연의 영향을 받은 예술과는 다릅니다. 그것은 선의 가르침에 직접 영향을 받은 것입니다.

자연과 마음의 통일에 대해서 보자면, 좌선 중에 몸 · 마음 · 환경의 구분이 없어지는 상태가 있습니다. 이때는 안과 밖이 없고 전념前念과 후념後念의 구분이 없습니다. 시와 예술이 이런 느낌을 전달할 수 있습니다. 시인과 예술가가 수행을 하지 않고 이것을 체험할 수도 있겠지만, 그것은 극히 어려운 일입니다.

질문 불성은 도처에 그리고 모든 사물에 있습니다. 예술가들은 예술과의 긴밀한 결합을 통해 불교에 대해 모르면서도 어떤 선禪의 수준에 도달할 수 있습니까?

스님 예술가는 예술가의 깨달음이라고 할 수 있는 어떤 상태에 도달할 수 있는데, 그것은 일종의 통일심입니다. 이때 예술가는 그 예술과 하나가 되지만, 그 체험의 바탕은 여전히 유有이지 공空은 아닙니다. 우리는 예술가의 깨달음을 얕은 수준의 선적 성취로 볼 수 있습니다. 그러나 그것은 자신의 본래 성품을 보는 것과는 다릅니다.

질문 사홍서원 중에서 '무량한 법문을 다 배우겠다法門無量誓願學'는 보살의 세 번째 서원은 어떻게 보십니까? 스님께서는 언젠가 모든 것이, 심지어 지성주의도 마음속에 번뇌나 장애만 없다면 깨달음에 이르는 길이 될 수 있다고 말씀하셨습니다.

스님 만일 마음속에 아무 번뇌나 장애가 없다면 이미 깨달아 있겠지요. 이미 자신의 본래 성품을 본 것입니다. 자신에게 아무런 정서적 번뇌가 없는 것처럼 보인다고 해서 전혀 번뇌가 없는 것이 아닙니다.

질문 예술이 하나의 방법이 된다면 어떻습니까? 작품에 아주 몰두하다 보면 무아의 경계를 체험할 수도 있습니까?

스님 거의 불가능합니다. 그대가 자신의 예술에 완전히 몰입되면 예술이 그대의 세계와 삶 전체가 됩니다. 그러면 자아가 없다고 생각할지 모르지만, 여전히 예술에 집착하고 있는 것입니다.

질문 그러면 그 세 번째 서원의 의미는 무엇입니까?

스님 세 번째 서원이 말하는 것은, 불법에 이르는 데는 무수한 길이 있다는 것입니다. 그 관념은 보살이 중생들을 돕기 위해 무량무변한 불법을 배우겠다는 것입니다. 그것은 그 수행자 자신을 위한 것이 아닙니다. 예를 들어, 어떤 사람이 춤에만 관심이 있으면 그 사람이 불법을 이해하는 것을 돕기 위해 보살이 춤을 배울 수도 있습니다.

30. 책임과 수행 간의 균형 잡기

질문 수행은 많은 시간과 노력을 요하고, 수행하는 대다수 사람은 재가자들입니다. 우리가 삶 속에서 지는 책임이 최소한이면 시간은 더 많이 나고 장애는 더 적을 것 같습니다. 스님께서는 결혼과 자녀를 예로 들어 자유와 책임의 문제에 대해 말씀해 주실 수 있습니까?

스님 선 수행자로서 책임을 맡는 것은 수행의 일부입니다. 출가자든 재가자든 관계없이 말입니다. 가정생활은 수행의 일부입니다. 여러분이 결혼을 했다면 배우자가 불교도든 아니든, 아내나 남편으로서 가외의 책임을 맡아야 합니다.

만일 반려자가 여러분이 수행에 왜 그렇게 많은 시간과 노력을 쏟는지 이해하지 못한다면, 그를 여러분에게 인내와 관용을 배양하도록 도와주는 한 사람의 보살로 보아야 합니다.

그러나 이런 태도를 유지하기가 상당히 어렵습니다. 여러분이 보살이 아니면 아마 다른 사람을 보살로 인정하고 받아들이지 못할 것입니다. 그런 상황에 있는 대다수 사람들은 자신의 책임과 문제를 회피하려 하거나, 아니면 사전에 그것을 피하려고 할 것입니다.

앞서 여러분 가운데 한 사람이 말하기를, 결혼생활이 실패하고 있을 때는 수행하기가 어렵다고 했습니다. 물론 저는 그 파경의 원인을 모르지만, 대부분의 경우 결혼 실패는 두 사람 공동의 결과이자 책임입니다. 만일 책임이 적고 자유가 많기를 바라는 것 때문에 결혼이 실패하고 있다면, 여러분의 태도를 바꾸어야 할지 모릅니다.

여러분은 좌선이 수행의 유일한 형태라고 생각할지 모르지만 그것은 옳지 않습니다. 좌선은 여러분이 기분과 감정 변화에 영향을 덜 받는 데 도움이 되지만, 삶의 모든 측면—직업, 반려자와의 관계, 가정생활—이 수행의 기회이기도 합니다. 그런 책임들을 수행으로 받아들이는 것이 현명합니다.

설사 출가인이라 해도 수행은 좌선에 국한되지 않을 것입니다. 저는 하루 종일 좌선하지는 않습니다. 저의 하루는 책임들로 가득 차 있습니다. 사실 출가하여 스님이 된다는 것은 자신이 개인적으로 좋아하던 것을 공식적으로 놓아 버리고 남들을 돕는 데 시간과 노력을 바치는 것을 의미합니다. 이 모든 것이 수행의 일부입니다. 승려는 가정적 책임은 없을지 모르지만 더 큰 책임—모든 중생들—을 떠맡은 것입니다.

질문 자녀를 갖고 돌보는 책임은 어떻습니까? 진지한 수행자로서는 자녀를 갖지 않는 것이 더 나을까요? 만일 이런 방향을 따른다면 재가자로서의 책임을 회피하는 것이 됩니까?

스님 먼저 불교적 관점에서 볼 때, 만일 여러분이 아이를 낳는다면 그것은 다른 한 중생이 또 하나의 윤회를 시작할 기회를 만들어주는 것입니다. 반면에, 설사 여러분이 그 아이를 낳지 않는다 해도 그 중생은 다른 인연을 통해서 태어날 것입니다. 왜냐하면 그 아이는 다시 태어날 업력을 가지고 있기 때문입니다.

동기의 문제도 있습니다. 만일 여러분이 치열하게 수행하고 싶은 욕망 때문에 자녀를 갖지 않는다면, 그것은 받아들일 수 있습니다. 이것은 여러분이 실제로 자신의 시간 대부분을 수행에 쓰고 있다는 것을 의미하며, 무엇을 붙들거나 회피하는 것과는 무관합니다. 그러나 "나는 아이들이 싫어. 아이들이 있으면 내 수행에 방해가 될 거야"라고 말한다면, 그런 태도는 아이들을 싫어한다는 것을 의미합니다. 그것은 자기중심적이고 그릇된 태도입니다.

또 현실적인 문제도 있습니다. 자녀가 없다면 여러분의 수행이 정말 더 나아질까요? 그리고 자녀가 있으면 수행이 산만해질까요? 자녀가 없어도 어차피 다른 일에 시간을 쓸지 모릅니다. 반면에 자녀가 있으면 가족을 돌보기 위해 다른 많은 관심사들을 끊어야 할 것이고, 결국 수행할 시간을 더 많이 갖게 될지도 모릅니다.

선 센터의 한 구성원이 말하기를, 자기는 자녀들 때문에 수행을 줄였다고 했습니다. 그러나 그것이 자녀들 때문입니까? 그 경우에, 그것은 그녀가 자기 시간과 우선순위를 배정하는 방식과 관계됩니다. 그녀는 많은 시간을 일하는 데 씁니다. 자녀들이 언젠가 대학에 갈 수 있도록 하기 위해 가욋돈을 버는 것입니다. 그러면서 그녀는 자기가 일하는 동안 아이들을 돌봐줄 사람들을 고용해야 합니다. 자녀가 아니라 일이 그녀의 수행을 방해하고 있는 것입니다.

질문 하지만 만약 부모가 수행을 하기 위해 일을 하지 않는다면, 자식들이 대학에 갈 수 없다는 것을 알게 됩니다. 맞습니까?

스님 자녀가 있을 때는 얼마나 많은 일을 해야 그들에 대한 책임을 완수하게 됩니까? 그것은 여러분 자신과 상황 나름입니다. 여러분의 능력과 자원은 유한합니다. 만일 여러분이 가난하다면 자녀를 비싼 대학에—아니면 어떤 대학에도—보낼 수 없을지 모릅니다. 앞의 사례에서 엄마는 자녀들을 위해 뭔가를 해주고 싶고, 그래서 그들을 위해 일을 합니다. 수행을 많이 할 수 없지요. 그것이 현실적 상황입니다. 그것은 그녀의 선택이고, 그녀의 업입니다.

반면에 선 센터의 다른 구성원은 아이가 한 명인데 수행을 아주 잘하고 있습니다. 그녀는 매일 좌선을 하고, 센터에 많은 기여를 합니다. 그리고 거의 매번 선칠에 참가합니다. 그래도 그녀는 시간을 낼 수 있습니다. 그것은 그녀의 선택이고 그녀의 상황입니다. 제가 관찰한 바로, 적어도 대만에서는 재가자들이 자녀를 가져야 합니다. 만일 그렇지 않으면, 특히 결혼한 지 몇 년이 지난 뒤에도 그렇다면 그 부부가 행복한 관계를 유지하기가 상당히 어렵기 때문입니다.

질문 왜 그렇습니까?

스님 부부간에 갈등이 있으면 자녀들이 완충 역할을 해 줍니다. 그런 공통의 유대, 그런 공동의 관심사가 있으면 부부가 사소한 것을 가지고 크게 싸울 수 없고, 사소한 의견 차이로 갈라서지 않을 것입니다. 물론 미국에서는 이혼이 쉽지만, 수행자들로서는 그런 극단적 상황이 좀처럼 발생하지 않아야 합니다.

옛날 중국에는 수행도 잘하면서 동시에 대가족을 거느렸던 유명한 재가 수행자들이 있었습니다. 자녀들이 그들의 수행을 장애한 경우는 결코 없었습니다. 중국에서의 그런 상황과 미국에서의 현재 추세는 일시적인 것이라고 봅니다. 지금 이곳 사람들은 많은 활동에 종사하고 있고, 소가족을 유지합니다. 그러나 미래에는 상황이 변할 것이고, 어쩌면 옛날 중국의 그것과 비슷한 형태로 변하겠지요.

물론 현실적으로는 자녀들이 여러분의 시간을 많이 빼앗습니다. 이 센터에 있는 극소수의 사람들은 예외이지만, 자녀를 가진 사람들은 여기서 하는 많은 행사에 참가하기가 어렵습니다. 제 의견은 이렇습니다. 즉, 만일 여러분이 수행을 막 시작하는 참이라면 자녀가 없는 편이 더 나을 거라는 것입니다.

질문 그러니까 초심 수행자들에게는 자녀가 없는 것이 최선일 거라는 말씀이군요.

스님 저는 그것을 그런 식으로 말하지 않겠습니다. 왜냐하면 만약 그렇다면 사람들은 평생 자신을 초심 수행자로 생각하면서 결코 자녀를 갖지 않을지도 모르기 때문입니다. 많은 사람들에게 자녀 갖기의 주된 기능은 결혼과 가정의 유대를 강화하는 것이라는 점을 유념하십시오. 결혼 생활에 비교적 어려움이 없다면, 또 부부가 행복하고 생산적인 관계를 발전시켜 가고 있다면, 자식이 없는 것이 좋습니다. 그렇기는 하나, 자식이 있으면 결혼의 유대를 강화할 수 있고, 때로는 그것이 결혼 관계를 지켜주기도 합니다.

질문 만일 우리가 자녀 갖기를 결혼을 강화하거나 지키는 방식으로 생각한다면, 자녀들에 대한 우리의 책임은 무엇입니까?

스님 자녀 갖기를 결혼상의 문제를 해결하는 수단으로 여기지 마십시오. 자녀가 있을 때는 책임이 더 커져서 자연히 결혼의 유대를 강화하는 데 도움이 될 거라는 것입니다. 이 경우, 자녀들이 여러분을 돕고 있습니다. 반면에, 어떤 부부가 자녀 갖기에 대한 책임을 받아들이면 그들도 그 아이를 돕는 것입니다.

서로 많이 싸우던 한 부부에게 아이가 생겼습니다. 제가 그들에게 잘 지내고 있느냐고 물었더니, 남편이 말했습니다. "상황이 바뀌었습니다. 전에는 저희들이 늘 싸웠는데, 지금은 아이의 문제들 때문에 저희가 너무 바빠져서 싸울 시간이나 기력이 없습니다." 그래서 만일 여러분이 결혼 관계를 차분하게 만들고 싶으면 아이를 갖는 것이 현명한 선택일 수도 있습니다. 아이가 여러분의 관심과 기력의 대부분을 점해 버릴 테니 말입니다.

질문 카를로스 카스타네다(Carlos Castaneda)의 책에서 돈 후안은 자신의 추종자들에게, 만일 영적인 투사鬪士의 길을 가고 싶으면 자녀를 갖지 말라고 충고했습니다.* 그의 말인즉, 자식이 태어나면 그 부모의 많은 생명기운을 빼앗아 그들을 약하게 만든다는 것입니다. 그는 또 우리가 개인적인 힘을 유지하고 싶다면 자녀를 갖지 말아야 한다고 말했습니다. 스님의 의견은 어떻습니까?

스님 선에서는 그런 관념을 믿거나 인정하지 않습니다. 분명히 자식이 부모의 기력을 빼앗기는 하지만, 자연적인 방식으로 그렇게 합니다. 아이는 자라면서 주의와 보살핌을 요구합니다. 그런 시간과 기력을 들이면 여러분의 힘이 빠집니다. 제가 앞에서 말했듯이, 만일 여러분이 초심 수행자라면 수행을 하면서 자녀를 갖기가 쉽지 않을지 모릅니다. 마음을 수습하여 집중하려면 엄청난 힘과 에너지, 시간과 노력이 필요할 것입니다. 그러나 결혼하여 자녀가 없어도 문제가 야기될 수 있습니다. 여러분 자신이 간섭과 장애 요인을 만들어낼지 모릅니다. 이럴 경우 출가인 생활을 하는 것이 나을 것이고, 아니면 적어도 독신 생활이 더 나을 것입니다. 저는 선의 관점에서, 좌선만이 수행은 아니라는 점을 다시 강조해야겠습니다. 삶의 모든 측면이 수행의 일부입니다.

질문 제가 독신일 때는 수행이 기껏해야 불규칙한 것이었습니다. 이제 결혼하고 나서는 매일 수행을 합니다. 저의 경우, 결혼은 수행에 도움이 되었습니다.

스님 결혼한 것이 수행에 도움을 주었다기보다는 그대의 태도 변화가 도움을 준 것입니다. 독신일 때는 많은 관심사가 있었는데, 자기 시간을 현명하게 또는 효율적으로 쓰는 법을 몰랐을 수도 있습니다. 이제 결혼을 하고 나니 정신적으로 차분해질 준비가 되었고, 그 결과 그대의 에너

---

* (역주) 카를로스 카스타네다(1925~1998)는 페루 출신의 미국 인류학자 겸 저술가이다. 그는 1960년 돈 후안 마뚜스(Don Juan Matus)라는 영적 스승의 지도 하에 영적인 체험을 얻었고, 『돈 후안의 가르침』 등 여러 권의 책을 썼다.

지를 더 잘 집중하게 된 것입니다.

질문 좌선이 수행의 유일한 측면은 아니지만, 만일 수행의 더 깊은 수준을 성취하고 싶다면 좌선이 중요합니다. 이러한 의미에서, 결혼과 자녀는 우리의 수행에 부정적인 효과를 미칠 수 있습니까? 그리고 그것이 우리가 스승이 되는 것을 장애하겠습니까?

스님 부처님은 불법을 가르치실 때 모든 사람이 승려가 될 수는 없다는 것을 아셨습니다. 출가하는 것은 우리의 욕망을 뒤로하는 데 도움이 됩니다. 이것은 소수의 수행자들에게만 가능한 일입니다. 그래서 부처님은 재가자와 승단을 위해 각기 별개의 가르침과 계율을 제정하신 것입니다. 재가 수행과 출가 수행 간에는 많은 차이가 있습니다. 재가자들은 가정, 직업, 재산, 개인적 사무에 더 깊이 관계합니다. 출가자들은 그런 것들을 버리기로 서원한 사람들입니다. 이상적으로 말하면, 그들은 자신의 육신을 포함하여 아무것도 소유하지 않아야 합니다.

범부들의 가장 강한 집착은 다른 사람들에 대한 것입니다. 소녀는 부모에게 가장 집착하지만, 나중에는 남자친구나 남편이 가장 중요한 사람이 됩니다. 그러다가 자녀가 생긴 뒤에는 그들이 가장 중요해집니다. 때가 되면 자녀들은 독립하여 자신의 가정을 꾸릴 것입니다. 그래도 그녀는 그들과 그들의 자식들에게 계속 깊은 감정을 가질 것입니다. 범부의 삶은 관계들에서 오는 집착으로 가득 차 있습니다. 이런 모든 집착을 가진 채 수행에 오롯이 전념하기는 어렵습니다. 거기에는 성性이 포함되지 않을 수도 있지만, 만일 성까지 포함되면 그것은 극히 떨치기 힘든 집착이 됩니다. 성행위는 선정禪定을 배양하기 어렵게 합니다.

사랑과 결혼은 번뇌의 원천이 될 수 있지만, 좋은 수행자가 되는 데 있어 반드시 장애는 아닙니다. 반면에 사랑과 결혼은 우리로 하여금 좋은 선사가 되기는 어렵게 만들 것입니다. 전혀 불가능한 일은 아니지만 말입니다. 그 사람도 좋은 스승이 될 수는 있겠지만, 깊고 청정한 지혜를 배양하기는 어려울 수 있습니다. 예외도 있지요. 티베트 닝마파 전통에서는 결혼한 분들 가운데 뛰어난 스승들이 있었습니다. 그러나 이런 스승들은 그들의 수행력에 의지한 만큼이나 그들의 이담(yidam),* 곧 영적인 안내자들의 축복에도 의지했습니다.

여러분을 지지하는 배우자나 반려자가 여러분과 함께 수행하게 된다면 더없이 좋은 경우입니다. 그것은 서로간의 배려, 존경, 사랑에 기초한 삶이 될 것이고, 성에 대한 지나친 의존이 그 관계의 핵심은 아닐 것입니다. 그러한 삶은 해탈을 성취하는 좋은 토대입니다.

---

* (역주) 티베트 불교의 밀교 수행에서 개별 수행자를 이끌어 주거나 보호하는 신적 존재. 수행자는 이담을 보거나 느끼면서 그와 의사소통할 수 있어야 한다.

31. 비불교적 사회에서 불자 자녀 키우기

질문 저희는 곧 아이를 갖게 됩니다. 불교를 저희들의 삶 속에 받아들인 서양인으로서, 저희는 아이를 어떻게 길러야 할지 모르겠습니다. 많은 사람들이 불교에 귀의하는 것은, 어떤 이유에서든 이전의 신앙에 만족하지 못하기 때문입니다. 저희도 그런 범주에 들고, 저희의 믿음을 남들에게 설교하는 것을 조심합니다. 저희의 자식들에게도 마찬가지입니다. 대체로 불교에 무지한 환경 속에서 미국인 불자 부부는 아이를 어떻게 키워야 할지, 스님께서는 어떤 조언을 해 주시겠습니까?

스님 우선, 우리는 종교가 그 아이를 도와줄 수 있다는 것을 받아들이고 긍정해야 합니다. 부모들은 이것을 염두에 두고, 아이가 태어나기 전부터도 불법을 전하기 시작해야 합니다. 태어나지 않은 아이도 외부 세계를 알고 있고, 축복과 공덕을 받을 수 있습니다.

임신 기간 중 엄마는 성질을 부리는 행동이나 슬픔과 분노의 감정을 피하고 평온하고 행복한 마음 상태를 유지하면서, 남들을 기꺼이 도와주려는 태도를 가지면 아이에게 좋은 영향을 줄 수 있습니다. 이렇게 하면 그 아이가 좋은 성품을 지니고 태어날 가능성이 높아집니다.

만일 부부가 가톨릭 신자라면 아이가 태어난 뒤에 영세를 받게 하겠지요. 그 아이는 축복과 함께 이름을 받고, 대부모代父母가 생길 것입니다. 불교에는 그런 의식儀式이 없습니다. 그래도 부모가 아이에게 축복을 받게 할 수는 있습니다. 스님들이나 스승이 그렇게 해줄 수 있습니다. 또한 부모는 그 아이를 위해 공덕을 쌓을 수 있습니다. 경을 읽거나 불보살님의 성호를 염할 수 있습니다. 그럴 때는 열려 있고, 관대하고, 자비로운 마음으로, 그 공덕을 아이에게 회향한다는 분명하고 진지한 의도를 가지고 하면 됩니다.

그런 행위는 독경이나 염불에 국한되지 않습니다. 자원봉사나 사회사업을 하거나 돈을 시주하면서 그 공덕을 아이에게 회향해도 됩니다. 불법을 전파하는 것을 도움으로써, 여러분의 아이를 포함한 일체중생을 도울 수도 있습니다. 공덕의 회향은 불보살님들의 지혜의 작용을 통해 여러분의 마음의 에너지에서 나옵니다. 만일 여러분이 수행을 잘하고 강한 마음의 힘을 가진 사람들이라면, 아이를 돕는다는 진지한 의도로 그 마음의 힘을 직접 집중할 수도 있습니다.

아이가 성장하는 과정에서는 불법, 부처님, 대보살들에 대한 이야기를 들려줄 수 있습니다. 적절한 기회에 그런 관념들을 설명하여 아이가 불교를 어느 정도 이해할 수 있게 해야 합니다. 그러면 훗날 아이가 선택을 더 잘할 수 있게 될 것입니다. 미국의 대다수 사람들은 유대-그리스도의 종교와 윤리를 따르고 있지만 다른 종교들도 있다는 것과, 여러분은 불교를 선택했다는 것을 아이에게 말해 주어야 합니다. 아이에게 강제로 불교를 받아들이게 하는 것은 아니라는 것을 아십시오. 아이가 삼보에 귀의하도록 강요하는 것이 아닙니다. 다른 대안도 있다는 것과, 여러분이 선택한 종교에 대해 알려주는 것입니다. 그뿐입니다.

일곱 살이 되어 그 아이가 삼보를 받아들이고 싶어하면 그렇게 해도 됩니다. 이것이 전통입니다. 그러나 일곱 살은 어린 나이고, 그 아이는 불법이 뭔지 분명히 이해하지 못할 수 있습니다. 나중에 아이가 마음을 바꿔도 전혀 상관없습니다. 자녀들이 불법을 받아들이지 않거나 다른 종교를 선택한 것에 대해 마치 죄를 지은 것처럼 느끼게 해서는 절대 안 됩니다. 다른 종교를 받아들여도 좋습니다.

여러분은 부모로서 다른 종교의 이야기들을 자녀에게 들려줘도 좋습니다. 불교와 선禪 이야기와 함께 성경 이야기나 다른 데서 나온 이야기들을 들려준다고 해서 전혀 해가 될 것은 없습니다. 또 여러분의 자녀를 다른 교회―어쩌면 여러분이 원래 다니던 교회―에 데려가서 그들이 다른 신앙, 관습, 관념들에 접할 수 있게 하는 것도 좋습니다. 현 상황에서 여러분은 아마 대개는 절을 찾아갈 것이고, 그래서 자녀들도 불교에 친숙해질 것입니다. 여러분은 자녀가 다른 종교에 적대적인 사람으로 성장하기를 바라지 않습니다. 그것은 불행한 일이겠지요. 특히 그것이 다른 신앙에 접해보지 못한 데서 오는 결과라면 말입니다.

그리고 자녀들에게 종교와 관련하여 무엇을 하라고 말하기보다는, 여러분이 어떻게 하고 있는지, 왜 그렇게 하는지를 설명하는 것도 중요합니다. 왜 좌선을 하는지 설명해 주되 그들에게 좌선을 강요하지는 마십시오. 우리는 불교도로서 모든 중생이 불법을 접하고 받아들이기를 원합니다. 물론 여러분은 자녀가 불법의 이익을 누리기를 바라지만, 강요해서는 안 됩니다.

저는 다른 종교에서 불교로 개종한 많은 분들이 자신의 의지로 그렇게 했다고 알고 있습니다. 누구도 강요하지 않았습니다. 그분들은 모든 사람이 같은 방식으로 불법을 접하고 받아들여야 한다고 생각할지 모릅니다. 부모들은 이렇게 생각할 수 있습니다. '그래, 우리는 우리 자신의 업과 인연에 따라 불법을 발견했다. 자녀들에게도 그와 같이 자유롭게 선택할 수 있게 해야겠다. 만일 그들이 불법을 발견한다면 그것은 정말 좋은 일이다. 그러나 우리는 전혀 개입하지 않겠다.' 이것은 올바른 태도가 아닙니다.

자기 스스로 결정하거나 자기 자신의 길을 발견하는 사람은 아주 적습니다. 대다수 사람들은 다른 사람들이 하는 말에 영향을 받고 그것을 따릅니다. 자녀들이 커가는 과정에서, 불법이 무엇이며 왜 여러분이 불법을 따르는지, 불교와 다른 종교들 사이에 어떤 차이점과 유사점이 있는지를 여러분이 설명해 주는 것이 중요합니다. 사홍서원의 첫 번째 서원이 '무수한 중생을 건지겠다'는 것임을 기억하십시오. 여러분의 자녀도 중생입니다. 어떻게 하는 것이 가장 좋겠습니까? 음식, 주거, 사랑, 좋은 교육을 제공해 주고, 그들이 사회의 쓸모 있는 구성원이 되도록 도와주는 기본적인 보살핌 외에도, 그들의 마음 상태에 관심을 가지십시오. 그들에게 어떻게 마음의 평안을 얻는지 보여줄 수 있습니까? 그들이 삼보를 이해하고 받아들이도록 도와줄 수 있습니까? 그들에게 수행방법을 소개하여 그들이 수행할 수 있도록 도와줄 수 있습니까? 그렇게 할 수 있다면 여러분이 할 수 있는 일을 다 한 것입니다.

우리는 정신없이 바쁘고, 이질적이고, 부단히 변하는 사회에 살고 있어, 어른들조차도 혼란을 느낄 정도입니다. 자녀에게 무엇을 하라, 하지 말라고 이야기하지 말고, 여러분이 특정한 상황에서 어떻게 하는지, 왜 그렇게 하는지를 설명해 주십시오. 또 다른 사람들이 무엇을 할 때는 왜 그렇게 하는지 설명해 주십시오. 자녀를 대신해 판단을 내리지 말고, 그들이 이해할 수 있도록 도와주십시오. 그렇게 할 수 있으면, 자녀들은 여러분을 본받아 아마 스스로 불법을 향하게 될 것입니다.

자녀들이 14, 5세가 되기 전에 그렇게 하는 것이 좋습니다. 일찍 시작하면 자녀들이 불교에 대한 믿음을 일으키기 쉬울 것입니다. 그러나 그 나이가 넘도록 기다리면 자녀들이 그런 믿음을 일으키기가 어려울 것입니다. 더구나 이때쯤은 자녀들이 여러분에게 반항하기 시작합니다. 그래서 그때까지는 대부분의 가르침을 끝내 두는 것이 좋습니다.

불법으로 전향한 성인成人들은 평범하지 않습니다. 그들이 불법으로 전향한 이유는 다양하지만, 통상 기존의 신앙에 뭔가 부족하다는 것을 발견했고 불법을 만나자 여기에 끌린 것입니다. 그것은 전생에 지은 선업의 결과이기도 하지만, 또한 이성적이고 의식적인 결정이기도 합니다. 그러나 대다수 성인들은 변하지 않습니다. 만약 여러분의 자녀가 성인이 될 때까지도 그들에게 불법에 대한 관심을 불러일으키지 못했다면, 앞으로도 결코 그러지 못할 공산이 큽니다. 이제는 그들이 독립해 있기 때문입니다. 자녀에게 불법을 가르치는 것은 그들이 14살이 되기 훨씬 전에 시작되어야 합니다.

여러분의 목표는 자녀가 불법을 받아들이게 만드는 것이 아니라, 모든 사람과 모든 중생에 대한 책임감을 심어주고, 도덕적 원리와 삶에 직면하는 용기를 심어주는 것입니다. 적절한 도덕성을 지닌 자녀들은 자신이나 남들을 해치는 말이나 행동을 하지 않을 것입니다. 적절한 용기를 가진 자녀들은 최선을 다해 앞으로 나아가면서, 일어나는 어떤 일도 받아들일 것입니다. 그들은 또한 삼세인과三世因果의 관념을 받아들일 것입니다. 이런 것들에 집중하십시오. 여러분의 자녀가 어떤 부류의 사람이 되느냐, 그들이 어떤 종교나 길을 따르느냐는 궁극적으로 그들에게 달렸지, 여러분이 결정할 문제가 아닙니다.

질문 이것은 가정적인 상황입니다만, 10대 소년이 부모에게 "저는 스님이 되기로 했습니다. 출가하여 오로지 수행에 전념하겠습니다."라고 한다면, 그 부모는 이런 상황에 어떻게 대처해야 합니까?

스님 저는 열세 살에 출가했습니다. 과거와 현재의 많은 스님들이 어려서 출가했습니다. 10대가 그런 마음을 가지고 있다고 해서 아주 불합리한 것은 아닙니다. 만일 그런 경우가 있다면, 그 부모는 아이에게 그 이유를 물어야 합니다. 만일 이유가 이상하면 그것은 별로 좋지 않습니다. 이유가 정당하다면 그것은 좋습니다. 또 아무 이유가 없고 그냥 떠나야겠다는 강한 충동뿐이라면, 그것도 받아들일 수 있습니다. 사실 저의 경우가 그랬습니다.

실은 현재 우리의 사회에서는 학교를 다녀야 한다는 일정한 규정이 있습니다. 최선의 방식은 아이가 고등학교 교육을 마치게 하는 것입니다. 그러는 동안 그 아이는 절이나 센터를 찾아가서 어떤 스승 밑에서 공부를 시작할 수 있습니다. 학교를 졸업한 뒤에도 여전히 관심이 있다면, 불학원佛學院(불교학을 가르치는 학교)을 다녀야 합니다. 이렇게 하면, 그 아이가 점차 불교와 수행에 대해 배우게 되고, 출가가 정말 자신이 원하는 것인지 여부를 더 잘 판단할 수 있게 될 것입니다.

질문 자녀에게 불교에 대해 가르쳐야 할 부모의 책임이나 의무는 어느 정도로 큽니까?

스님 그 의무의 크기는 여러분 자신을 위한 의무와 같겠지요. 자녀들은 아무것도 모르는 채 시작합니다. 여러분이 자녀에게 정보와 지식을 제공해야 합니다. 그것은 음식과 같습니다. 음식을 가리는 어떤 아이들은 여기서 음식을 조금 집고 저기서 음식을 거부합니다. 어떤 아이들은 앞에 놓아주는 대로 다 먹습니다. 가르침도 그와 마찬가지입니다. 여러분의 자녀는 어떤지 살펴보십시오. 그들이 먹으려고 하는 양만 주고, 억지로 떠먹이지 마십시오.

질문 저는 가톨릭교도로 자랐습니다. 제가 받은 교육 가운데는 하루에 몇 차례씩 묵주기도를 하고, 기도문을 외고, 하느님과 예수님에 대한 이야기를 읽는 것도 있었습니다. 불교도 어버이인 저로서, 그 비슷한 불교의 창송, 예불 등을 제 아이가 배우게 해야 할까요? 또 제 아이들이 좌선을 하게 해야 합니까?

스님 그런 예배 형식이 적으면 적을수록 좋습니다. 동양에서는 많은 부모들이 온 식구들에게 그런 것을 하게 하려고 애씁니다. 일찍 일어나서 분향 예불을 하고, 식사하기 전과 외출하기 전 그리고 잠자리에 들기 전에 같은 과정을 반복하는 것 말입니다. 그것은 과도해질 수 있습니다. 불교의 의식儀式도 다른 종교만큼이나 번잡해질 수 있습니다.

예배 형식은 중요하지 않습니다. 일상생활에서 불교적 정신을 강조하고, 자비심을 심어주십시오. 이런 문제에서 자녀들을 부단히 교육하십시오. 예를 들어, 아이들은 작은 동물을 보면 그것을 학대하지 말아야 합니다. 아이들은 모든 생물들을 도와주려고 노력해야 합니다. 그것이 자비라는 것을 그들에게 일러주십시오.

아이들에게 물자를 낭비하지 말 것과, 우리가 가지고 있는 것은 모두 우리의 이전 업에 따른 것임을 가르치십시오. 물자를 낭비하는 것은 쌓았던 공덕을 허비하는 것입니다. 여러분은 부모로서 낭비를 하면 안 되고, 그런 습관을 그들에게 물려주어도 안 됩니다. 아이들에게 좌선을 가르치는 것은 나쁘지 않지만, 아이들은 가만히 앉아 있기가 어렵다는 것을 아십시오. 만일 관심을 보이면 좌선하는 법을 가르쳐 주고 5분 동안 좌선을 해 보게 하십시오. 계속하고 싶어한다면 그건 좋습니다. 일어나서 놀고 싶어하거나 다른 것을 하고 싶어한다면 그것도 좋습니다.

32. 선 수행과 노인들

질문 선 수행은 힘이 들 수 있습니다. 수행을 처음 배운 노인들에 대해서, 스님이시라면 그들에게 더 맞도록 기법을 바꾸시겠습니까? 또한 불법을 처음 배우는 노인들의 문제에 어떻게 대처하시겠습니까?

스님 부처님은 출가할 때와 나중에 깨달았을 때 아직 젊은이였습니다. 부처님의 첫 제자들 대다수도 젊었습니다. 그러나 재가 제자와 출가 제자들 중에 나이든 사람들도 더러 있었습니다. 부처님의 가장 뛰어난 제자들 중 한 분이고 불교의 초조初祖인 마하가섭(Mahakashyapa)은 출가할 때 노인이었습니다. 그리고 위대한 재가 수행자였던 수닷타(Sudhatta)*는 부처님의 가르침을 만났을 때 아주 나이가 많았습니다.

부처님이 열반에 드시기 직전에는 이미 80세가 넘은 수바드라(Subhadra)라는 사람이 부처님을 찾아와서 당신의 말씀을 듣고 싶어했습니다. 그는 자기 자신과 곧 열반에 드실 부처님에게 시간이 얼마 없다는 것을 알았습니다. 부처님의 몇몇 제자들은 이렇게 말하면서 그를 돌려보내려고 했습니다. "당신은 연세가 이렇게 많은데 가르침이 무슨 소용 있겠습니까? 부처님의 시간은 당신 같은 분에게 쓰기에는 너무 귀중합니다."

---

* (역주) 부처님께 기원정사를 지어 드린 재가 신자. 아나타핀디카라고도 한다.

부처님이 이 말을 듣자, 제자들에게 수바드라를 들여보내게 하고 이렇게 말했습니다. "나이를 너무 많이 먹었다는 바로 그것 때문에 그는 이 말을 들어야 한다." 수바드라는 무리에 끼어 부처님의 말씀을 들었고, 몇 마디 듣고 나서 아라한을 성취했습니다. 그는 부처님의 생전에 받아들여진 마지막 출가승이었습니다.

선종의 조주선사趙州禪師(778~897)는 "개에게도 불성이 있습니까?"라는 공안으로 유명한데, 처음 깨달음의 체험을 얻었을 때가 18세였습니다. 그 후로 그는 여러 스승 밑에서 공부하여 깨달음을 심화시켰지만, 80여 세가 되어서야 제자들을 받기 시작했습니다.

불교는 나이를 가지고 차별하지 않습니다. 업력은 언제라도 성숙할 수 있고, 만일 수행하고 싶은 충동이 생긴다면 나이가 많든 적든 그 사람은 즉시 부지런히 수행을 시작해야 합니다. 사람이 늙으면 더 절박합니다. 왜냐하면 수행할 시간이 많이 남지 않았기 때문입니다. 몇 가지 신체적인 차이도 있습니다. 보통 젊은 사람들은 지구력, 체력, 기력이 더 좋습니다. 나이 든 사람들은 이미 기력을 많이 써 버렸고, 수행에 필요한 체력 면에서 더 약할 것입니다.

그러나 젊은 사람들이 불리한 점도 있습니다. 그들은 보통 환경 속의 많은 것들에 끌리고, 흔히 야심이 많아서 뭔가를 성취하고 싶어합니다. 그래서 기력이 더 분산되는 경우가 많습니다. 일반적으로 말해서 노인들은 그렇게 야심이 많지 않고, 세간 일에 많이 매이지 않습니다. 그들은 더 안정되어 있어, 오롯한 일념으로 수행에 몰두하기가 더 쉬울 수도 있습니다.

질문 불교를 전부터 수행해 왔는데 이제는 늙어 버린 사람들은 어떻습니까? 그들의 수행 방식에는 다른 점이 있어야 합니까?

스님 수행자들은 나이를 먹어 가면서 수행이 더 안정되어야 합니다.

그 수행자들이 젊었을 때는 마음을 분산시키는 요인들이 많아서 수행이 꾸준하지 못했을지 모릅니다. 수행을 젖혀두고 다른 일을 해야 할 때도 있었을 것입니다. 만일 기초가 견고하다면 노인들의 수행은 더 안정되고 방해 요인이 더 적을 것이기 때문에, 그들이 수행에서 벗어나지 않을 공산이 큽니다.

물론 이것은 일반화해서 하는 말입니다. 어떤 사람들은 나이가 들면서 상황이 변해 수행이 더 어려워지기도 합니다. 병이 날 수도 있고 몸이 약해질 수도 있습니다. 반면에 어떤 사람들은 나이를 먹으면서 기력이 더 좋아지고 기상이 더 넘칩니다. 환경이 바뀌어 그들의 수행을 장애할 수도 있습니다. 만일 어떤 사람이 불교를 부수적인 취미로 삼아 줄곧 수행해 오다가 퇴직했다면, 그는 계속 불교를 부차적인 것으로 여기면서 남는 시간을 새로운 관심사로 채울 수도 있습니다. 아니면 수행을 제1순위로 삼을 수도 있겠지요.

어떤 사람들은 처음부터 불법에 대해 잘못된 견해를 가질 수도 있습니다. 그들은 수행이 반드시 모종의 체험을 요한다고 생각합니다. 이런 사람들은 불법의 기초가 잘 잡혀 있지 않은 것입니다. 그들이 나이를 먹으면 이렇게 생각할 수도 있습니다. '이것은 젊은 사람들이나 하는 것이다. 나는 아직 어떤 체험을 얻지 못했으니, 내 나이에 그런 것을 계속 추구한다는 것은 우스운 일이다.' 수행은 이번 생에 국한되지 않는다는 것을 기억하십시오. 그것은 세세생생 이어져 성불할 때까지 계속됩니다. 심지어 성불한 뒤에도 자기 수행의 이익을 위해, 그리고 중생들의 이익을 위해 늘 정진하게 됩니다. 부처님은 깨달은 뒤에도 40년 동안 계속 정진하면서 중생들을 도왔습니다.

질문 수행에 대한 올바른 태도는 목표를 지향하는 것이 아니라 수행을 하나의 과정으로 보는 것 아닙니까? 좌선 그 자체가 가치 있습니다.

바꾸어 말해서 좌선의 목표는 곧 좌선입니다.

스님 맞습니다. 우리는 과거의 위대한 수행자들에게서 그것을 볼 수 있습니다. 그들 중 누구도 무엇을 체험하고 싶은 마음으로 수행하는 태도를 지니지 않았습니다. 그냥 수행했습니다. 업장이 언제 떨어져 나갈지는 아무도 모릅니다. 수십 년을 수행하고도 업장이 떨어져 나가는 것을 체험하지 못할 수도 있습니다. 수바드라 같은 사람들은 몇 마디 말만 듣고도 업장이 사라졌습니다. 그런 일은 예측할 수가 없습니다. 따라서 그저 수행해야 합니다.

질문 그러면 노인은 불교와 수행에 대해 어떤 태도를 가져야 합니까?

스님 정해진 방법과 답변은 없습니다. 어떤 사람들은 나이를 먹어도 정력이 유지되거나 더 증가합니다. 어떤 사람들은 더 약해지지요. 늘 약한 사람들도 있습니다. 우리는 나이로 사람들을 구분해서는 안 되고, 각자의 상황에 따라 판단해야 합니다.

78세 된 한 거사가 선칠에 참가했는데, 그는 자신의 건강이 좋다고 생각했습니다. 저는 그에게 좀 느슨하게 하라고 말했는데, 그는 모든 일을 남들과 같은 정도로 열심히 하겠다고 고집했습니다. 나중에 선칠이 몹시 힘들다고 고백하기에 제가 그에게 "참괴심慙愧心을 내라"고 말했습니다. 인간으로서의 약함을 성찰하고 자신의 허망한 자아를 자각하라고 말입니다. 그 사람은 저의 지시를 따랐고, 상황이 나아졌습니다. 더 이상은 젊은 수행자들과 경쟁하려고 하지 않았습니다. 한번에 몇 시간씩 좌선했지만, 통증이나 스트레스 없이 차분하게 앉았습니다. 자신의 망상을 분명하게 자각하게 되자 그는 울었고, 그 뒤로는 그의 몸이 더 이상 장애가 되지 않았습니다. 나중에 그가 피곤한 상태로 저를 찾아와서 말하기를, 자신은 원래 목표로 했던 바를 이루었으며, 자기에게는 선칠이 끝났다고 느낀다고 했습니다. 저는 동의했고, 그는 집으로 돌아갔습니다.

　반면에 건강이 좋지 않았던 한 젊은 여성이 선칠에 참가했습니다. 처음에는 제가 거절했는데, 두 번째는 건강이 호전되었다면서 저를 설득했습니다. 그래서 오는 것을 허락했습니다. 얼마 지나지 않아 그녀의 몸 상태가 엉망이라는 것이 분명해졌습니다. 저는 그녀에게 뭐든 하고 싶은 대로 하라고 했습니다. 나와서 돌아다니거나, 좌선하거나, 자리에서 일어나도 좋고, 언제든지 쉬어도 좋다고 말입니다. 그녀는 낙심했지만 저의 지시를 따랐습니다. 얼마 후 참괴심이 그녀의 내면에서 자연히 일어났습니다. 네 번째 날은 참괴심이 너무 강했던 나머지 반나절 동안 앉아 있었습니다. 오후에 저를 찾아왔을 때는 그녀의 모습이 확연히 달라져 있었습니다. 이전에는 창백하고, 병색이고, 풀이 죽어 있고, 근심하는 얼굴이었는데, 이제는 얼굴이 밝고 생기로 가득 차 있었습니다. 그녀가 말했습니다. "저는 시험을 통과했다는 느낌이 듭니다." 제가 대답했습니다. "맞습니다. 통과했군요. 당신에게는 선칠이 끝났습니다. 이제 집에 돌아가도 됩니다."

　제가 이 두 가지 이야기를 들려 드리는 것은 젊은 수행자와 늙은 수행자 간에 뚜렷한 구분이 없다는 것을 보여주기 위해서입니다. 그것은 그 개인과 인연 여하에 달렸습니다.

　선칠의 경우를 이야기했지만, 일상생활은 어떻습니까? 역시 아무 차이가 없습니다. 그것은 정신적 문제이지 신체적 문제가 아닙니다. 여러분의 건강과 활력에 맞추어 수행해야지, 나이에 맞추어 수행해서는 안 됩니다. 게으르지 않고 다른 관심사에 마음을 빼앗기지 않는 한, 수행은 나이가 들면서 향상되기 마련입니다. 설사 사람들이 다른 활동에 종사한다 하더라도 결코 수행을 시야에서 놓치면 안 됩니다. 일에 너무 매달려 수행과 불법을 잊어버리면 안 됩니다. 만일 이런 면에서 그들의 마음이 안정되어 있다면, 수행은 향상될 것입니다.

일반적으로 말해서, 왜 우리는 젊은 사람들을 불법 안에서 훈련시키는 것과 힘써 치열하게 수행하는 것을 더 강조합니까? 그것은 젊은 사람들의 마음이 더 산란해지기 쉽고 딴 데로 흐르기 쉽기 때문입니다. 힘차게 수행하면 다른 것을 돌아볼 겨를이 없어, 기력을 모아 집중하는 데 더 도움이 됩니다.

결국 몸이 약하다는 것은 또 하나의 장애에 지나지 않습니다. 일본의 가장 위대한 두 선사인 도겐道元 선사와 하쿠인白隱 선사(1689~1769)는 다 건강이 좋지 않았습니다. 도겐 선사는 폐질환을 오래 앓다가 50대에 입적했습니다. 하쿠인 선사도 도겐 선사처럼 몸이 좋지 않았지만 위대한 수행자가 되었습니다. 그렇다면, 사람들이 나이, 건강 혹은 신체 상태에 관계없이 수행할 수 있다는 것이 분명합니다.

33. 불교와 물질적 성공

질문 물질적 성공과 이익은 수행에 해가 됩니까, 아니면 도움이 될 수도 있습니까?

스님 물질적인 부富를 가지고 있느냐 여부는 문제가 안 됩니다. 중요한 것은 우리가 그것에 대해 갖는 태도이고, 그것을 어떻게 다루느냐 하는 것입니다. 성경에서는 부자가 천국에 들어가기보다 낙타가 바늘구멍을 지나가기가 더 쉽다고 말합니다. 불경에는 그런 말이 없습니다. 오히려 돈 많고 힘 있는 사람들이 뛰어난 수행자였던 사례가 무수히 있습니다. 석가모니 부처님 당시 부자들은 부처님을 지원하는 중요한 역할을 했습니다. 남녀를 막론하고 일부 부유한 사람들은 호법자護法者인 동시에 좋은 수행자였습니다. 사실 그 중의 몇 사람은 아라한도阿羅漢道(성문승)의 4과果 중 제3과를 증득했습니다. 그것은 그들이 현생 이후 다시는 욕계欲界에 태어나지 않는다는 의미입니다. 그들이 제4과를 증득하지 못한 것은 출가의 서원을 발하지 않았기 때문입니다. 그러나 그들은 물질적 부에 대해 올바른 태도를 가지고 있었습니다.

불교적 관점에서 볼 때 물질적 성공에 대한 올바른 이해는, 세간의 모든 것은 여러분의 것이면서 동시에 그 어떤 것도 여러분의 것이 아니라는 것입니다. 어떤 것들은 일반적 의미에서 여러분의 것이지만, 그것은 여러분의 업의 결과일 뿐입니다. 여러분은 단지 얼마 동안만 그런 물건들을 소유하는 것에 지나지 않을 뿐더러, 그것들을 잘 관리할 의무가 있습니다. 큰 규모에서 보면, 지구 전체가 모든 중생의 소유라고 말할 수 있습니다. 그것은 우리가 소유하고 남용할 수 있는 것이 아닙니다. 그것은 우리가 보살피고, 존중하고, 미래 세대에 넘겨주어야 할 것입니다.

올바른 태도를 지니고 있다면, 부유한 사람들은 불법을 돕는 데 유리한 위치에 있습니다. 그들은 자기 재산을 선용할 수 있습니다. 석가모니 부처님은 왕들을 포함한 몇몇 부자들의 집에 머무르기도 했습니다. 부처님 자신도 왕실의 일원이었습니다.

만일 여러분이 부유한데 그 부가 모든 중생의 것이라는 관념을 받아들인다면, 아마 이렇게 생각하겠지요. '주위에 있는 누구든 필요로 하는 사람에게 내 돈을 다 주어 버려야겠다.' 그것은 올바른 일이 아닙니다. 왜냐하면 낭비가 될 수 있기 때문입니다. 그런 결정을 할 때는 판단을 잘 해야 합니다. 지혜로운 사람들은 자기 재산을 어떻게 쓰는 것이 최선인지 알겠지만, 다른 사람들은 그것을 모를 것입니다. 지혜와 부를 겸비한 사람들은 그들의 재산을 계획성 있게 처리하며, 정해진 원칙을 따릅니다. 지혜로운 사람이라야 재산을 제대로 처리할 수 있습니다.

지혜롭고 부유한 사람들은 자기 재산을 아무렇게나 주어 버리지 않을 것입니다. 부유한 사람들은 계속 부를 유지해도 무방합니다. 불교는 가난이나 공산주의를 옹호하지 않습니다. 반면 불교도들은 이렇게 말해서는 안 됩니다. "내 것인 모든 것은 절대적으로 내 것이다. 나는 무슨 수단을 써서라도 내 재물을 지키겠다." 불교는 사람들에게, 보시를 하고 남들을 도와주라고 권합니다. 철저한 자본주의 하에서는 사람들이 가능한 한 많은 재산을 축적하려고 애쓰지만, 그것은 불법에 부합하지 않을 뿐더러 파괴적이기까지 합니다.

부에 대한 다른 태도 가운데는 유해한 것도 있는데, 예컨대 물질적 부를 개인의 안전보장책으로 여기거나 성공, 성취, 지위의 상징으로 여기는 것입니다. 이런 태도를 가진 사람들은 가능한 한 많은 부를 축적하려고 할 것입니다. 백만 원이 있으면 천만 원을 갖고 싶어하고, 천만 원이 있으면 1억 원을 갖고 싶어합니다. 그들은 자기 자신뿐만 아니라 후손들을 위해서도 부를 축적하고 싶어합니다. 그래서 자기 자녀들이나 손자들이 그 부를 유지하고 그것을 계속 늘려갈 수 있기를 바랍니다. 그들은 늘 물질적 부를 늘릴 방도를 궁리하고, 이미 가지고 있는 것을 잃을까 염려합니다. 그들은 너무 많은 것에 신경을 쓰느라고 다른 것을 할 시간이 별로 없고, 수행은 더 말할 나위가 없습니다.

더욱이 그런 사람들은 돈이란 얻기 힘든 것이라는 뿌리 깊은 관념을 가지고 있습니다. 그래서 그것을 나눠주거나 남들을 돕기를 꺼립니다. 무엇을 더 많이 축적한다는 관념은 수행과 상반됩니다. 그와 반대로 재산을 소홀하게 아무렇게나 여기는 태도도 수행과 상반되며, 무책임한 태도입니다. 불경에서는 사람들에게 자신이 가진 것을 선용해야 하며, 가진 것이 없어도 의연할 것을 권합니다. 자신의 부에 너무 의존하거나 그런 부에서 모든 즐거움을 얻으면 안 됩니다. 어떤 상황에서도 만족하는 법을 배워야 합니다.

유명한 선 수행자인 방거사龐居士에 관한 이야기가 하나 있습니다. 그는 아주 부자였는데, 자신의 모든 재산—금은보화—을 배에 싣고 가서 강물에 던져버렸다고 합니다. 그의 가족은 살 집도 한 채 없었습니다. 그들은 바구니를 엮어 팔아 생계를 이었습니다. 사람들이 물었습니다. "왜 재물을 가난한 사람들에게 나눠주지 않았습니까?" 방거사가 대답했습니다. "저는 누구에게도 해를 끼치고 싶지 않았습니다. 만일 사람들에게 재물을 나누어주면 그들은 많은 악업을 지을 것입니다. 그 대신 수행을 하라고 말해주면 그들이 진정한 재물을 얻을 것입니다." 이 이야기는 아마 지어낸 것이겠지만, 좋은 교훈을 줍니다. 욕망을 적게 가지고 단순하게 살면서 만족하는 것이 최선이라는 것입니다.

만일 여러분이 물질적으로 부유하면, 여러분이 져야 할 책임을 더 늘리는 결과를 가져올 수 있습니다. 부를 축적하고 관리하려면 시간과 노력이 필요합니다. 그러면 수행할 시간이 적어집니다. 그러나 여러분 자신을 단순히 그 재산의 관리자에 지나지 않는다고 보면, 그 재산은 실은 모든 중생의 것이 되고 여러분은 수행을 잘할 수 있습니다. 그리고 부를 집착이나 득실의 느낌 없이 바라보며 사용하게 될 것입니다.

부를 갖거나 축적하는 것을 겁낼 필요는 없지만, 부가 가져다주는 즐거움에 너무 탐닉해서도 안 됩니다. 여러분이 가진 것을 절제 있게 사용하여 없는 사람들을 도와주고, 불·법·승 삼보를 지원하십시오.

34. 깨달음은 지속되는가?

질문 자신의 본래 성품을 본 사람들—견성見性한 사람들—가운데 어떤 이들은 계속 번뇌가 있다고 말합니다. 견성은 어떤 지속적인 효과가 있습니까, 아니면 그 이익은 결국 희미해지고 수행자들은 원점으로 돌아가게 됩니까?

스님 견성이란 공성空性을 보는 것이고, 집착할 것이 아무것도 없다는 것을 보는 것입니다. 그것은 『금강경』에서 말하는 네 가지 상相—아상·인상·중생상·수자상壽者相—이 모두 공함을 깨닫는 것입니다. 그것은 영원함常, 즐거움樂, 자아我, 청정함淨의 네 가지 소견이 모두 그릇되고 전도된 것임을 깨닫는 것입니다. 이 네 가지 소견은 수행자든 아니든 관계없이 범부 중생의 일반적인 집착입니다. 사람들은 불멸성, 즉 천당으로 가든 내생을 받든, 영원히 지속되는 불변의 자아가 있다고 믿고 싶어합니다. 그들은 그런 경계가 영원히 행복할 거라고 믿으면서 그 행복을 그들 자신의 체험에 비추어 규정하지만, 그것은 하나의 집착입니다. 그들은 불변의 자아가 영생의 행복을 즐기는 그 경계가 청정할 것이라고, 더 이상 어떤 괴로움이나 오염도 없을 거라고 믿습니다. 그러나 사람들이 청정이나 오염을 이야기할 때, 그것은 보통 욕계에서의 신체적 즐거움의 관점에서 하는 말입니다.

진지한 수행자들을 포함한 대다수 사람들은 이런 네 가지 전도된 소견에 집착합니다. 그런 집착을 가진 사람들은 자신의 본래 성품을 참으로 보지는 못한 것입니다. 대승불교의 기본 원리는 그 어떤 것도 영원하거나 절대적이지 않다는 것입니다. 영원한 자아는 없고, 절대적인 행복이나 청정함도 없습니다. 『심경』과 『금강경』에서 이것을 아주 분명하게 설하고 있습니다. 영원함과 무상함, 자기와 타인, 행복과 괴로움, 청정과 불청정의 구분이 없습니다. 만일 여러분의 수행에서 여전히 그런 전도된 견해 중 어느 것에 대한 집착이 있다면 참으로 견성을 체험한 것이 아니고, (체험했다 해도) 최소한 깊은 견성은 아닙니다.

그러면 어떤 사람들은 견성 같은 것은 없다거나 견성을 체험하기란 불가능하다고 생각할지 모릅니다. 견성을 체험하는 것은 분명히 가능하지만, 그것은 그 수행자에게 달렸고, 지도해 주는 스승에게 달렸습니다. 만일 스승이 선문을 단단히 지키고 있다가 수행자들을 계속 돌려보내면서 그들이 아직 선문에 들지 못했다고 말하면, 어느 지점에서 그들이 더 이상 아무 기대도 하지 못하게 될 것입니다. 더 이상은 깨달음을 추구할 충동이 없어질 것입니다. 그냥 부지런히 수행만 하겠지요. 수행자들은 그런 상황에서 진정한 견성을 체험할 가능성이 높습니다. 그러나 그 체험을 얻고 난 뒤는 무엇입니까? 견성을 체험할 때, 여러분은 아무것도 보지 못했거나 아무것도 성취하지 못했을 것입니다. 과거에 본 것이나 지금 보고 있는 것이나 다르지 않다는 것을 깨닫게 될 것입니다. 다만 이제는 자아가 없을 뿐입니다.

좋은 스승은 몇 마디 질문으로 제자가 자성을 체험했다고 하는 말이 진짜인지 아닌지 판정할 수 있습니다. 그러나 그보다 못한 스승은 속을 수도 있습니다. 대부분의 경우 그런 체험들은 진짜가 아닙니다. 실은 그것은 수행 도중에 일어나는 심리적·생리적 반응입니다. 또다시 저는,

좋은 스승이라야만 어떤 체험의 유효성을 판정할 수 있다는 것을 강조해야겠습니다.

번뇌로 말하자면, 그것은 여러분이 견성을 체험한 뒤에도 사라지지 않습니다. 번뇌는 늘 그랬듯이 계속 나타날 것입니다. 차이가 있다면, 참으로 견성한 뒤에는 자신의 번뇌를 더 잘 자각하게 될 거라는 것입니다. 번뇌가 일어나려고 할 때 그것을 알 것이고, 번뇌의 와중에 있을 때도 그 상황을 아주 분명하게 알 것입니다. 그것은 마치 부단히 감시하는 어떤 별개의 사람이 있어서 늘 깨어 있는 것과 같습니다.

자신의 참된 성품을 보지 못한 사람들은 종종 번뇌에 매몰될 것이고, 자신의 곤경을 호소할 것입니다. 그러나 자신의 참된 성품을 본 사람들에게는 그런 문제가 없을 것입니다. 그들은 번뇌가 일어나는 것을 자각할 것이고, 그들의 번뇌 중 어떤 것도 그리 크지는 않을 것입니다. 이러한 의미에서, 번뇌의 관점에서 볼 때는 견성을 체험한 사람이 그러지 못한 사람보다 훨씬 낫습니다.

질문 자신의 본래 성품을 보지 않고서도 번뇌가 일어나는 것을 보거나 자신이 번뇌의 와중에 있다는 것을 알 수 있지 않습니까?

스님 그것은 같지 않습니다. 자신의 본래 성품을 보지 못한 사람들은 자신의 번뇌를 분명하게 자각하지 못합니다. 명백한 번뇌들은 인식할 수 있을지 모르지만 더 부드럽고 미세한 번뇌들은 자각하지 못할 것입니다. 견성을 체험한 사람들은 자아집착이 개입되는 어떤 것도 인식합니다. 그것은 즉각적이고 직접적인 자각입니다. 견성을 체험하지 못한 사람들은 큰 번뇌들은 인식할지 모르지만, 그것은 직접적인 자각을 통해서가 아니라 이성적인 과정을 통해서입니다.

가끔 사람들은 스스로 자신의 참된 성품을 보았다고 믿습니다. 그들은 심지어 자신이 이제는 법사나 스승이라고 믿고 남들의 수행을 지도할

지도 모르지만, 그들 자신의 삶 속에서는 계속 욕망에 탐닉하거나 계율을 파합니다. 어떤 사람들이 그들에게 이렇게 물을 수 있습니다. "스승님, 그런 것이 나쁜 습관인 줄 아신다면 왜 그것을 계속하십니까?" 그들은 이렇게 대답할지 모릅니다. "그렇다, 나에게는 이런 습관이 있다. 그러나 나는 깨달았기 때문에 그런 것에 집착하지 않는다." 그들이 우리가 모르는 어떤 것을 알고 있습니까? 자신의 본래 성품을 참으로 본 사람들에게도 많은 욕망이 있을 수 있지만, 그들은 그 욕망이 그들을 덮치기 전에 상황을 인식하고 자신을 제어할 것입니다.

어떤 사람들은 견성한 뒤에도 전과 같이 번뇌가 많다고 느낍니다. 자신이 얻은 결과가 노력한 만큼의 가치가 없다고 느낍니다. 이런 사람들은 견성에 대한 올바른 이해가 없는 것입니다. 자신의 참된 성품을 본다고 해서 반드시 번뇌가 없어지는 것은 아닙니다. 자신의 번뇌가 무엇인지를 자각하게 될 뿐입니다. 비유를 들자면, 어떤 사람이 어느 산을 찾으러 나섰는데 그 산이 구름과 어둠에 가려져 있습니다. 그러다 문득 하늘이 밝아지고 맑아져 정상이 보입니다. 그 사람은 산을 보았기 때문에 즐겁지만 산은 아직 멀리 있습니다. 아직은 노력을 더 많이 해야 합니다. 산을 보는 것은 자신의 본래 성품을 보는 것과 같습니다. 어떤 사람들은 수행을 별로 하지 않고도 산을 보는 데 성공합니다. 그러나 산 정상에 도달하려면 많은 노력이 필요합니다.

어떤 사람들은 오랫동안 열심히 수행하고도 전혀 산을 보지 못하고, 심지어 산기슭에 와 있어도 자신이 아주 가까이 와 있다는 것을 모릅니다. 그럴 때는 슬쩍 밀어주거나 약간만 지도해 주어도 문득 자신이 이미 그곳에 와 있다는 것을 깨닫습니다. 이것은 깊은 깨달음에 상당하는 것입니다. 이런 일이 드물기는 하지만, 그것은 깨달음에도 많은 수준이 있다는 것을 보여줍니다.

산을 보는 것은 좋은 일입니다. 비록 산이 아직은 멀리 있다 해도 말입니다. 그런 통찰을 얻은 사람들은 더 큰 확신과 믿음을 가지고 수행하게 될 것입니다. 그들은 어떤 것이 번뇌인지, 어떤 것이 무아인지 이해할 것입니다. 그들의 이해는 지성에서 오는 것이 아니라 직접적인 자각에서 올 것입니다.

얼마나 오래 수행해야 자신의 참된 성품을 보게 되는지에 대해서는 정해진 법칙이 없고, 그 효과가 얼마나 오래 갈지에 대해서도 정해진 법칙이 없습니다. 만일 오랫동안 수행해 왔다면, 그 효과는 한동안 지속될 수도 있습니다. 번뇌가 일어나지 않고 무아의 느낌이 지속된다는 의미에서 말입니다. 그러나 그 체험이 섬광처럼 짧고, 그 효과가 얼마 가지 못할 수도 있습니다. 그것은 구름이 걷혀 하늘이 맑아지기보다는, 번개가 치면서 일순간 산의 모습이 보였다 사라지고 여행자가 다시 어둠 속에 남는 것과 같습니다. 그러나 최소한 산을 보기는 한 것입니다.

깨달음의 체험은 그 사람의 업력과 수행력에 따라 깊을 수도 있고 얕을 수도 있습니다. 자신의 본래 성품을 보는 것(견성)과 깨달음은 어떤 관계가 있습니까? 최초의 깨달음 체험을 '자성을 보는 것'이라고 하지만, 그 이후의 깨달음 체험들은 그런 식으로 말할 수 없고, 이어지는 깨달음 체험 하나하나가 갈수록 깊어집니다. 그래서 조동종에서는 다섯 가지 수준의 성취를 묘사합니다.

또한 명나라 때 이후로 임제종에서는 '삼관三關'을 이야기합니다. '초관初關'은 처음으로 자신의 본래 성품을 본 것에 상당합니다. 두 번째는 '중관重關(겹겹의 관문)'인데, 이때는 깨달음을 거듭거듭 체험하여 점차 번뇌를 제거하고 지혜를 드러내게 됩니다. 그때마다 무아의 체험이 더 오래 갑니다. 세 번째는 '뇌관牢關'으로, 철저한 깨달음에 상당합니다. 여기서 윤회의 감옥牢을 깨트리고 생사의 순환을 초월합니다. 이때는 마치 일체가 사라져버린 것 같습니다. 우주와 자아가 말입니다. 이때는 생사를 관장하는 염라대왕도 여러분을 찾아내지 못한다고 합니다. 만일 자아와 집착의 느낌이 다시 돌아온다면 그것은 철저한 깨달음이 아닙니다. 자아가 아직 있으면 염라대왕이 여러분을 찾아내고 맙니다.

견성에 너무 주안을 두지 말고, 그저 수행하는 데 주안을 두십시오. '궁극의 체험'에 대한 환상에 빠져 시간을 낭비하지 마십시오. 다른 한편, 견성하기는 쉽지 않습니다. 그러니 수행할 때는 게을러지거나 안이해지지 않도록 하십시오.

걸핏하면 소위 깨달음의 체험을 긍정하는 선사를 조심하십시오. 더러 어떤 선사는 잘못 인증해 주기도 합니다. 이것은 오늘날에만 그런 것이 아닙니다. 명나라 때 이후로 흔히 있던 일입니다. 그 후로 '동과인冬瓜印'이란 말이 생겼는데, 이것은 그런 잘못된 인증을 묘사하는 적절한 말입니다. 선사가 어떤 깨달음 체험을 인증하는 것은 법의 도장法印을 찍어 주는 것과 같습니다. 도장은 단단한 돌이나 옥玉과 같이 오래 가는 재료로 만들어야 합니다. 동과冬瓜(호박 비슷한 열매인 동아)로 만든 도장은 물러서 얼마 가지 못합니다.

부적절한 인증은 선사들의 솜씨와 안목의 부족을 반영합니다. 어쩌면 그 선사들은 자신의 본래 성품을 참으로 보지 못했는지도 모릅니다. 아니면 아직도 많은 번뇌가 있는 평범한 수행자들인 것입니다. 집착이 일부 선사들에게 부정적인 영향을 주어서, 그들로 하여금 진짜 깨달음이 아닌 체험들을 인가하게 만듭니다. 아마 그들은 제자들을 더 많이 받아 불교 교단 내에서 자기 세력을 키우고, 법제자를 많이 두고 싶은 야심이 있는 거겠지요. 그런 선사들은 동과인을 사용하는 것이고, 더 심할 경우 두부인豆腐印을 사용하는 것입니다. 사실 선사에게 얼마나 많은 제자가 있느냐는 중요하지 않습니다. 일념으로 정진하는 소수의 수행자들로 족합니다. 만일 선사에게 법제자가 없다면, 그것은 그의 법맥이 끊어질 거라는 것을 의미할 뿐입니다. 그것은 별로 큰일은 아닙니다. 선종의 초조인 보리달마에게는 법제자가 네 명뿐이었는데 세 명은 남자, 한 명은 여자였습니다.

예전에는 잘못된 인가를 해 주는 선사들이 혹독한 비판을 받았고, '약장弱將'이라고 불렸습니다. '강장强將'들은 관문을 잘 지킵니다. 그들은 뇌물을 받지 않고 쉽게 속아 넘어가지도 않으며, 슬그머니 통과하는 것을 허용하지 않습니다. 강한 자들만이 통과할 수 있습니다. 반면에 약장들은 관문이 견고하지 않고, 정신 차려 잘 지키지도 못합니다.

잘못된 인가는 불행한 것입니다. 특히 자신이 이미 견성했다고 생각했으나 더 이상 진보하지 못하는 수행자들에게 그렇습니다. 그리고 그들이 자신의 체험이 진짜가 아니라는 것을 발견하게 되면 불법에 대한 믿음을 상실할지도 모릅니다.

질문 견성한 사람들이 자신의 번뇌를 더 많이 자각하게 되면 나중에 더 나빠졌다고 느낄 수도 있습니까? 견성을 체험하기 전에는 자신의 번뇌를 몰랐기 때문에 속상해 할 것이 없었는데 말입니다.

스님 그것은 그렇지 않습니다. 만일 자신의 번뇌를 자각한다면 거기에 덜 집착하게 되어 있습니다. 번뇌를 자각한다는 것은 자신이 범부 중생의 상태에 있음을 이해한다는 뜻입니다. 중생에게 번뇌가 있는 것은 당연하다는 것을 이해하기 때문에, 자신의 번뇌로 인해 속상해하지 않을 것입니다.

질문 견성한 사람들은 자기 자신과 자신의 번뇌를 더 잘 제어합니까?

스님 우리가 말할 수 있는 것은, 견성한 사람들은 자기 자신과 자신의 수행에 대해 더 큰 신심을 갖는다는 것뿐입니다. 그들은 중생에게 번뇌가 있는 것은 정상이라는 것을 알지만, 수행을 통해서 번뇌가 줄어들고 사라질 거라는 믿음을 가지고 있습니다.

질문 가짜 선사들은 고의로 남들을 속입니까, 아니면 자신이 좋은 선사라고 정말 생각하는 것입니까?

스님 두 경우가 다 가능합니다. 실제로는 그렇지 않은데 자신이 좋은 선사라고 정말 믿는 사람들도 있고, 자신이 평범하다는 것을 알면서도 명성이나 부를 탐하여 계속 남들을 속이는 사람들도 있습니다.

질문 어떤 기준으로, 그리고 누구의 판단으로 어떤 선사가 좋은지 나쁜지를 가립니까?

스님 어떤 때는 그것이 이중기준의 형태로 드러납니다. 즉, 선사가 어떤 식으로 가르치기는 하지만 그의 수행과 삶은 딴판인 경우입니다. 선사들이 이따금 나쁜 습관을 보인다고 해도, 그들이 자신의 행위를 자각하고 있는 한 심각한 문제는 아닙니다. 어쨌든 그들은 아직 범부 중생인 것입니다. 만일 어떤 선사가 "이것이 선사의 방식이다"라든가 "나는 보살이니까, 남들을 돕기 위해 이런 식으로 행동할 수 있다"고 말한다면 그것은 이야기가 다릅니다. 또 선사가 어떤 수행자들을 편애한다면 그것도 좋지 않습니다. 선사는 모든 사람을 똑같이는 아니라 하더라도 평등하게 대해야 합니다.

그러나 그것은 입장을 바꾸어도 마찬가지라는 것을 유념하십시오. 만일 수행자들이 이 센터 저 센터 다니면서 선사들의 약점을 찾아내어 "이 사람은 좋지 않다, 저 사람은 좋지 않다"고 말한다면, 그들 역시 잘못 행동하는 것입니다. 선사의 강점과 약점을 찾는 데 몰두하는 것은 좋은 태도가 아닙니다. 그것은 시간과 기력의 낭비이기도 합니다.

부록

1. 절하기

질문 선종에서 하는 절의 방식과 의의를 말씀해 주시겠습니까? 절을 할 때는 어떤 태도로 해야 합니까? 스님께서는 어떤 때는 참회의 마음을 가지고 절을 해야 한다고 말씀하시고, 어떤 때는 몸의 움직임을 자각해야 한다고 하시며, 또 어떤 때는 감사의 마음으로 해야 한다고 말씀하십니다. 스님께서는 또한 여러 가지 절하는 방식을 말씀하셨고, 절 수행을 통해서 여러 수준의 성취를 이룰 수 있다고도 하셨습니다.

스님 절은 오래된 수행으로, 약 2천 5백 년 전 부처님이 출현하기 오래 전부터 인도에 존재하던 것입니다. 당시 인도에서는 종교가 주도적인 힘을 가지고 있었고, 사람들과 신神들 및 영계靈界 간에 상호작용 하는 방식들이 받아들여지고 있었습니다. 절도 그런 상호작용 방식 중의 하나였습니다.

사람들이 서 있거나 앉아 있을 때 머리는 위를 향하고 눈은 앞을 향합니다. 절을 할 때는 상징적으로 여러분의 머리를 절하는 대상의 발에 두고, 두 손바닥을 위로 향하게 하여 상대방의 두 발을 받드는 모양을 상징합니다. 머리는 몸의 가장 높은 부위이고 발은 가장 낮은 부위입니다. 따라서 절하는 사람은 자기 몸의 가장 귀중한 부위로써 상대방의 가장 낮은 부위에 접촉하는 것입니다. 이러한 자세에서 우리는 마음속으로 겸

손, 부족, 불완전의 느낌을 일으키기가 더 쉽습니다.

이런 자세와 마음 상태 속에서는 자아에 대한 집착이 경감됩니다. 마음은 더 맑아지며, 문제들은 더 예리하게 초점에 들어오기 때문에 더 빨리 사라집니다. 이런 느낌이 일어날 때는 사람들이 신들과 접촉하기도 쉬워집니다. 그런 신들이 실제로 존재하느냐 않느냐는 중요하지 않습니다. 하지만 우리는 종교가 미신에 불과하다고 말할 수 없고, 영계의 존재를 무시하거나 부인할 수 없습니다. 실로 다른 세계들이 존재하고, 인간들은 그런 세계의 존재들과 엄연히 상호작용 하고 있습니다. 우리가 그것을 알든 모르든 관계없이 말입니다. 이것만으로도 절은 유용한 것입니다. 그것은 인간으로서의 우리의 한계를 초월하여 영적인 실체와 접촉하는 하나의 방식입니다.

부처님 당시 사람들이 부처님의 제자가 될 때는 두 가지를 했습니다. 첫째, 삼보(불·법·승)에 귀의했습니다. 둘째, 부처님께 예의와 경의를 표했습니다. 예의는 의식상의 몸동작이나 행동과 관계되고, 경의는 한결 정신적인 태도입니다.

삼보에 귀의하거나 삼보에 감사를 표하는 것은 대다수 불교도들에게 친숙한 하나의 상징적 행위입니다. 그것은 두 가지 서로 다른 방식으로 예의와 경의를 표하는 것으로써 행해집니다. 하나는 공양을 올리는 것으로써, 또 하나는 의식을 통해서입니다. 의식에 의한 경의는 얼마든지 많은 방식으로 표할 수 있지만, 가장 간단한 것은 합장을 하고 검지를 응시하면서 허리를 굽혀 절을 하는 것입니다. 이보다 더 의미가 깊은 동작이 엎드려 절하는 것입니다.

이 엎드려 절하기에는 두 가지 방식이 있습니다. 하나는 바닥에 두 무릎, 두 팔꿈치 그리고 이마를 대고 두 손바닥을 앞으로 뻗은 다음 위로 뒤집는 것입니다. 우리가 이런 방식으로 합니다. 또 하나는 몸의 앞쪽 전부를 쭉 뻗어 바닥에 닿게 하는 오체투지입니다. 절을 할 때는 몸을 아래로 굽힐 때 머리와 몸을 일직선으로 유지하는 것이 중요합니다. 그렇게 하지 않으면 두통이 올 수 있습니다.

질문 공양을 올린다고 하신 것은 어떤 의미입니까?

스님 그냥 말 그대로입니다. 여러분 자신의 어떤 것을 삼보에 바치는 것입니다. 자신이 할 수 있는 최선을 다하고, 자신이 베풀 수 있는 것을 베푸는 것입니다. 그럴 여유가 있다면 그 공양에는 돈도 포함될 수 있습니다. 그러나 돈이 공양의 유일한 형태는 아닙니다. 물, 음식 또는 꽃을 공양할 수도 있고, 봉사로써 공양할 수도 있습니다. 중요한 것은 여러분의 마음과 의도라는 것을 기억하십시오.

절은 몸으로 공양을 올리는 것과 같습니다. 경전에 따르면 여섯 가지 수행 방식이 있습니다. 첫째는 독경, 둘째는 사경寫經, 셋째는 절하기, 넷째는 공양, 다섯째는 참회, 여섯째는 설법입니다. 좌선은 비교적 특별한 수행입니다. 고대에는 사람들이 법을 닦을 때 늘 이 여섯 가지 수행으로 시작했습니다.

많은 사람들은 좌선을 할 때 신체적·심리적 장애가 있습니다. 이것은 이전의 업이 나타나는 것입니다. 사람에 따라 혼침昏沈이나 산란을 호소할 수도 있고, 심지어는 경전을 오래 읽지도 못합니다. 만일 큰 소리로 읽으면 피로해지고, 마음속으로 읽으면 마음이 산란해집니다. 그럴 때는 절이 좋은 수행입니다.

불교에서는 예의, 경의, 참회를 크게 강조하는데, 특히 좌선하기 어려운 사람들에게 그렇습니다. 참회절은 늘 유용합니다. 티베트 금강승金剛乘(Vajrayana) 전통에서는 수행을 처음 시작하는 사람들이 네 가지 예비 수행을 합니다. 그 첫 번째는 10만 배拜 오체투지입니다. 그것이 끝나면 그 사람의 생리적·심리적 상태가 변해 있을 것이고, 좌선을 수행하기가 훨씬 쉬울 것입니다.

중국에서는 수나라(581~618) 때부터, 특히 천태종에서 절 수행을 권장했습니다. 참회를 수행하는 사람들을 위해 다양한 의궤儀軌(의식 절차)들이 마련되었습니다. 그 중의 하나는 '법화참法華懺'입니다. 다른 것들은 다른 경전에 기초하고 있습니다. 대다수 사람들에게 삼매는 얻기가 쉽지 않고, 그래서 참회절이 중요하고도 유용합니다.

절을 할 때의 여러 가지 동작들은 이미 설명했습니다. 덧붙이자면, 절은 천천히 할 수도 있고 빨리 할 수도 있습니다. 그리고 불상 앞에서 할 수도 있고, 마음속에 삼보를 떠올리면서 할 수도 있습니다. 혹은 그런 것들 없이 할 수도 있습니다. 또 그냥 자신의 동작을 자각하면서 할 수도 있습니다. 절할 때 동작을 자각하는 목적은 결국 자신의 몸과 마음을 잊어버리고—본질적으로는 사라지지만—절이 저절로 이루어지게 하기 위한 것입니다.

절을 하는 동안 마음을 동작에 집중하면 네 가지 수준의 몰입을 성취할 수 있습니다. 첫째는, 그 동작을 이끄는 동안 몸동작의 모든 측면에 하나하나 세밀하게 주의를 기울이는 것입니다. 두 번째 수준에서는 모든 세밀한 부분에 주의를 기울이지는 않고 몸을 이끄는 것만 자각합니다. 셋째, 몸을 이끌거나 몸이 자신의 것이라고 생각하지 않지만, 여전히 그것이 절을 하는 것을 지켜봅니다. 넷째, 몸이나 몸이 움직이고 있음을 자각하지 않지만, 그럼에도 절은 계속됩니다. (네 번째 수준에 있을 때는 삼매에 든 것인데) 네 번째 수준에 다시 두 종류가 있습니다. 하나는 일어서거나 내려가는 자세에서 동작이 멈추어 버리는 것입니다. 몸과 마음이 분리되었기 때문에 그 사람은 움직일 수 없지만, 그것은 참된 삼매가 아닙니다. 더 나은 것은 몸은 계속 절을 하지만 마음이 움직이기를 멈춘 경우입니다. 이것이 참된 삼매입니다.

삼매의 수준에는 도달하기 쉽지 않습니다. 이곳 선 센터에서는 네 번째 수준의 낮은 종류에 도달한 사람도 몇 명밖에 보지 못했습니다. 세 번째 수준에 도달한 사람도 몇 명 보았는데, 이때 그들은 마치 다른 사람이 절하는 것을 지켜보는 것 같았다고 말합니다.

지금까지 저는 천천히 하는 절에 대해 이야기했습니다. 천천히 절을 할 때도 여전히 망념이 많을 수 있습니다. 만일 생각을 가라앉힐 수 없으면 빠른 절을 해도 됩니다. 그러면 보통 망념이 줄어듭니다. 특히 염불을 곁들여 할 때 그렇습니다.

저는 최소한 네 가지 유형의 절에 대해 이야기했습니다. 경의의 절, 감사의 절, 참회의 절, 삼매 수행으로서의 절입니다. 앞의 세 가지 수행에 대해서 보자면, 여러분은 절을 하면서 그러한 마음의 태도를 오랫동안 유지하지 못합니다. 감사의 마음으로 몇 번을 절을 할 수 있지만, 그런 다음 그 마음의 상태가 희미해지고 사라집니다. 경의와 참회의 절도 마찬가지입니다.

참회절은 통상 절하기 전후에 하는 몇 가지 유형의 창송唱誦을 포함합니다. 이러한 창송은 참회의 마음을 표현하는 것입니다. 그러나 수행의 주된 부분은 절입니다. 절을 하는 동안은 여러분 자신을 비난하거나 탓하지 말고, 자기연민에 빠지지 마십시오. 그런 정서를 심중에 지니지 마십시오. 일단 참회했으면 그것은 젖혀두고 절에 전념하십시오.

질문 만일 어떤 사람이 참회를 젖혀둔다면, 그 절하기는 삼매 수행이 되는 것 아닙니까?

스님 차이점이 있습니다. 첫째, 참회절은 절하기 전후에 창송하는 것이 있습니다. 둘째, 이런 절에서는 절을 한 번씩 할 때마다 서로 다른 불보살의 명호를 염합니다. 이렇게 염불을 덧붙이기 때문에 삼매에 들 수가 없습니다. 그렇기는 하나, 이런 절도 충분히 오랜 시간 하면 마음이 가라앉을 것이고, 좌선이 쉬워질 것입니다.

또한 창송을 하지 않고 참회절을 하는 사람들도 있습니다. 그러나 보통 그들도 어떤 유형을 따릅니다. 예를 들어 매일 참회하는 마음으로 500배를 할 수도 있습니다. 또 그렇다고 해서 그들이 억지로 참회한다는 의미는 아닙니다. 그냥 시작하기 전에 그것이 참회절이라는 것을 스스로 상기하는 것입니다. 그것은 유용한 수행입니다. 저는 사미승일 때 그렇게 해 봤고, 얼마 후 그 수행에서 어떤 특별한 감응을 얻었습니다. 머리에 서늘한 느낌이 왔고 그 뒤로는 머리가 맑아졌습니다. 제가 그 절을 한 것은 저의 스승님이 저에게 총명해지고 싶으면 관세음보살님께 절을 해야 한다고 했기 때문입니다. 저는 스승님이 저를 내쫓을까 봐 걱정했고, 그래서 매일 500배를 했습니다. 얼마 후에는 무엇을 얻기 위해서가 아니라, 그것이 좋은 일이고 올바른 일이라고 느꼈기 때문에 했습니다. 그냥 참회의 마음으로 절을 한 것입니다. 결국 제 마음이 맑아졌습니다.

질문 일주일에 한두 번 좌선 대신 절하는 것을 권장하시겠습니까?

스님 절이 수행 일과의 일부가 된다면 그것은 아주 좋습니다. 그러나 그것이 좌선을 대체해서는 안 됩니다. 좌선에 곁들여 절을 해야 합니다. 그러나 좌선을 하려고 하는데 몸이나 마음에 너무 불편한 느낌이 들 때는 좌선 대신 절을 해도 무방합니다.

질문 선칠 도중 가끔 스님께서는, 우리가 (절을 할 때는) 자신의 불완전한 점들을 성찰한 다음 그것을 잊어버리고 절하는 동작에 집중해야 한다고 말씀하십니다. 그렇게 하는 목적은 무엇입니까?

스님 제가 여러분에게 절을 하게 할 때, 때로는 여러분의 부족한 점들을 성찰해 보라고 하고, 때로는 삼보에 대한 감사의 마음으로 절을 하라고도 합니다. 그 목적은 이 참회나 감사의 정서가 여러분의 내면에서 일어나도록 하기 위해서입니다. 우리가 이런 정서를 가지고 있을 때는 마음이 차분해지고 기력이 안정되기 쉽습니다. 그것은 좌선에 좋습니다.

질문 저는 그렇게 절하는 법을 알기가 어렵다고 느낍니다. 선칠을 할 때는 제가 그런 참회나 감사의 느낌을 억지로 일으켜 보려고 하는 것을 발견합니다. 저는 모든 주의력이 거기에 집중되어야 하는지, 아니면 처음에 그것을 다소 느슨하게 말하고 나서 그것을 마음의 뒤편에 남겨두고 그냥 동작에 집중해야 하는지 확신하지 못하고 있습니다. 그래서 헷갈리고 긴장하게 됩니다.

스님 만일 참회나 감사의 정서를 일으킬 수 있다면 그것은 좋습니다. 그러나 참으로 그런 정서를 느끼지 못한다면, 그냥 몇 마디 말을 한 다음 그건 젖혀두고 절하는 동작에 집중하십시오. 억지로 하지는 마십시오.

어떤 사람들은 선칠 도중에 절을 하면서 눈물을 흘리고 싶어합니다. 후회의 마음으로 울고 싶은 것입니다. 그런데 그게 안 되면 저에게 왜 제가 그들을 울게 하지 않느냐고 묻습니다. 저는 그런 것과 별로 무관합니다. 그래서 그들에게 지금은 울 때가 아니라거나, 그들이 우는 타입의 사람이 아니라고 말해줍니다.

질문 법 스승들께 절을 하는 것은 어떻습니까? 선칠 도중 저희는 소참에 앞서 스님께 절을 올리고, 여러 가지 의식 도중에도 절을 합니다. 게다가 어떤 사람들은 법사와 스님들을 만나서 인사를 할 때도 절을 올립니다. 저는 이것이 동양적 전통의 일부라고 생각하지만, 많은 서양인들은 이 관행을 불편하게 느낍니다. 그런 경우에 우리가 가져야 하는 어떤 태도가 있습니까?

스님 우리는 절을 함으로써 삼보에 대한 존경을 표합니다. 삼세제불三世諸佛에게 절을 하는 것은, 부처님이 세상에 불법을 가져다 주셨기 때문입니다. 법에 절을 하는 것은, 그것이 부처님의 가르침이기 때문입니다.

승가에 절을 하는 것은, 스님들과 스승들이 부처님의 가르침을 대표하기 때문입니다. 그래서 스님들과 스승들은 삼보의 구체적인 표현입니다.

따라서 여러분이 스님에게 절을 할 때는 그 스님이 대표하는 삼보에 경의를 표한다는 태도로 해야 합니다. 그 스님 개인에게 절을 하거나 숭배하는 것이 아닙니다. 마찬가지로, 스님들은 사람들이 자신에게 절을 할 때 자기 자신을 특별한 존재로 보면 안 됩니다. 스님들은 자신을 마치 불상처럼 보아야 합니다.

재가인들은 격식 없는 상황에서 스님들을 만났을 때 큰절을 할 필요가 없지만, 하고 싶으면 해도 됩니다. 선칠과 같이 절이 수행과 일과日課 의례의 하나인 특수한 상황도 있습니다. 그리고 아침 예불이 끝난 뒤 스승의 가르침에 대한 감사의 마음으로 스승에게 절을 하는 것도 통용되는 관행입니다. 이것은 중국불교의 전통입니다. 이 전통이 서양에서 지속되느냐는 인연 여하에 달렸습니다.

스님들은 특별한 경우나, 오랜만에 처음으로 만났을 때 서로 큰절을 합니다. 서로 매일 볼 때는 큰절을 할 필요가 없습니다. 또한 스님들이 그들의 스승을 매일 본다면 큰절을 할 필요가 없습니다. 그러나 수행과 관련되는 중요한 질문이 있을 때는 스승에게 큰절을 해야 합니다. 다른 때에는 간단한 절(합장반배)로 족합니다.

2. 꿈

질문 누구나 꿈을 꿉니다. 어떤 꿈은 다른 꿈들보다 더 의미 있고 실제적인 것처럼 보입니다. 불교에서는 다른 수준들의 꿈에 대해 이야기합니까? 예를 들어 대혜종고 선사(1089~1163)의 서신들 중 하나를 읽어보니, 어떤 사람이 말하기를 어느 꿈에서 대혜 스님이 자신의 방에 들어왔다고 했습니다. 나중에 대혜 스님은 자신이 실제로 그의 꿈속에 있었다고 대답했습니다. 스님께서도 만일 어떤 사람이 확신을 가지고 스님을 생각하거나 스님 꿈을 꾸면 스님께서 그 꿈속에 계실 거라고 말씀하신 적이 있습니다. 다른 한편 불교에서는 일체가 환幻이라고 말합니다. 이 주제에 대해 말씀해 주실 수 있습니까?

스님 대승경전에서는 말하기를, 만일 어떤 사람이 큰 믿음을 가지고 수행하고 불법을 공부하면 불보살님들과 부처님 세계를 꿈에서 볼 수 있을 거라고 합니다. 그런 꿈들은 실제적일 수 있습니다. 대사나 조사들이 수행 중에 꿈속에서, 스승을 어디서 찾으라는 말을 들었다는 이야기들도 있습니다.

고대의 선사들과 꿈에 얽힌 이야기들이 많이 있습니다. 어느 선사는 절에 딸린 다른 지역의 농장을 찾아가 보고 싶었다고 합니다. 다음날 그는 아무에게도 말하지 않고 갔는데, 당도해 보니 그 농장을 관리하던 스님이 푸짐한 식사를 준비해 두고 있었습니다. 선사가 어떻게 알았느냐고 묻자, 그 스님은 전날 밤 꿈속에서 토지신이 선사가 올 거라고 알려주어서 식사 준비를 했다고 대답했습니다. 선사는 그 공양은 자신이 아니라 토지신에게 올려야 한다고 말했습니다. 이 경우 그 꿈은 분명히 진짜였습니다.

또 한 가지 이야기는 허운 노스님(1840~1959)과 관련되는 것입니다. 한번은 스님이 꿈속에서 미륵부처님이 계신 도솔천에 갔습니다. 여기서 허운 스님은 옛 친구들과 스님의 동시대 선사들을 만났습니다. 스님은 그곳에 머무르고 싶다고 했지만, 미륵부처님이 그의 금생업이 아직 끝나지 않았기 때문에 세상으로 다시 돌아가야 할 것이라고 말했습니다.

유식종唯識宗에서는 꿈이 의식의 한 상태라고 말합니다. 의식은 보통 감각 기관들을 통해서 나타나지만, 감각 기관을 통하지 않는 독립된 의식(독두의식獨頭意識)도 있을 수 있습니다. 독립된 의식에는 세 가지 수준이 있습니다. 하나는 꿈속에서, 하나는 삼매 속에서, 또 하나는 미친 상태에서 나타납니다. 꿈속의 독립된 의식은 시작 없는 옛적부터 축적된 업력에서 일어납니다. 이 의식이 일어날 때는 감각 기관과 아무 연관이 없습니다. 반면에, 우리는 그것이 아무런 외부적 실체가 없다고 말할 수는 없습니다. 왜냐하면 그것은 이전의 업에서 나오고, 그 업은 환경과의 상호작용을 통해 창조되기 때문입니다.

일부 경론들은 대사들이 꿈의 상태에서 저술했다고 이야기됩니다. 예를 들어, 『유가사지론瑜伽師地論』이라는 유식종의 중요한 경론은 무착無着(Asanga)이 그런 꿈의 상태에 있는 동안 지었다고 합니다. 그가 매일 밤 잠이 들면 미륵보살이 꿈속에 나타나 무엇을 쓰라고 말해주었다는 것입니다. 무착이 유일하게 그 꿈들을 꾼 사람이므로 우리는 그의 말을 믿을 수밖에 없습니다.

당나라 때의 어떤 사람에 대한 이야기도 있습니다. 그는 사형을 당하게 되어 있었는데, 어느 날 밤 꿈에서 『화엄경』을 특별한 방식으로 천 번을 독송하라는 말을 들었습니다. 깨어나자 그는 꿈에서 지시받은 대로 했고, 사형을 당하게 되었을 때 칼날이 그의 목에 들어가지 않아 목숨을 건졌습니다.

불경에 나오는 꿈 이야기를 하자면 밤낮을 해도 다 못할 것입니다. 분명히 불교는 꿈들에 대해 이야기합니다. 불법의 관점에서 보자면 꿈에는 세 가지 종류가 있습니다. 첫 번째는 번뇌와 상상에서 일어나는 꿈입니다. 예를 들어, 일상생활 속의 두려움은 악몽으로 나타날 수 있습니다. 두 번째는 가족과 같이 여러분과 강한 인연을 가진 사람에 대한 꿈입니다. 그들의 신상에 무슨 일이 있을 때, 여러분은 꿈을 통해 그것을 다소나마 알게 됩니다. 세 번째는 귀신, 보살, 부처님들이 여러분에게 심어주는 꿈입니다. 어떤 신통력을 계발한 존재들은 사람에게 특정한 꿈을 꾸게 할 수도 있습니다.

선禪에서는 모든 꿈을 환幻으로 간주합니다. 짧은 꿈, 긴 꿈, 진짜 꿈, 가짜 꿈, 생사와 환생에 관한 꿈을 가리지 않고 말입니다. 우리의 일상생활이라는 꿈은 중간적인 꿈이라고도 불립니다. 우리가 자면서 꾸는 꿈은 작은 꿈입니다. 우리는 모든 꿈을 환으로 간주해야 합니다. 그렇지 않으면 그런 것들에 너무 많은 주의를 베풀게 될 것이고, 그 꿈들이 우리에게 두려움, 기대 등의 감정을 야기할 것입니다. 그러면 우리가 수행을 하기 어렵게 됩니다.

사람들이 꿈을 꾸는 잠에는 보통 두 단계가 있습니다. 하나는 잠이 든 직후에 마음이 점차 차분해지고 있지만 아직 완전히 휴식하지 않았을 때입니다. 이때 꾸는 꿈은 거의 언제나 첫 번째 유형, 즉 낮 동안 일으킨 번뇌에서 일어나는 것입니다. 다른 하나는 마음이 완전히 휴식하는 깊은 잠을 한참 자고 난 뒤입니다. 이때 꾸는 꿈은 현실과 상당히 부합하는 수준의 것일 수 있지만, 늘 그런 것은 아닙니다. 예를 들어, 잠을 깊이 못 자거나 편안하게 자지 못하는 사람들은 이런 유형의 꿈을 꿀 만큼 마음이 차분해지지 못할 수도 있습니다.

대만의 유명한 한 불자의 모친이 한 번은 우리 절(농선사)에서 하는 선칠에 참가했습니다. 그녀는 원래 선칠에 참가하고 싶은 생각이 전혀 없었는데, 꿈에서 담장이 아주 높은 절을 보았습니다. 그러나 절로 들어가는 입구를 찾을 수 없었습니다. 그때 한 노승이 그녀에게 손을 흔들며 들어오라고 했습니다. 그녀는 그곳이 어떤 절이며, 그 스님이 누군지 전혀 몰랐습니다. 얼마 후 그녀는 신문을 보다가 제 스승님의 사진을 보았습니다. 바로 꿈속에서 본 그 스님이었습니다. 스님은 돌아가신 지 몇 해가 지났고, 그녀는 스님을 한 번도 뵌 적이 없었습니다. 그녀가 절에 와 보니 바로 꿈속에서 본 그 절이었습니다.

질문 저는 스님의 꿈을 꾼 적이 있습니다. 드물게 있는 일이지만, 스님의 꿈을 꿀 때는 그 꿈이 아주 명료하고, 역시 명료한 상태에서 깨어나는 것이 보통입니다. 제가 언젠가 그런 꿈에 대해 스님께 편지를 드렸을 때, 스님께서는 만일 제가 진지하게 믿음을 가지고 스님을 생각하고 스님의 지도를 바라면, 스님께서 그곳에 계실 거라고 하는 답장을 주셨습니다. 그 말씀이 비유적인 것인지 문자 그대로인지 저는 전혀 알 수 없었습니다.

스님 그대가 묘사하는 그 꿈은 두 번째 유형의 것, 즉 두 사람 간에 특별한 감응이 있는 꿈입니다. 그것은 쉽게 설명이 됩니다. 그대가 믿음을 가지고 제 도움을 필요로 할 때 저의 꿈을 꾸면, 제가 발한 서원에서 나오는 힘을 받을 수 있습니다. 그러나 그렇게 하는 것은 꿈을 꾸는 사람인 그대에게 달렸습니다. 그렇게 할 수 있는 것은 그대의 마음입니다. 제가 개인적으로 그대의 꿈속에 들어가는 것은 아닙니다. 저는 깨어 있을 수도 있고, 잠들어 있을 수도 있고, 저 자신의 꿈을 꾸고 있을 수도 있습니다. 우리는 같은 꿈을 공유하지 않습니다. 가끔 어떤 사람들은 같은 꿈을 꾸기도 한다지만 말입니다.

그러나 사람들은 한 번도 만난 적이 없는 사람이 꿈속에 나타나 무엇을 말해주거나 지시해 주는 꿈을 꿀 때도 있습니다. 대만의 많은 사람들은, 자신들이 저를 한 번도 만난 적이 없지만 저에 대한 꿈을 꾸었기 때문에 저를 찾아왔다고 말했습니다. 저는 그들에게 그것은 정말 꿈을 꾼 거라고 말합니다. 그들은 제가 그들에게 절을 찾아오라고 말했다고 하지만, 저는 그들을 만난 기억이 없다고 그들에게 말합니다. 이런 것은 세 번째 범주의 꿈입니다. 그것은 그 절의 수호신이나 저의 모습을 취한 다른 어떤 신령이 이런 사람들에게 저를 찾아가라고 지시해 주는 것일 수 있습니다. 그것은 제가 아닙니다. 제가 그런 일까지 다 해야 한다면 잠을 한숨도 못 자겠지요.

이런 꿈들의 대다수는 꿈꾸는 사람의 의식의 흐름에서 나옵니다. 그 상대방이 실제로 그 꿈속에 나타나는 것이 아닙니다. 사람들이 저에 대한 꿈을 꿀 때 보통 그렇습니다. 그러나 저의 제자 한 사람은 15년 전에 돌아가신 자신의 이전 스승에 대한 꿈을 저에게 들려주었습니다. 그 꿈은 수정처럼 명료했고, 그 스승이 그녀에게 아주 중요한 조언을 해 주었습니다. 그것이 무엇입니까? 아마 그것은 그 제자의 의식의 흐름이었겠지만, 또한 그 스승의 마음의 힘이었을 수도 있습니다. 이미 돌아가시기는 했지만 말입니다. 대大수행인의 영체靈體는 육체가 죽은 뒤에도 오랫동안 계속 존재할 수 있습니다.

질문 우리가 아주 정신 차려 깨어 있으면, 수행을 잠 속에까지 가져가서 우리가 전혀 꿈을 꾸지 않을 수도 있습니까?

스님 앞에서 말했듯이, 사람들이 첫 번째 유형의 꿈을 꾸는 것은 일상생활 중에 일으킨 번뇌 때문입니다. 예를 들어, 악몽은 많은 스트레스를 받고 있거나, 병이 들었거나, 몸이 화학적으로 평형을 잃은 사람에게 찾아옵니다. 악몽은 또한 악업에서 올 수도 있습니다. 좌선으로 이런 악몽을 없애기는 매우 어려울 것입니다. 꿈을 꾸고 있을 때는 여러분이 그것을 통제하지 못합니다. 생시에 좌선을 하고 있을 때도 망념을 통제하기는 매우 어렵습니다. 보통 그 생각들이 그칠 때까지는 자신이 헤매고 있다는 것도 모릅니다. 그러니 꿈속에서 생각을 통제하는 것이 얼마나 어려울지 생각해 보십시오. 어떤 사람들은 저에게, 그들은 잠을 자고 있는 동안에도 염불을 계속한다고 말합니다. 저는 그것이 수행을 잘한 결과라기보다는 긴장의 산물이라고 생각합니다. 잠을 자는 동안 꿈이 적으려면 일상생활 중에 번뇌를 줄여야 합니다. 우리가 더 차분해져야 합니다. 만일 우리가 안정되어 있고, 평화롭고 열린 마음을 가지고 있으면 꿈이 줄어들 것입니다.

질문 꿈속에서 다치는 것은 정상이 아니거나 위험한 것입니까?

스님 저는 해몽을 하지 않습니다. 어떤 사람들은 꿈이 의미를 가지고 있고, 꿈속의 어떤 이미지들은 상징적인 의미가 있다고 말하지만, 문화마다 그 나름의 상징체계가 있습니다. 그것은 지역에 따라, 그리고 시대에 따라 다릅니다. 따라서 해몽은 신뢰할 수 없습니다. 저는 저 자신의 꿈이든 다른 사람의 꿈이든 해몽을 하지 않습니다.

질문 제가 읽은 글에서, 어떤 사람은 꿈속에서 30년 전의 자기 자신을 만났는데, 그 예전의 자기가 어떤 조언을 해 주었다고 합니다. 이 사람은 자기 아내와 함께 자면서 둘이서 꿈을 공유한다는 말도 했습니다. 그들이 같은 꿈을 꾼다는 것이었습니다. 그것이 가능합니까?

스님 그런 사례나 그 이상도 가능합니다. 그러나 그것이 실제로 가치가 있습니까? 그런 이야기들 대다수는 사람들의 호기심을 자극하는 정도 이상은 아닙니다. 신기한 것일 뿐입니다. 대다수 사람들은 자신의 꿈을 통제할 수도 없고 그것을 올바르게 해석할 수도 없습니다. 제가 아는 한 여성은 꿈속에서 이상한 방 안에 뚜껑이 닫힌 관 하나가 있는 것을 보았습니다. 2년 뒤 그녀의 아버지가 세상을 떠나자, 꿈에서 본 것과 같은 방에서 같은 관 속에 들어갔습니다. 흥미로운 이야기이기는 하나 그것이 무슨 소용 있습니까? 제 생각에 그런 꿈은 일종의 예시豫示라고 할 수 있겠지만, 그 여성은 그 사실이 발생하기 전까지는 그 꿈을 이해하지 못했습니다. 그 꿈을 가지고 어떻게 할 수가 없었습니다. 그리고 설사 그 꿈이 자기 아버지에 관한 것임을 알았다 해도, 무엇을 할 수 있었겠습니까? 그녀는 아버지가 죽을 시간과 장소, 그리고 어떻게 죽게 될지를 몰랐습니다.

우리는 선 수행자로서, 우리의 꿈에 집착하거나 거기에 너무 의미를 부여해서는 안 됩니다. 우리의 생시 세계들도 족히 허망한 것입니다.

3. 불교와 낙태

질문 낙태는 중요한 문제로서, 의학적·사회적 문제와 관련될 뿐만 아니라 도덕적인 문제와도 깊은 관련이 있습니다. 불법의 관점에서, 어떤 것이 낙태에 대한 올바른 불교적 견해입니까?

스님 저는 이것이 까다로운 주제라는 것을 압니다. 특히 미국에서는 말입니다. 사람들은 낙태찬성파(pro-choice)와 낙태반대파(pro-life)의 두 진영으로 양극화됩니다. 저는 입법자나 판사가 아닙니다. 이것은 아주 복잡하고 급변하는 사회 속의 매우 복잡한 문제이고, 저는 결코 자신을 도덕의 대변자나 확고한 법령의 공포자로 자처하지 않는다는 것을 분명히 하고 싶습니다. 저는 오랫동안 불법을 공부하고 수행해 온 승려일 뿐입니다. 제가 아는 것은 불법이고, 저는 그 입장에서 말하겠습니다.

『불설입태경佛說入胎經』이라는 경전에서 말하기를, 잉태되는 순간 어떤 중생이 자궁으로 들어간다고 합니다. 이 경은 그 중생이 자궁에 어떻게 들어가는지, 그것이 무엇을 경험하는지, 그리고 그것이 어떻게 태어나는지 묘사합니다. 죽음과 환생 사이의 중음中陰 상태에 대해서 이야기하는 경전들도 있습니다.

한 중생의 업은 이 중음 상태에 존재하다가, 미래의 부모와 업이 서로 친근성이 있으면 어머니의 자궁 속으로 들어갑니다. 『불설입태경』에 따르면 이러한 친근성은 그 중생이 멀리서 어떤 빛을 보고 이끌려가는 것으로 표현됩니다. 부모와의 업 친근성이 끌어당기는 힘 때문에 그 중생이 어머니의 자궁으로 자신도 모르게 이끌리는 것입니다. 난자가 정자 세포에 의해 수정되는 순간 그 빛은 사라지고, 그 중생은 자궁에 들어가며, 새로운 생명이 시작됩니다.

이 순간 그 중생은 이전 생들의 업을 다 가지고 갑니다. 그래서 비록 생명이 아무렇게나 시작되는 것처럼 보이기는 하지만, 한 아이가 특정한 부모에게서 태어나는 것은 그들과의 업의 친근성 때문입니다. 이러한 업력의 유대로 인해 어머니는 그 중생을 태내에서 키우고 출산할 책임이 있습니다. 그래서 잉태의 정황과 무관하게, 혹은 그 아이를 원했든 원하지 않았든, 어머니는 그 새로운 생명과 업력상 서로 연결되어 있습니다. 이런 견지에서 이해하면, 어머니는 자신의 아이를 세상에 태어나게 하고 그 아이를 돌봐야 합니다.

많은 잉태는 불행한 상황에서, 심지어는 비극적 상황에서 이루어지기도 합니다. 예컨대 강간이나 근친상간 같은 경우입니다. 그러나 그런 상황에서도 어머니와 자식은 업력상 서로 연결되어 있습니다. 사회는 그런 어머니와 자식에 대해 동정과 자비로 반응하고, 그런 상황에 있는 아이들을 돕고 보살펴 주어야 합니다.

이런 원리에서만 본다면, 불교도들이 가져야 할 올바른 견해가 무엇인지는 분명합니다. 즉, 낙태는 언제 어느 때에도 한 중생을 죽이는 것을 의미한다는 것입니다. 왜냐하면 이미 생명이 존재하기 때문입니다.

생명이 생긴 첫 한 달 동안은 태아가 아무 느낌을 가지고 있지 않습니다. 왜냐하면 신경 계통이 아직 발달하지 않았기 때문입니다. 그것은 다분히 하나의 세포 덩어리입니다. 그러나 한 달이 지나면 신경 구조가 자라고 태아의 지각 능력이 발달합니다. 5, 6개월이 지나면 심리적 기능들도 잘 발달됩니다. 이 무렵 태아는 자궁 내의 상황에 적응할 수 있는 몇 가지 단순한 능력을 갖게 됩니다. 예를 들어 더 좋은 위치를 찾기 위해 몸을 움직일 수 있습니다.

정상적인 임신 기간에서 두 달 가량 못 미쳐 조산된 아이는 살아서 정상적으로 성장할 수 있는데, 이는 임신 6, 7개월에 벌써 태아는 해부학적으로 완전한 사람이라는 것을 증명합니다.

태아는 아직 사람이 아니기 때문에 낙태를 허용할 수 있다고 말하는 사람들은, 태아가 아주 빨리 발달하고, 해부학적으로 말해서 인간의 특징들이 아주 빨리 나타날 수 있다는 사실을 간과하고 있습니다. 또한 이렇게 본다면, 어느 시점에서는 태아가 지각이나 느낌을 가질 수 있고, 낙태로 인해 고통을 경험할 수도 있다는 이야기가 됩니다.

어머니는 자신이 원하는 대로 자기 몸을 사용할 권리가 있다고 주장하는 사람들도 있습니다. 불교도들이 볼 때는 잘못된 견해입니다. 왜냐하면 그것은 그 아이가 어머니의 몸의 일부이고 그녀의 것이라는 의미를 내포하기 때문입니다. 불법에서는 아이가 전생을 가진 한 중생이며, 자신의 업 때문에 특정한 여인의 자궁에 들어가 다시 태어나는 것이라고 가르칩니다. 어머니가 무에서 그 아이를 만들어낸 것은 아닌 것입니다. 태아는 단지 어머니의 자궁을 빌려 완전한 인간의 형태로 발달하는 것이라고 말할 수 있겠지요.

따라서 불교도로서 가져야 할 올바른 관점은, 낙태는 살생이며 첫 번째 계율을 위반한다는 것입니다. 그것은 무책임한 행위입니다.

질문 어떤 경우에는 태아를 들어내지 않으면 어머니가 목숨을 잃을 수 있습니다. 그런 의료 상황에서는 무엇이 올바른 처리 방식입니까?

스님 이미 태어나 있는 생명을 우선시해야 하기 때문에, 비록 살생이기는 하나 아무래도 어머니를 구하고 태아를 들어내야 하겠지요.

4. 안락사와 자살

질문 의학의 진보로 말기 환자의 생명을 연장할 수 있게 되었습니다. 어떤 때는 회복 가망성이 있는 시점을 훨씬 지나서까지도 연장할 수 있습니다. 의학 기술이 사람들을 살려두고 있습니다. 때로는 환자들이 죽고 싶다는 뜻을 표명하는데도 말입니다. 이것은 우리 시대의 복잡한 도덕적·법적 문제들 중의 하나가 되었습니다. 이 문제에 관해 불교 수행자들이 가져야 할 올바른 견해는 무엇이라고 생각하십니까?

스님 우리는 두 가지 경우를 구분할 필요가 있습니다. 첫 번째 경우는 그 환자의 생명 기능이 상실되었을 때 일어납니다. 이 사람은 아무런 지각이나 느낌이 없을 것이고, 사실상 임상적으로 뇌사 상태입니다. 이 사람은 체내로 주입하는 것에 의해서, 아마도 생명유지 장치가 부착된 상태로만 목숨이 부지될 수 있습니다. 그런 사람에게 생명유지를 중단하는 것은 잘못이 없지만, 독극물 주사와 같이 최후를 재촉하는 적극적 개입은 없어야 합니다. 우리는 여전히 불살생 계율을 준수하고, 자연의 순리를 따라야 합니다.

다른 경우는 환자가 말기이고 고통 받고 있기는 해도 지각, 감정, 생각을 가지고 있을 때입니다. 이런 환자들은 설사 죽고 싶다는 뜻을 표명한다 해도 죽게 내버려 두면 안 됩니다. 그 이유는, 그들의 삶에서 여전히 수행할 수 있는 시간이 남아 있기 때문입니다. 예를 들어 그들은 염불, 기도, 좌선, 절하기 혹은 불교 경론을 사색하는 등의 수행을 할 수 있습니다. 우리는 가능한 모든 기회를 이용하여 수행해야 합니다. 그래야 더 좋은 여건에서 다시 태어날 수 있고, 죽기 전에 자신의 업장을 정리해 둘 수 있기 때문입니다.

사람들이 죽고 싶어하는 것은 아마 고통이 너무 심해서 그것을 끝내고 싶기 때문일 것입니다. 만일 의약이 그 고통을 덜어줄 수 있다면 그것을 사용해야 합니다. 그러나 의약이 고통을 경감하는 데 아무 소용이 없다 해도, 그들은 굳은 결심으로 그것을 감내하면서, 자신의 상황과 고통은 자기가 지은 업의 결과임을 인식해야 합니다. 또한 그들에게 수행을 권장해야 합니다. 다른 사람들도 그들 가까이에서 염불을 하거나 기도를 하여 그들을 도와줄 수 있습니다.

지각이나 심리적 활동의 증거는 없지만, 그 환자에게 입으로 음식을 넣어줄 수 있는 중간적 상황도 있습니다. 이런 상황에서는 거의 확실히 환자가 아무 업도 짓지 않지만, 만일 그 몸이 음식을 원한다는 표시를 하면 음식을 공급해야 합니다. 만일 그렇지 않다면 그럴 필요가 없습니다. 대만에서는 열여섯 살 난 한 소녀가 차에 치였는데 마흔 살이 될 때까지도 병원에 누워 있습니다. 그녀에게서는 아무 반응이 없지만 음식은 공급받을 수 있습니다. 그래서 많은 사람들은 왜 우리가 그녀를 위해 그냥 주사를 놓아 그것을 끝내지 않느냐고 말합니다. 그러나 아직은 생명이 있으니 그것을 끝낼 수 없습니다.

이 여성을 살려 두는 데 많은 돈이 들고 그것은 가족에게 힘겨운 일이지만, 그녀의 생명을 끝내면 안 됩니다. 만일 그 소녀에게 아직도 느낌이 있다면 그녀는 자신의 악업의 과보를 거두어야 하고, 가족도 마찬가지입니다. 업의 과보는 피할 수 없고, 그것을 치러야 합니다. 만일 금생에

하지 않으면 다른 생에 해야 합니다.

질문 그녀를 죽게 내버려둔다면, 그에 따른 나쁜 결과는 무엇입니까?

스님 그녀를 죽게 내버려두기로, 그래서 주사를 놓거나 그냥 생명유지 장치를 뽑기로 하는 결정을 내릴 때는 살인의 악업을 짓게 됩니다.

질문 그러니까 만일 어떤 수행자가 죽고 싶다는 뜻을 표명하면, 그런 유의 결정에 업보가 따를 수 있음을 그에게 상기시켜 주어야 합니까?

스님 맞습니다.

질문 자살과 관련하여, 자신의 목숨을 버리는 것이 정당화될 수 있는 상황도 있습니까? 그리고 법적으로, 죽을 권리의 문제는 어떻습니까? 아주 늙고 쇠약하거나, 너무 큰 고통을 겪고 있어 죽고 싶어하는 사람들도 있습니다. 또 어쩌면 그들이 식물인간 상태일 수도 있습니다. 공산주의의 박해에 항의하여 분신한 베트남 스님의 경우는 어떻습니까?

스님 기본적인 불교의 관점에서 보자면, 그런 모든 사례들은 불법의 가르침에 반합니다. 업의 원리는 사람들이 하는 어떤 행위도 그에 상응한 과보를 초래한다는 것이며, 그들이 건강한지 불건강한지, 젊은지 늙은지, 쓸모가 있는지 없는지, 인식하는지 못 하는지와는 관계가 없습니다. 또한 이러한 인과는 그 사람 자신에게만 영향을 줄 뿐 아니라 주위 사람들에게도 영향을 주기도 합니다.

예를 들어 어떤 사람의 연로한 어버이가 많은 도움을 필요로 하거나, 큰 고통을 받고 있거나, 식물인간의 상태에 있다고 하면, 그 환자를 돌봐야 할 사람도 이전 업의 과보를 겪고 있는 것입니다. 이런 일들은 그 개인에게만 영향을 줄 뿐 아니라 관계되는 사람들에게도 영향을 줍니다. 그래서 우리가 "아, 이 사람은 심각한 고통을 받고 있으니까, 혹은 다른 사람들을 괴롭게 하고 있으니까 우리가 이 사람을 그냥 제거해야겠다"고 말할 수는 없습니다. 그것은 옳지 않겠지요.

보리달마의 가르침 가운데 『이입사행론二入四行論』이라는 것이 있습니다. 여기에 나오는 네 가지 행법 중 첫 번째는 보원행報冤行으로, 자신의 빚을 갚는 것입니다. 두 번째는 수연행隨緣行인데, 인연에 따라 행하는 것입니다. 세 번째는 무소구행無所求行으로, 아무것도 구하지 않는 것입니다. 네 번째는 칭법행稱法行이며, 각각의 법을 있는 그대로 다루는 것을 의미합니다. 그래서 만일 사람들이 괴로워하면 우리는 그들을 도우려고 노력해야 합니다. 현대의학을 사용할 수 있다면 그것을 사용해야 합니다. 그러나 우리가 그들을 도울 수 없다면, 그들의 괴로움 역시 하나의 법이고, 그래서 우리는 그 괴로움을 있는 그대로 다루어야 합니다. 임의로 자기 자신이나 남들을 죽이면 안 됩니다. 상황이나 본인의 자각 상태와 관계없이 말입니다. 우리가 일단 생명을 빼앗으면, 불법의 근본 원리를 위반하는 것입니다. 그 베트남 스님의 경우로 말하면, 그 역시 우리가 받아들일 수 없는 것입니다. 석가모니 부처님은 제자들에게 자기 나라를 구하기 위해 스스로 분신하라고 가르친 적이 없습니다. 정말 아까운 일입니다.

석가모니 부처님 당시 아라한과를 얻은 일군의 사람들 가운데, 자신들은 아라한과를 얻었으니 더 이상 할 일이 남아 있지 않다는 이상한 관념을 가진 이들이 있었습니다. 그들은 목숨이 쓸데없는 것이며, 차라리 죽는 것이 낫다고 생각했습니다. 같은 무렵, 자신들이 번뇌에서 벗어났다고 느꼈지만 언젠가 번뇌가 다시 돌아올 것을 두려워한 사람들도 있었습니다. 그래서 그들은 그런 문제를 피하기 위해 자살하기로 결정했습니다. 짧은 시간 내에 자신이 아라한이라고 생각한 많은 아라한과 수행자들이 자살을 했습니다. 이 이야기를 들으신 부처님은 그런 행위를 금지했습니다.

질문 식물인간 상태에 관해 더 질문 드리겠습니다. 지금 우리는 보통의 경우라면 숨이 끊어졌을 사람들을 계속 살려둘 수 있는 기술을 가지고 있습니다. 이런 문제는 어떻게 합니까?

스님 지금은 그런 기술을 사용할 수 있으니 우리는 그런 사람들을 살려두기 위해 최선을 다해야 합니다. 그것은 각각의 법을 있는 그대로 다루는 일로 돌아갑니다. 이것은 우리의 태도의 문제입니다. 만일 아무 기술도 사용할 수 없다면 그런 문제도 없습니다. 기계를 사용할 수 있을 때는 그것을 사용할지, 아니면 사용하지 않거나 연결을 끊을지 선택권이 있습니다. 사실 그것은 누군가가 죽도록 도와주는 소극적 방식(소극적 안락사)입니다.

질문 만일 일정한 조건 하에서 안락사를 시행할 수 있다고 하는 법률이 통과되고, 그 규정된 상황에서 우리가 이 법률을 따른다면 어떤 업이 따르게 됩니까?

스님 만일 그런 법률이 통과된다면, 혹은 극심한 고통 속에 있는 사람을 죽이거나(적극적 안락사) 식물인간 상태에 있는 사람들을 죽게 허용하는 것(소극적 안락사)이 그 문화의 관습이라면, 그로 인한 업의 문제는 우리에게 선택권이 있느냐 여부에 달렸습니다. 만일 우리에게 선택권이 없다면 그래도 업은 짓게 되지만 그것은 공업共業입니다. 만일 그 결정이 개인에게 달려 있다면, 그것은 별업別業입니다.

질문 저 자신의 삶 속에서 그런 경우를 경험했습니다. 제 어머니가 회복 불능의 혼수상태에 빠졌습니다. 의사들은 어머니가 다시는 의식이 돌아올 수 없겠지만, 어머니의 목숨을 무기한 연장할 수는 있다고 했습니다. 그 비용이 엄청났습니다. 하루는 어머니가 제 마음속에 나타나서 아주 또렷하게 말씀하시기를, 당신은 이미 오래 전에 육신을 떠났으며, 당신의 육신이 자연스럽게 죽게 내버려 달라고 했습니다.

스님 불법의 관점에서 보자면, 우리는 그런 영적인 경험에 대해 절대적인 믿음을 두면 안 됩니다. 영체나 죽은 가족 친지들을 만난다거나 음성을 듣는 그런 것은, 직접 경험하든 영매靈媒를 통해서든, 그 어느 것도 신뢰할 수 없습니다. 그것이 사실이 아니라고 하는 것은 아닙니다. 제 말은, 그런 경험들은 신뢰할 수 없다는 것입니다. 만일 그대가 그런 현상들을 믿으면, 늘 그런 것을 찾고, 그에 집착하고, 그에 의존하고, 세상을 그런 방식으로 보는 데 의존할 가능성이 있습니다. 예, 그 경험은 진짜일 수도 있지만, 또한 그것은 그대 자신의 의식에서 일어나는 현상일 수도 있습니다.

반면에 그런 경험들은 종교적인 의미에서는 가치가 있다고 볼 수 있습니다. 우리는 불교도가 그런 경험을 해서는 안 된다거나 그런 경험을 하지 않는다고 말할 수 없습니다. 사실 많은 사람들이 그런 것을 경험합니다. 그러나 불교도들의 태도는, 그들이 어떤 것을 경험한다고 해서 그것이 절대적으로 참되지는 않다는 것입니다.

질문 가정하여, 회복 불능의 혼수상태에 빠진 한 육체가 있는데, 그 사람은 뇌사 상태로 간주된다 하십시다. 즉, 그 뇌의 높은 기능들은 작동을 멈추었고 앞으로 작동을 재개할 합리적 가능성이 없습니다. 살아 있는 것은 생명 기능을 관장하는 뇌간腦幹뿐입니다. 그 사람의 영혼이 누군가에게 기계 장치의 연결을 끊으라고 말할 아무런 초자연적 접촉도 없다고 가정하겠습니다. 바꾸어 말해서, 우리는 현대의학과 우리 자신의 판단력에만 의지할 수 있습니다. 기계 장치의 연결을 끊어서 그 육체가 자연스러운 순리를 따르게 하는 것이 더 자비롭지 않습니까?

스님 제가 묻고 싶은 것은, 누구에 대해 자비로우냐는 것입니다. 만일 그 사람이 혼수상태에 있다면 그는 아무것도 인식하지 못합니다. 만일 그 자아가 생명이 유지되고 있는 그 육체를 떠났다면 아무 문제가 없습니다. 그 자비란 살아 있는 사람에 대한 자비입니다.

그런 경우에 그 육체 안에 여전히 자아가 존재하는지는 확실치 않습니다. 자아가 떠났을 수도 있고, 심지어 새로운 몸을 받았을 수도 있습니다. 혹은 그것이 여전히 그 육체를 붙들고 있을 수도 있습니다. 누가 확신할 수 있겠습니까? 설사 어떤 영매가 여러분에게 그 자아가 떠났다고 말해준다 할지라도, 그 영매가 옳다는 것을 어떻게 확신할 수 있습니까? 그 사람의 영혼이 직접 그 육체는 생명이 없다고 말한다 하더라도, 그것이 정말 참으로 그 사람의 영혼인지 어떻게 확신할 수 있습니까? 그것은 여러분의 상상일 수도 있습니다. 또 어떤 귀신이나 신이 장난을 칠 수도 있습니다. 그러나 결국은 여러분이 결정해야 합니다. 불교는 여러분이 무엇을 할 수 있고 무엇을 할 수 없다고 단언하지 않습니다. 불교는 인因과 연緣을 이야기합니다. 여러분은 자유롭게 행동할 수 있습니다. 만일 플러그를 뽑아서 그 육체가 사망하게 하는 것이 모두에게 최선의 이익이라고 느낀다면, 그리고 여러분의 결정을 실행에 옮긴다면, 여러분의 행위에 대해서는 결과가 있을 것입니다. 그 결과는 좋을 수도 있고 나쁠 수도 있고, 가벼울 수도 있고 무거울 수도 있습니다. 여하튼 그 결과가 일어날 때 여러분은 알지 못할 것입니다. 마치 여러분이 과거에 한 일들의 결과를 지금 살아내고 있듯이 말입니다. 여러분의 지금 삶은 이전에 한 행위들의 결과입니다. 여러분은 지금의 결과가 어디서 나왔는지 압니까? 여러분이 지금 하는 일은 미래의 결과를 낳을 씨앗을 뿌리게 됩니다. 천상에 어떤 신이 있어 여러분의 공덕을 헤아리면서 여러분을 판단하고, 여러분을 용서하거나 처벌하는 것이 아닙니다. 그것은 여러분의 행동에 따라 결정됩니다.

옮긴이의 말

이 책은 부제가 말해주듯이 불교와 관계되는 여러 주제에 관한 문답으로 이루어져 있다. 그 답변들이 불법, 특히 선의 관점에서 깨달음의 지혜를 바탕으로 제시되므로 제목을 '선의 지혜'라고 한 것이다. 1984년부터 시작된 이 문답들은 뉴욕 선 센터(東初禪寺)의 정기간행물에 오래 연재된 뒤 1993년에 『Zen Wisdom』이라는 제목의 단행본으로 출간되었고, 2001년에 개정판이 나왔다. 성엄 스님의 답변을 듣는 사람들 대부분은 미국인 재가 불자들이었으므로 그들을 위한 답변이 많으나, 출가인들에게 해당되는 것도 많고 전반적으로 출가인들도 알아 두어야 할 내용이다. 스님의 말씀은 매우 합리적이고 실제적이며, 논지가 분명하여 조금도 애매모호한 답변이 없다. 또한 일견 평이하게 보이는 말씀 가운데서 놀라운 통찰력과 안목을 발견할 수 있다. 여기에는 스님 자신의 학식과 깊은 견처見處, 그리고 풍부한 수행지도 경험이 녹아 있기 때문이다.

스님의 답변은 공간적으로는 미국을 중심으로 한 서양과 중국, 일본 그리고 가끔 한국에까지 미치고, 시간적으로는 당·송·명·청대는 물론이고 종종 부처님 당시까지 거슬러 오른다. 스님은 불교와 선의 차이를 말하면서도 불교의 기본 원리에 기초하여 선을 설명하며, 소승과 대승의 차이점에 대해 아라한과 보살을 대비하여 언급하고, 중국선과 일본선의 같고 다른 점을 알기 쉽게 비교한다. 그리고 불교의 주요 관념들, 예컨대 중생, 인과, 인연, 업 등을 깊이 있게 분석하고, 대중수행과 스승의 중요성을 강조하며, 일상생활 속에서 수행하는 구체적인 요령까지 자세히 조언한다. 우리는 선불교에 대한 일반적 이해를 얻기 위해서나, 선 수행의 이론적 기초를 다지기 위해 이러한 가르침을 듣고 확실한 개념을 정립할 필요가 있다.

한편 이 책을 일관성 있게 이해하기 위해서는 성엄 스님의 몇 가지 관점에 주목할 필요가 있다. 첫째, 스님은 '범부 중생의 관점'과 '깨달은 자의 관점'을 이야기하며, 경우에 따라 이 두 관점을 적절히 안배하여 답변한다. 둘째, 소승과 대승의 관점이 다를 경우 대승의 입장에서 불법을 설명한다. 셋째, 불교 외의 여러 종교적·영적 전통에 대한 시각으로, 이러한 비불교권의 사람들이 말하는 깨달음 체험에 대해 스님은 불교적 기준에 입각해 그것은 불교적 의미의 진정한 깨달음이 아니라고 말한다. 이와 관련되는 부분들을 중점적으로 살펴본다면 다음과 같다.

제2장에서 스님은 "모든 부처들도 유정중생"이라고 말한다. 여기에 대해 어떤 독자들은 의구심을 품을지 모르나, 근본적으로 부처와 중생이라는 말은 서로 상대적 개념임을 기억해야 한다. 부처는 단순히 '진여'나 '공空'과 같은 추상적 실재가 아니다. 부처들의 본성은 그러한 추상적 개념으로 묘사할 수 있겠지만, 그들은 엄연히 하나의 개성—그것을 부처의 인격 또는 자아라고 불러도 무방할 것이다—을 가진 실존적 존재이다. 부처가 중생과 본질적으로 다른 점은 자아에 대한 집착이 없고(이것이 '무아'의 진정한 의미이다), 생사윤회를 벗어나 있다는 것이다. 그들은 공간과 시간을 초월해 있으므로 당연히 모든 공간과 시간 속에 현존할 수 있다. 따라서 과거에 성불한 모든 부처님들은 지금도 법계와 함께 하며 법계 내의 일체 중생에 반응하고 있다. 부처도 유정중생이라고

한 것은 그러한 의미에서이다. 단, 이것은 범부 중생의 관점이다.

제4장에서 스님은 '인연', '연기' 또는 '무상'의 개념이 범부 중생의 관점에서 나온 개념이며, 깨달은 자와는 무관하다고 말한다. 이렇게 볼 때 완전한 깨달음을 얻어 열반을 성취한 사람에게는, 불법의 기본 교의인 사성제·십이연기·팔정도조차도 적어도 그들 자신에게는 별 의미가 없다. 그것은 모두 중생들을 위한 개념이기 때문이다. 해탈한 자에게는 세계나 세계 속의 괴로움 자체가 실재하지 않으며, 그들은 "세계·중생 혹은 생멸하는 법을 인식하지 않는다." 그들에게는 더 이상 변화와 관련되는 개념들이 없고, 그런 것들은 깨닫지 못한 중생들에게만 해당되는 '유루법'이다. 따라서 우리가 이런 '유루'의 개념들로써 불법을 이해하거나 설명할 때는, 그 개념 자체에 대한 지나친 몰입을 경계할 필요가 있다. 실은 '무아'나 '열반'과 같은 '무루'의 개념들조차도 그것이 개념적 집착의 대상이 되는 순간 유루의 개념으로 떨어진다. 예컨대 자아 개념을 부정하기 위해 '무아' 개념에 집착하는 것도 그것이 아직 자아를 넘어서지 못한 어떤 '자아'의 개념인 한 하나의 자기모순적 법집法執이 되고 만다.

제13장에서 아라한과 열반에 관한 스님의 말씀 가운데 특히 주목할 부분이 있다. 이미 해탈하여 더 이상 할 일이 없는 아라한들은 영원한 열반에 들어 버린다고 알려져 있지만, 성엄 스님은 "자신이 해탈했다고 느끼는 이 아라한들이 실은 열반 속에서 잠시 휴식을 취하고 있을 뿐"이며, "이러한 관점에서 보면 영원한 아라한은 없다"는 관점을 소개하고 있다. 이것은 물론 대승불교의 관점이지만, 스님 자신의 관점이기도 할 것이다. 우리는 도솔천의 최고 스승인 대보살이었다가 인간 세상에 태어나 다시 성불하고 일체중생을 교화한 부처님의 행적 자체가 이러한 관점의 한 증거라고 말할 수 있겠다. 부처님은 무수한 생에 걸쳐 보살행을

완성해 간 모범 수행자였으니, 만약 아라한 제자들이 스승의 모범을 따르기로 한다면 그들도 결국 보살이 되어 다시 돌아오지 않을 수 없다. 만약 그렇지 않고 모든 아라한들이 깨닫고 나서 영원한 열반에 들어 버린다면, 부처님에 버금가는 큰 스승들이 어떻게 나올 수 있겠으며, 새로운 부처는 또 어떻게 출현할 수 있겠는가? 사실 불법은 대승보살들의 원력에 의해 큰 스승들이 부단히 등장함으로써 늘 새로운 힘을 얻고 가르침의 폭이 확장된다. 역사적으로 불교는 그러한 과정 속에서 발전해 온 것이다.

제20장에서 스님은 불교 밖의 수행자나 불교를 모르는 사람이 무아를 깨달을 수 있느냐는 질문에 대해 부정적으로 답변하고 있다. 그들의 체험은 '진정한 무아의 체험'일 수 없다는 것이다. 이것은 수행과 깨달음에 대해 불교 수준의 인식을 갖추지 못한 외도 수행자들, 특히 기독교나 유대교 같은 서양종교인들의 영적 체험에 대한 스님의 원론적 판정이라고 생각되지만, 역시 '해탈'을 인간의 목표로 제시하는 힌두교의 경우까지 포괄한다면 이론異論의 여지가 없지 않다. 그러나 스님 자신이 모든 종교의 상황을 다 알기는 어려웠을 것이고, 깨달음의 맥을 이어가는 다른 종교 전통에도 예외적 인물들이 충분히 존재할 수 있으므로, 스님의 말씀은 불법의 관점에서 본 하나의 원칙적 판단으로 이해해야 할 것이다.

한편 제자들이 미처 질문하지 못해 스님의 답변을 끌어내지 못한 중요한 주제들도 많이 있었다고 생각된다. 그 중에는 예컨대, 1) 대승 선불교, 상좌부 불교, 티베트 불교 간의 경쟁, 공존 또는 상호이해의 문제, 2) 선이 중국문화의 영향을 받았음에도 그와 무관하게 불법의 정수를 전승하고 있다고 주장할 수 있는 근거, 3) 중국선과 일본선의 수행방법상의 구체적인 차이(특히 묵조와 지관타좌의 차이), 4) 선불교의 '인가'와 남방불교에서 아라한이 자신의 깨달음을 '자증自證'하는 문제의 비교, 5) 불살생과 동물들에 대한 자비(특히, 다른 음식이 풍부한 환경에서 육식을 하는 불교도들의 문제), 6) 불교도의 정치·사회적 참여행위 등이 포함될 수 있을 것이다. 그러나 이런 문제들도 우리가 불법의 원리와 선의 정신을 견지한다면 그 해답을 얻기가 어렵지 않을 것이다.

불법의 핵심은 수행과 깨달음에 있고, 불교적 관념과 주제에 대한 모든 논의는 그 핵심 목적에 이바지하기 위한 것이다. 불법을 받아들여 실천하는 사람들의 삶은 불법을 모르는 사람들의 그것과는 좀 다를 것이다. 왜냐하면 삶의 목적과 의미가 다르기 때문이다. 그들은 우선 삼세인과를 믿고 계율을 지키려고 노력할 것이다. 또한 다른 사람들을 돕는 행위가 곧 자신의 수행과 깨달음을 돕는다는 것과, 깨달음을 얻으면 남들을 더 잘 도울 수 있다는 것을 알 것이다. 그들은 일하는 생활 속에서도 꾸준히 수행을 할 것이고, 일상에서 자신의 생각·말·행동을 자각하는 것(자기자각)이 모든 수행의 바탕임을 인식할 것이다. 늘 그러한 자각을 유지하려고 노력하면, 불필요한 업을 짓지 않아 번뇌가 적고, 신중한 판단과 집중력으로 모든 일을 자연스럽게 해 나갈 수 있다.

불법은 사람들이 세계와 자신을 올바르게 인식하고 올바른 삶을 살 수 있게 이끌어 주는 동시에, 수행을 통해 참된 깨달음을 얻을 수 있게 해 주는 위없는 가르침이다. 특히 깨달음을 이끄는 면에서는 선의 가르침이 단연 뛰어나다. 선불교는 그 가르침의 단순함과 직접성에서, 상대적으로 복잡한 다른 불교 전통들과 뚜렷이 대비된다. 그래서 유능한 선사들은 수행자들이 직면하는 문제들에 대해 늘 불법의 근본 원리에 기초하여 단순명쾌한 해법을 제시할 수 있다. 그들은 불법의 깨달음을 현실 속에서 적절히 운용하여 사람들을 도울 수 있는 지혜를 가지고 있다. 성엄 스님이 그 탁월한 모범 사례이다. 그리고 불교는 앞으로 더욱 발전할 수 있고, 선의 가르침도 마찬가지이다.

사실 불교가 살아 움직이려면 새로운 사상이나 지식에 늘 열려 있어야 하며, 수시로 "면밀한 점검"을 받을 필요가 있다. 스님도 그것을 인정하고 있고, 스님이 이 책에서 보여주는 불교의 비전이 바로 그런 것이다. 불교의 주요 개념과 수행방법들은 불교라는 범주를 넘어 모든 종교의 사람들이 다 활용할 수 있는 보편적 가치를 가지고 있다. 따라서 불교의 개념과 행법을 받아들이고 올바르게 수행하는 한, 어떤 종교적 배경의 사람도 불교적 깨달음을 얻을 수 있다. 다만 그들이 겸허하게 불법을 배울 수 있어야 할 것이다. 불교도들도 다른 불교 전통이나 다른 종교의 장점을 배우는 유연한 자세를 지녀야 한다. 그런 미래지향적 불교의 안목을 배양하는 데 성엄선사의 이 책은 좋은 토대가 될 것이다.

이 책은 1, 2부를 합쳐 모두 34개 장으로 되어 있으나 영문판과 달리 부록에 네 장이 더 있다. 원래 영문 초판은 38개 장으로 되어 있었으나 2판을 편집할 때 '유정중생' 장을 새로 넣고 다섯 장을 삭제하여 34개 장으로 했다. 그러나 중문판(『禪的智慧』, 2003)에서는 삭제된 다섯 장 중 네 장을 되살려 부록으로 덧붙였다. 이 한국어판에서도 그 네 장을 초판 원서에서 추가로 번역하여 부록으로 실었다. 되살리지 않은 한 장은 대리모 출산, 인공수정 분만, 장기기증 등의 문제를 다루었는데, 스님은 이런 주제들에 대해 현대의 과학기술이 보편적으로 사용되는 현실을 감안하는 열린 입장을 보이면서도, 불법의 관점에서 자연의 질서를 깨트리는 경우나 그 동기가 금전적 대가를 받기 위한 것일 경우에는 반대 입장을 분명히 했다는 점을 밝혀둔다. 또한 원서의 초판에 있었으나 2판에서 삭제된 문장들 중 내용이 괜찮은 것은 일부 되살렸는데, 본문 가운데 꺾쇠괄호 안에 든 문장들이 그것이다.

2011년 2월 옮긴이 씀